◎本书出版得到了中国科学技术大学研究生院引导专项资金项目"跨学科融合式创新人才研究能力提升机制研究"（YD6020002001）的大力支持和资助。

# 生存的韵味：
# 潜山俚语、韵辞注解

胡云峰　著

合肥工业大学出版社

图书在版编目(CIP)数据

生存的韵味:潜山俚语、韵辞注解/胡云峰著 . —合肥:合肥工业大学出版社,
2017. 12

ISBN 978 - 7 - 5650 - 3745 - 0

Ⅰ. ①生…  Ⅱ. ①胡…  Ⅲ. ①江淮方言—俗语—研究—潜山县  Ⅳ. ①H172. 4

中国版本图书馆 CIP 数据核字(2017)第 318748 号

## 生存的韵味:潜山俚语、韵辞注解

| 胡云峰 著 | | 责任编辑 郭娟娟 | |
| --- | --- | --- | --- |
| 出　版 | 合肥工业大学出版社 | 版　次 | 2017 年 12 月第 1 版 |
| 地　址 | 合肥市屯溪路 193 号 | 印　次 | 2018 年 4 月第 1 次印刷 |
| 邮　编 | 230009 | 开　本 | 710 毫米×1010 毫米　1/16 |
| 电　话 | 人文编辑部:0551 - 62903205 | 印　张 | 23.5 |
|  | 市场营销部:0551 - 62903198 | 字　数 | 446 千字 |
| 网　址 | www. hfutpress. com. cn | 印　刷 | 安徽联众印刷有限公司 |
| E-mail | hfutpress@ 163. com | 发　行 | 全国新华书店 |

ISBN 978 - 7 - 5650 - 3745 - 0　　　　　　　定价:49. 00 元

如果有影响阅读的印装质量问题,请与出版社市场营销部联系调换。

# 前　言

　　俚语指老百姓在日常生活中总结出来的通俗易懂、顺口易传、具有地方色彩的单个短语或单句；韵辞指在民间创作、传说或传唱且押韵的多句辞句。

　　作为"皖国古都"，安徽省安庆市潜山县在历史上孕育形成了具有自身特色的农耕、禅林、道修文化，素有"京剧之祖、禅宗之地、黄梅之乡"的美誉。该地民间口头传统文化类型多样，既有《孔雀东南飞》故事传说、潜山弹腔、十二月花神表演等被列为安徽省第一批省级非物质文化遗产，又有大量非系统的乡村民间口头俚语和韵辞，它们散落在田间地头，传唱于茶余饭后、休憩乘凉或重大集体活动仪式之中，不仅具有丰富的哲理和社会学意义，还具有丰富的人类学意义。

　　然而这些口头文化传统目前并未得到省内方言学、文化学和人类学学者应有的重视，主要体现在以下几方面：

　　从方言学来看，目前安徽省内方言学主要是从语音和语汇两个方面专注于对省内方言划片、语音特点、词形和词义变异等进行研究；目前还没有看到对安徽省内安庆域内的俚语和韵辞展开研究。虽然在民间存在着一股对省内方言中的俚语和韵辞进行研究的冲动，譬如在网络博客上偶尔可以看到一些"民间学者"对某个地域（如桐城、宿松）的一些俚语进行归纳整理，但是这些整理既比较零碎，又缺乏深入的研究。

　　从文化学的角度看，从民间俚语和韵辞中去寻找文化印记并阐释文化意义，目前还不多见，仅有的努力局限于对一些少数民族地区（如西藏、内蒙古、新疆）的历史史诗和吟唱记忆进行研究；少数方言地区，如重庆，有些文化人士无意识地对一些民间俚语和"言词"进行发挥；目前中国各地还没有看到编纂俚语典籍的努力，而国内对外语俚语的诠释和研究在数量上压倒性地超过对国内俚语的整理研究，这实实在在地说明了国内语言学者和文化学者对本土俚语的"弱视"。

　　从人类学的角度看，目前国内已经有学者从话语和认同的角度指出方言承载的文化人类学意义，提出彰显中国文化和中国人的生存智慧必须从维护中国人方言中的智慧做起。人类学是最有可能使散落在民间的俚语和韵辞的意义得到阐发的学科之一。

综上，择取潜山县域内的民间俚语和韵辞，从中提取出具有中国传统文化特征的典型符号、具有积极文化意义的民间生存智慧和生存意义体悟，对于保护、传承、发扬当地及我省非物质文化遗产具有重要意义。遑论在现代化日益深入我国国民生活的今天，随着传统社会结构坍塌、人口流动节奏加快、传统俚语韵辞传播路径失灵，搜集、整理、研究民间俚语、韵辞更是显得时不我待。

就搜集而言，本著主要通过笔者第一手搜集和第二手搜集相结合的办法进行。

笔者第一手搜集的资料主要有：通过网络搜集——桐城人"老汉坐禅"（网名）的桐城俚语集成，宿松、太湖、怀宁（与潜山交界）等地的民谚；通过生活搜集——潜山本土民间俚语、潜山本土民间故事等，本著中很大一部分民间俚语是由徐九香老人（现年71岁）提供；很大一部分民间传说故事由胡春生老人（现年78岁）提供（他还提供了"上梁辞"，他是迄今为止潜山本土为数不多的、能够按照传统手工工艺进行家具生产和工具制作的木匠师傅）；王启松和林竹超提供了祭祀辞，林斗奎提供了安葬辞，《新艺影像》录像节目提供了书帽文，胡岂生提供了他忆抄的民间谜语。这些语辞都零散地存于被搜集人的记忆中、口头运用中或原生态的抄录本中。

笔者第二手搜集的资料有：钱启贤的《天柱山传说》，20世纪90年代初由潜山县文化局的杨普根、黄德邻、汪传碧、张扬、郑劲松等几位同志编写的《潜山县民间文学集成》，湖北桂遇秋搜集的《黄梅戏传统剧目汇编》，桐城人王章豹编释的《桐城谚语集锦》。除《天柱山传说》《桐城谚语集锦》，其他资料皆未公开出版发行。

就编排而言，本著按照天时、地理、器物（分静物和动物，动物主要是与人类生活息息相关的畜类）、身体、品性、百工、人伦、养教、生死、仪式、民歌（含书帽、童谣及其他）、传说、谜语的顺序排列，基本上涵盖了大部分在当地民间传说的，具有当地地方特性的俚语、对子、谜语、歌谣、生活仪式上的说唱辞，还有民间放松休憩时说听的书帽和传说，我们择取的标准为当中包含着"四言八句"。

这里，特别要申明的是，本著特地收录了一些"半截的"韵辞，比如"春打六九头""锅台前后三百里""人是混世虫"，由于只有一句，它谈不上上下文押韵，但是却有韵辞的节奏和语调，是韵辞的准备和酝酿，是尚未实现的韵辞，所以本著对它们"网开一面"，也相信读者能够从中读出这种一致性。

另外，可以想象，一大批读书人，熟悉诗词的创作方法，但是由于科举之途或仕途遇阻，散落在乡土，参与创作了具有乡土特征、乡土节奏的同时又有生动修辞效果的"民间韵辞"，它们朗朗上口，易懂、易记、易传播。这些读书人，把本来"高大上"的诗词化为民间张口就能说出的"四言八句"。如果没有这些文人的参与，这种转化过程难度是很大的。民间甚至出现一类笑话，即让乡巴佬或目不识丁的女人或者农民去说"四言八句"，结果出了洋相。这在一定程度上折射出了乡土文人在创作过程中的重要性，他们一方面吸收古代诗词创作的规范性，另一方面又从俚语中获得重新组句的新鲜灵感和活力，两相结合，他们才能创作出人人能够传颂的"四言八句"和"增广贤文"。

需要指出的是，尽管我们着重提取皖地潜山地区的俚语韵辞，但是不能排除我们辑录的个别俚语或韵辞的某些部分与其他地方俚语或韵辞雷同或大同小异，这是中华民族各族人民的交流和文化交融的缘故，恳请读者理解。另外我们在注解过程中尽量借鉴、参考和比较其他地区的方言俚语或韵辞，以表明过去小农生活的一致性和普遍性。

笔者还想强调的是，这十四个方面，它们既能较好地反映当地群众的生活经验和生活智慧，又能反映出他们、甚至我们整个祖先的价值观的某些侧面。这些俚语韵辞的诞生地不仅仅是笔者的故乡潜地，而且是整个中华文化的大地，农耕社会结构奠定了他们的内在精神结构：超脱潇洒的人生观、对未知世界的崇拜和信仰。还有什么比通过这一山一水的乡村韵语来透视我们博大精深的传统文化更加有意义呢？

所以请有兴趣的读者与笔者一道从这些方言韵语出发，去领略中华文化与中国人的生存韵律之美。也欢迎广大读者就潜地方言俚语、韵辞进行补充，方便再版时更新。另外由于作者水平有限，书中纰漏在所难免，恳请广大读者不吝指正和补充。

还需要指出的是，本书所收录的方言俚语和韵辞，大多诞生于过往时代小农社会，其中必然包含着在今天看来不合时宜或是糟粕性的要素，笔者只是一个述录者，恳请广大读者尽量带着批判的眼光去理解。

胡云峰

2017 年 9 月谨识于科大南区

# 目　　录

# 导论：关于方言的意义

## 1. 方言受尊重的时代

这是一个追求高效的时代，又是一个标准化的时代，还是一个方言受尊重的时代。今天的中国，一方面国家语言文字工作委员会（成立于1956年）仍在不遗余力地推广语音以北京话为基础、词汇句法以20世纪初"五四"后的白话文为基础的现代汉民族共同语（普通话和简化汉字），促进国家语言的规范化；另一个方面我们见证了包括北方方言在内的吴、湘、闽、粤、赣和客家等七大方言的萎缩和边缘化，以及这种萎缩与边缘化之后人们对它的重新评估。

方言是一个语言系统，它主要具有语音、语汇、语句几个方面的典型特征。今天我们谈论方言的萎缩，主要也是从这几个方面来言说的。当有人承认四川话保护得比较好的时候，而有人却在抱怨四川话的语音在普通话化，只剩下一些调调了。除了语音，方言萎缩的另一表现是词汇的标准化和单一化，譬如不再称扫帚为"把子"，而只是称为"扫帚"；不再称绳子为"草绕子"，而只是称为"绳子"；称"不敢惹"，不再是"老虎屁股摸不得"，也不再是"苍蝇不敢摸鼻子"①。这些词汇的消逝，某种程度上意味着民族想象力的急剧萎缩。

在语句方面，不同方言为我们提供了不同句式。举一个绍兴方言例子②：

A：V + O1 + O2　　　〔1〕伊送我一本书。
B：V + O2 + O1　　　〔2〕诺送支笔我好好？（你送我一支笔好不好？）
C：V +拨+ O1 + O2　　〔3〕伊送拨我一支笔。（他送给我一支笔）
D：V + O2 +拨+ O1　　〔4〕伊送支笔拨我。

---

① 张道升. 合肥方言词汇训释 ［J］. 合肥学院学报（社科版），2007（4）：9–13.
② 吴子慧. 绍兴方言语序共时差异与语法演变：基于方言类型学的考察 ［J］. 绍兴文理学院学报，2009（5）：93–98.

E：V1 + O2 + V2 + O1　　　〔5〕我拨三副手套拨小人赖。（我给小孩子们三副手套）

F：S + T + V + O1 + O2　　　〔6〕我书拨诺本。

G：S + T + V + O2 + O1　　　〔7〕我书拨本诺。

上述所举绍兴方言双宾结构的七种格式中，北京话不用 B、E、G 式，很少说 F 式，一般用 A、C、D 式，如：

A：V + O1 + O2　　　　　　〔8〕他送我一支笔。

C：V 给+ O1 + O2　　　　　〔9〕他送给我一支笔。

D：V + O2 +给+ O1　　　　〔10〕他送一支笔给我。

C、D 式是 A 式的变形。北京话里总是近宾语指人，远宾语指物，不同于绍兴话中可以有指人宾语在后的 B 格式。

G 格式从宾语位置来讲类似于 B 式，但是"书"成为话题提前后，使用限制远比 B 式句少。这种句式将一个论元拆成隔离的两部分，"书"是分裂式话题语。"本"作为实指成分在后做述语中的宾语，这种结构虽然严重违背语言成分距离相似性原则，但分裂式话题结构符合"框架大于内容"的话题指称性原则，特别是满足了人们对话题的偏好，因此它成为绍兴方言中一种常规而自然的句子，使用限制远比 B 式句少。

我们担心，当这个社会只有以北京话为基础的普通话的时候，这些看似"畸形"的方言句式就会消逝，这不能不说是现代汉语的一大不幸。①

基于方言式微带来的严重后果，早在 2005 年江苏南通大学副校长沈启鹏就在当地的政协会议上提出倡议国家要尽快采取保护方言的计划，他强调三点：

一是方言作为地域性文化，具有遗产性质，具有单向的不可恢复性和再生性。

二是许多地方尤其是大中城市，讲方言的人群在萎缩，年轻人甚至不会用本地方言交流。

三是方言消逝的后果是，某个地域丧失了以方言为载体的历史文化标志，不同人群之间的求异思维和创新思维弱化了，影响了中华文化的生命力。

沈启鹏提出的建议是有针对性地实现地方双语或多语制度，以维持地域历史和文化多样性的趋势。其中包括不干涉方言和普通话在公共交流中的运用；地方

---

① 还比如在南京方言中有一种特别句式"X 得一 Y"，用来表达强烈语气；分为 5 种情况：①X 得一塌；②X 得一屁；③X 得一糊；④X 得一腿；⑤X 得一砣。参见：张锦文. 南京方言中"X 得一 Y"句式解析〔J〕. 文教资料，2007（3）：163-165.

媒体对方言栏目的开设；地方性教育课程对本地方言的教育；挽救一批地方方言剧种，使得方言以艺术的形式传播。

今天看来，沈启鹏的倡议已经得到一些著名方言区的政府或民众认同，譬如上海，早在几年前就开始试点在一些公共设施恢复使用方言的策略①。而在粤语地区，从 1928 年香港第一家广播电台采用粤语广播开始，粤语作为媒体语言已有 80 多年的历史；由于粤语人群数量巨大（目前全球约有 6000 万说粤语者），同时跨越地区和国家的界别，所以作为媒体语言的方言生命力似乎并没有受到普通话的强大冲击。相反近些年来，广东地区诸多媒体也都开始采取双语并行的策略，以取得最佳传播效果，如广东电视的卫星频道（纯普通话）和珠江频道（纯粤语）、广州电视台主频道的午间新闻（普通话）和早晨、晚间时段新闻（粤语）。②

总之，今天我们已经意识到了方言所具有的丰富价值，尤其是对于保护我们民族语言的多样性、维护我们民族思维能力的开放空间、探索我们民族丰富的文化传统具有重要意义，守护方言，人人有责。

### 2. 方言的文化学价值

文化是一个比较宽泛的概念，按照文化社会学对文化的定义，文化指的是人类创造的不同形态的特质构成的复合体。马林诺夫斯基（B. Malinnowski）根据文化的功能，把诸文化现象分成四类：物资设备、精神方面的文化、语言、社会组织。③ 人既有物质性的需求，也有精神方面的需求，这里我们着重从精神方面来理解人类文化的特点，因为精神方面的意识能力和反思能力更能揭示人类需求区别于其他生命体需求的特征，我们把人类这方面的特性称为人类的文化性格，这种性格从一开始就带上了心理分析、类目与理性分析相结合的混合特征。

方言的文化价值体现在以下几个方面：

第一，方言本身就是人类创造的精神成果，属于精神文化范畴。在推崇普通话的年代，基于普遍意识，人们也许会把方言交流或交往视为封闭性的、落后的，正如改革开放以来人们对外语的追捧甚于对自身母语的热爱：我们把外语从娃娃抓起，一直到硕士生、博士生，我们的娃娃还是在学外语，而我们的母语教育到了高中就戛然而止，到大学成为中文系的专利。究其背后的原因，还是一种

---

① 栾晓娜. 上海公交车 10 月起全市推广沪语报站［EB/OL］. http：//news. sina. com. cn/c/2013-09-13/101928207791. shtml.

② 袁泽斌. 全球化背景下的粤语新闻传播［J］. 现代传播，2009（5）：159-160.

③ 司马云杰. 文化社会学［M］. 北京：华夏出版社，2011.

狭隘的普遍意识和现代意识在作祟，而恰当的意识是各种语言是平等的，都是当地民族的文化成果，都有其内在的生命之美。

第二，方言又是一个民族或地区的精神成果、特别是价值观的载体。一旦这种方言消逝，一种价值取向也可能随之丧失。在很多地方，水泥钢筋的"洋楼"取代了古老的木瓦结构的"土楼"，从而一种名曰"上梁"的仪式也被取消，因为无梁可上，代之以"封顶"，虽然可能也放点鞭炮，但是取消了匠人的呼唱和祝辞。这种改变，绝不仅仅是一种形式的改变，更重要的是一种依托于方言的精神成果被丢弃。

第三，方言确证了文化品格和文化"人格"，是对文化独特性的尊重和承认的重要标志。今天，语言不再仅仅被认为是一种交流的工具，更是一种文化与记忆的载体，承载着对独特身份的追求。

### 3. 方言的社会学价值

方言的社会学价值在于方言中保存着大量社会学信息，它们是凝固在方言中的化石，凝聚着久远就已存在着的社会生活信息，包括精神符号和元素。

在语言学研究中，从语言中提取语言使用中的社会学意义，构成了语言学的一个分支——社会（心理）语言学。著名的城市方言学派社会语言学家拉波夫提出社会语言学的三个变量——什么人，为什么，如何说，这三个变量意味着谁（人）在特定的社会语境里（时间、地点）为什么和怎样说以及说了什么。

在社会语言学的意义下，从静态的意义上说，一地方言就凝聚着这个地方历史形成的一定社会层次（即因教育程度、文化素养、生活环境、传统习惯所形成的语言群体）的语言习惯、精神气质、生活智慧和生活方式特征；从动态的意义上说，一地方言的变迁标志着该地域的时空变迁、生活改动、文化更替。

总之，方言是社会学研究的一把钥匙，而脱离了社会学意义的解析，方言本身便是一堆静止的、僵死的语言符号而已。

### 4. 方言的人类学价值

除了社会学信息和价值，方言当中也蕴含着丰富的人类学价值。

首先，方言保留着先民的生活品格。现代生活被高度市场化、定价化、量化、同质化，方言的出现和在场是对故往生活方式的回忆。在高度机械化和自动化的时代，当我们面对扁担、碓臼、磨子、犁、耙等，一方面我们感叹古人利用这些古老农耕生活器具进行艰辛的劳作，另一方面我们又能重拾古人在使用这些生产工具时留下的世界观、价值观和生活观遗产。我们姑且不说它们是智慧，至少是某种精神遗迹；姑且不说去传承和发扬，至少我们可以"同情"和理解。

譬如当我们面对像"弯弯的扁担——不得断"这样一条俚语时，难道我们一点都不能理解劳动人民坚韧的生活品格吗？今天我们的生活同样面临各种挑战和未知数，不也需要这种乐观性格吗？这些记忆对于现代生活，我们认为，它们不是负累或累赘，而恰恰是对现代生活的无声箴言和"心灵鸡汤"，这碗"鸡汤"不是直接来自高雅的"四书五经"，而是来自劳动人民的亲身体悟。

其次，方言激励着新时代人们的新生活。生活是常新的，所谓"苟日新，日日新"，显然我们无法要求今人回到先民的生活方式中去，今人也在今日生活中不断丰富俚语和词汇，如新兴网络俚语的出现就是一个鲜明的印证（如"私戳"，这里"戳"不是耍枪舞棒的"戳"，而是用手指点击手机屏幕上的图符），但是当今人规划今日生活时，我们可以参考古人的智慧和哲理，其中包括散落在方言中的"民间智慧"。在此意义上，研究和借鉴方言不仅仅是为了填补今人精神记忆的空白，也不仅仅是为了梳理今人认同的来源，而更是为了对今人生活规划提出建议和规劝。

其三，方言中包含着灵动的民间生活节奏和韵味，这种韵味在规整的现代生活中被抑制，而恰恰又是值得人类追求的生活目标。就节奏而言，大凡方言俚语都体现着"散""闲"这种特征，如"扯（入声，挑剔，如扯嘴）""扯筋""瘪茄子""不得了经""春打六九头""不做裁缝光敲褊""鼻子抵着嘴——没法子""财要自挣，儿要自生""扯不完的粑，讲不完的话"，从一个字到十个字表达一个意思，既散，又闲，真是"扯不完的粑子，讲不完的话"，这种悠闲慵散的生活节奏不正是紧张忙碌的现代人祈求的目标吗？语言从本质上说是生活方式和生活节奏，什么样的方式和节奏，就对应什么样的生活语言。

再说韵味，乡间俚语形散而不乱，押韵而和声，这又是一层生活审美问题。无论"财要自挣，儿要自生"，还是"扯不完的粑，讲不完的话"，细究起来我们发现它们是押韵的，"挣""生"同在"eng"这个韵部，"粑""话"同在"a"这个韵部。这种押韵的语言审美，也许粗糙，但也质朴，而在现代规整的生活对话面前，它又显得那么稀缺；现代生活的规整性已经将这种语言上的韵味毫不留情地碾压得稀巴烂。这种在口语中享受的语言灵动和韵味不正是我们应当追求的目标吗？实现这一点，其实并不难，难就难在今人业已失去了前面提到的"散""闲"的生活节奏，唯有恢复这种散闲的生活节奏，我们才能重拾这种灵韵的生活审美能力。

### 5. 本著的基本内容

本著将献给那些热爱方言文化的人们——那些有足够时间闲下来品读方言

俚语中的韵味的人们。它不是一部简单的方言编纂之作，而是想通过方言向大家展示另一种与现代生活不一样的生活节奏和生活品位：简单、质朴、灵动、有韵。

本著主要择取皖地潜山地区目前还能挖掘到、又被我们搜集到的俚语和传说，集中展示那些带有韵味的俚语，它们有的是一个词语，有的是一条歇后语，有的是一个对偶句，有的是一首严整或不严整的绝句，而有的是一段单韵或换韵的颂辞。本著将按照天时、地理、器物（分静物和动物）、身体、品性、百工、人伦、养教、生死、仪式、民歌（含书帽、童谣及其他）、传说、谜语的顺序进行编排，每条俚语将附上作者的注解和阐释，方便读者阅读。

我们在给方言注音时采取大家极易接受和掌握的拼音拼读法，该地软腭鼻辅音，标为 ng，如毛伢，当地就发音为 mao nga 22。音调分为阴平 1、阳平 2、上声 3、去声 4、入声 5、轻声 0。潜地方言发音中仍然保留着入声，如"七七八八"，都是入声，所以标为 5555。本著遇到多字的词，标音时采取先拼音、后连续标注音调的方法，如"脚踝"在当地称为"脚螺蛳骨"，jio luo si gu 4204。

此外，为了使读者对具体事物有感性的印象，我们在力所能及的范围内为某些器物配上了插图。

# 第一篇 天 时

天时地利人和，自古以来，气候条件是农业社会生产的第一自然条件，我们中国人把"遵天时"看作是我们安身立命的第一前提。而在没有气象卫星的古代条件下，在长期的农业生产过程中，不同地区的人们只能以千年计地总结各地气候特征，留下了大量诸如"二十四节气歌"以及关于各种气候变化征候的俚语。皖地潜山地区的劳动人民也一样，留下了许多这方面的俚语和韵句，兹举例如下：

**正月幺幺①二月长，**
**三月四月饿死砍柴郎。**

【解说】

这句俚语说的是过了正月，日子越来越长。每年冬至为白昼最短日，而正月一般为冬至后阳历 1 至 2 月，故白昼依然比较短，但已渐渐长。而农历三月，一般为阳历 4 月，已过春分，昼长于夜，故使得上山打柴、中饭无着的樵哥哥饥肠辘辘。

为什么会有砍柴郎呢？砍柴是干吗呢？皖地山区农民砍柴，一是为了烧灶煮饭，二是为了碓香碓（图 1-1），香碓一般以水流为动力，将木柴杯子碓成木香，木香可以制药顺气，还可以做佛堂烧香用的香柱。

桐城话作："一月短，二月长，三月饿死把奶娘或三月要死了懒婆娘。"②

图 1-1 香碓轺模型

---

① 幺幺：yao yao 11，小、短。幺，本指排行最小或最末，或色子或骨牌中的 1 点。幺幺：在湖北方言中指最小的舅舅（yeye 为姑姑）；在山西方言中指小背心；在四川方言中指最小的孩子或最疼爱的孩子，在常德方言中为叔叔，姑姑为"ya ya 22"。

② 王章豹.桐城谚语集锦［M］.合肥：合肥工业大学出版社，2015：212.

一九二九不出手，三九四九冰上走，
五九六九河边看柳，七九八九穷人大甩手①，
九九加一九，遍地看春牛。

【解说】

这则俚语对于国人并不陌生。在北方，第四句一般为："七九河开、八九燕来"，而这个地方为"七九八九穷人大甩手"，较为有特色，说的是缺衣的穷人此时欣喜地迎来了春天，再也不用缩手缩脚地走路，而是边走路、边甩手，俨然得意之态。

此则俚语在潜地的另一版本为：

一九二九，出门搓手；三九四九，冻死黄狗；五九六九，河开船走；七九八九，河边看柳；九九出九，使唤耕牛。②

或者：

一九二九，下湖摸藕；三九四九，踮脚拢手；五九六九，河边看柳；七九八九，闲人甩手；九九出九，耕牛田中走。③

此条在桐城地区方言中为：

"一九晴抵不到二九灵；大雪年年有，不在三九在四九；五九六九，隔河看柳；七九六十三，行人把衣单；八九七十二，行人都打坐（或猫狗寻荫地）；九九八十一，犁耙家伙都请出（或家里送饭田里吃）"。④

大家可以做个比较。另外潜地还有"一九管九九"⑤的说法，也就是说，一九的天气寒冷度将决定整个九天的寒冷度。

**三伏天不热有点闷人，
三九天不冷有点龂人⑥。**

【解说】

三伏（夏至后第三个庚日进"初伏"，第四个庚日进"中伏"，立秋后第一

---

① 甩手：走路得意态。
② 徐义松搜集．杨普根，黄德邻，汪传碧，张扬，郑劲松主编．潜山县民间文学集成．潜山县文化局编印，1991：104.
③ 杨普根，黄德邻，汪传碧，张扬，郑劲松主编．潜山县民间文学集成．潜山县文化局编印，1991：22.
④ 王章豹．桐城谚语集锦［M］．合肥：合肥工业大学出版社，2015：270.
⑤ 王章豹．桐城谚语集锦［M］．合肥：合肥工业大学出版社，2015：22.
⑥ 龂人：使人打寒战，指天冷或生气。潜山方言读 ken ren10，此外有"打龂（da ken31）"的说法桐城话："火是个病，越烘越龂。"

个庚日进"末伏","中伏"在有的年份为 20 天）和三九（从冬至开始每九天记一九）为每年最热和最冷的时段，故有此言，三伏不热也会有点闷人，三九天不冷也会有点让人禁不住打冷战。此语多为乡人平时聊天、谈论天气时所用。

**春打六九头，东家卖牯牛。**
**春打五九末，稻米年年缩。**
【解说】

此句云农历每年立春多在五九、六九交界。如 2015 年，立春日为 2 月 4 日，上年冬至为 12 月 22 日，中间差 45 天，恰好为五九满、六九始。立春和冬至中间隔三个节气，故为 45 天，正好赶上六九始。此句较准确地说出了立春与数字九的关系。至于相差一天，会导致什么样的后果，按本俚语所云，五九末要好，稻米缩，多指稻米价格降下来，丰收。六九头，卖牛，不是好兆头。所以有"新（立）春大似年"的说法，非常重要，非常有预示意义。

**立春雨淋淋，阴阴嗒嗒到清明。**
【解说】
此句云入春多雨。

**两春夹一冬，无衣暖烘烘。**
【解说】
此句云一个阳历年份含两个立春节气的话，会是暖冬。在湖北也有"两春夹一冬，十个牛栏九个空"的说法，表明不好。

**春天孩子脸，一天变三变。**
【解说】
形容春天天气多变，乍暖还寒。

**三月三，蛤蟆①叫着乱番番②。**
【解说】
三月三在我国是一个具有丰富意义的日子。
从节日的角度考虑，三月三还是我国黄帝的生日，古语云："二月二，龙抬头；三月三，生轩辕。"这一天人们祭祀黄帝。在我国壮族，"三月三"的地位

---

① 蛤蟆：青蛙，潜山方言读 ka ma 24；癞蛤蟆，潜地称为"癞大鼓"。
② 乱番番：七嘴八舌，吵翻天。

不亚于春节，人们放假两天，人们走到田间地头放声对歌，被称为"歌圩节"。

从生活风俗角度看，这一天人们踏青，放风筝。

沪谚："二月二，搓麻线；三月三，放风筝。"

在皖地潜山地区，这一天人们还有吃"梅香粑"（也有称为"蒿子粑"）或"水萩粑"（学名为鼠曲草、鼠麴草①、清明菜）的风俗，人们从山间采来梅香（山蒿的嫩苗），从田埂头采来水萩（田蒿的嫩苗，此种蒿长不高），用石碓伴糯米碓成团状，于龙床（一种竹制蒸器）中蒸，蒸出来的粑软香可口。

此句俚语道明三月青蛙群出，闹翻田间地头，催人春耕的图景。

另外在孔雀东南飞的故地小市镇，有"三月三，蘑菇沾地板。九月九，蘑菇沿地走""年年都有一个三月三""三月三、鬼火一大班"的说法②（李德祥、康秀琴）。

宿松、桐城方言有："三月三，九月九，无事不到江边走。"③ 说明风大浪大。

桐城民歌："三月三，蛤蟆叫呱呱，人家织布我纺纱。人家小姑都走了，我家小姑还在家。"④

### 挨谷浸谷⑤

**【解说】**

农时。指挨着谷雨节气的时候，要浸泡谷种，以待育秧。

### 二月清明莫上前，三月清明莫退后⑥。

**【解说】**

农时。如果清明节气落在阴历二月份，农事莫上前；如果三月清明，那得赶紧干。

---

① 清明草，也叫鼠曲草、鼠麴草、清明菜、寒食菜、绵菜、米菜、地菜、香芹娘。该草遍布我国各地，全株有白色绵毛，叶如菊叶而小，开絮状小黄花，一年生草木，清明时节，萌生绵绵白毛细叶。性平和，有化痰、止咳、降压、祛风功效。

② 小吏港民间俗语、谚语 ［EB/OL］. http：//hnxsxx. csepa. cn/show_ more. php？ tkey＝&bkey＝&doc_ id＝13473.

③ 王章豹. 桐城谚语集锦 ［M］. 合肥：合肥工业大学出版社，2015：148.

④ 桐城民歌民谚大全：儿歌篇 ［EB/OL］. http：//blog. sina. com. cn/s/blog_ 4ace396f0100akvd. html.

⑤ 杨普根，黄德邻，汪传碧，张扬，郑劲松主编. 潜山县民间文学集成. 潜山县文化局编印，1991：22.

⑥ 杨普根，黄德邻，汪传碧，张扬，郑劲松主编. 潜山县民间文学集成. 潜山县文化局编印，1991：22.

**二月八，铁和尚过江，冻死和尚冻不死秧①。**

【解说】

农时。农历二月份可以考虑下早稻秧，虽然依然有点冷，但是对于要发芽的秧苗来说，是不成问题的。

桐城张廷玉曾经做了一副对联，非常形象贴切：

"稻草扎秧父抱子，竹篮装笋母怀儿。"②

**清明断雪不断雪，谷雨断霜不断霜③。**

【解说】

清明还有雪，谷雨还有霜，证明天气很反复，依然春寒料峭。关于清明，还有农谚：

清明要明，谷雨要雨；立夏要下，小满要满。④

**五月十八洗街⑤**

【解说】

皖地潜山位于长江中下游地区，五月十八恰逢当地梅雨季节，常有暴雨，在山区常爆发山洪，在依水而建的城镇常面临"洗街"危险。当然偶见反常，比如 2017 年梅雨就推迟到农历六月才来。

《潜山县志》记载：

"乾隆二十四年（1759）：又六月大水，溃决河堤。水吼岭下街屋宇人畜俱尽，尸流数十里。"

"乾隆四十六年（1781）：又五月二十二日，大水溃堤伤稼，漂没庐舍数百家，溺死居民无数。后，至七月不雨，复告旱。"

"道光三年（1823）：五月大水，皖潜二水失其故道。"

"道光二十二年（1842）：夏，大水，米价暴涨，贫民多食观音土。"

"道光二十九年（1849）：五月，大水，为有史料记载以来最猛的一年。"

---

① 杨普根，黄德邻，汪传碧，张扬，郑劲松主编．潜山县民间文学集成．潜山县文化局编印，1991：30．

② 王章豹．桐城谚语集锦［M］．合肥：合肥工业大学出版社，2015：22．

③ 杨普根，黄德邻，汪传碧，张扬，郑劲松主编．潜山县民间文学集成．潜山县文化局编印，1991：22．

④ 杨普根，黄德邻，汪传碧，张扬，郑劲松主编．潜山县民间文学集成．潜山县文化局编印，1991：30．

⑤ 洗街：潜山方言读 xi gɑi 31，城镇依河而建，暴雨水涨，漫到街面。

可见往年初夏的五六月份，是潜河爆发洪灾多发期，水量之大，堪称洗街。如今，水吼岭上游修建了大关水电站，对于遏制汹汹洪水有一定作用。

关于入梅，潜地的俚语还有：

五月十三，关帝生辰；天不下雨，瓦沟水淋。（瓦沟淌水，至少是中雨）

入梅之日，芒种逢丙；出梅之日，小暑来临。

莫焦五月无大水，莫焦六月无太阳。

五月二十五，落个断桥雨。①

五月南风发大水，六月南风井底干。②

**立夏不下，无水洗耙；**

**小满不满，无水洗碗。**

【解说】

谓天干。潜地俚语中对有雨无雨的判断还有③：

春寒雨湫湫，夏寒水断流。

雨前雨丝丝，雨后雨丝晴。

雨落五更头，行路大哥莫要愁（雨打鸡公头，行人莫要愁）。

春雾雨，夏雾热，秋雾凉风冬雾雪。

雾露扎着脚，要落也不落。

一日雾，三日雨；三日雾，没有雨。

棉花云，雨快淋；饺子云，定天晴；

馒头云，晒死人；云绞云，雨淋淋；

扫帚云，泡死人；疙瘩云，雹临门。

云黄有雹，云黑有雨。

乌云拦东，无雨即风；乌云渡河，大雨滂沱。

天上沟沟云，地上雨淋淋；早上朵朵云，中午晒死人。

日落乌云响，半夜听雨响；乌云接日头，来日雨不愁。

---

① 杨普根，黄德邻，汪传碧，张扬，郑劲松主编. 潜山县民间文学集成. 潜山县文化局编印，1991：23.

② 杨普根，黄德邻，汪传碧，张扬，郑劲松主编. 潜山县民间文学集成. 潜山县文化局编印，1991：26.

③ 杨普根，黄德邻，汪传碧，张扬，郑劲松主编. 潜山县民间文学集成. 潜山县文化局编印，1991：24—29.

黑云接得低，有雨在夜里；黑云接得高，有雨在明朝；日落云里走，雨在半夜后。

早看东南黑，雨势午前迫。

云向东，有雨也不凶；云向西，赶快披蓑衣；
云向南，有雨也不长；云向北，想雨也不得。

云下山巅天落雨，云上高山好晒衣。
有雨山戴帽，无雨山断腰。
云上高山能晒衣，云下高山披蓑衣。

云行东，车马通；云行西，雨凄凄；云往南，水满塘；云往北，好晒麦。

傍晚火烧天，明朝大晴天。
天上鲤鱼斑，晒稻不用翻。
早上烧天晴不到晚，晚上烧天晴半年。

明星照烂泥，晴不到鸡啼。
今夜星照泥，明天剥路皮。
夏至西南风，十八雨来冲。

春南雨咚咚，夏南一场空；秋南雨淋淋，冬南天不晴。

春南夏北，泥田发裂。

太阳出得早，晴天难得保；太阳出得晚，洗衣能放胆；
太阳颜色黄，明日大风狂；太阳现一现，洪水打破堰。
太阳拦中现，三天都不见。
日落西山一点红，半夜起来搭雨棚。

春东风，雨祖宗；夏东风，干松松；
春东风，雨跟踪；东风息，戴斗笠。
东风急，戴斗笠；南风作，北风落。

四季东风四季下，就怕东风起不大。
久晴起风雨，久雨起风晴；
久晴不经三日雨，久雨不经十日干。

送九送在南，三年陈债一年还；
送九送在北，河里干死鳖。

一日黄沙三日雨，三日黄沙九日晴。

东虹晴，西虹雨，南虹发大水，北虹闹饥荒。

东虹日头西虹雨，南虹北虹动刀斧。

早西晚东，洪水大通。

雨中蜂唤报天晴，蚯蚓上路要雨淋。

土蛤蟆哇哇叫，大雨快要到。

雨中知了叫，预告晴天到。

蚂蟥上大腿，定要发大水。

蛇出洞，不是雨来就是风。

猫睡脸朝天，连日雨绵绵。

蚂蚁一搬家，大雨哗哗哗。

乌鸦成群，明日必阴。

家鸡宿迟主阴雨。

鸡晾脚，天要落。

蚯蚓滚灰必雨。

雁过留晴。

旧时没有天气预报，没有气象卫星，先民们就用这些月、星、风、日、云、雾、虹、黄沙以及各种物候等征候来判断未来的天气变化。有些在今天依然有道理，有些还需要我们继续去验证，毕竟地球的气候系统在工业化之后发生了一些变化。

**麦怕长穗雨，稻怕扬花风。**

【解说】

或谓："麦怕张西雨，稻怕午时风。"麦子正在抽穗时，忌下雨，此时下雨容易引发瘟病；稻子害怕在扬花时起风，容易把稻花吹掉。

**秋半天**

【解说】

立秋之后，半日天晴半日雨，一阵秋雨一阵凉。此语谓天气遇秋而变。

**一天一个暴，田埂都是稻。**

【解说】

立秋之后，伏热将逝，常形成低压气旋，出现短时大风暴雨，在农民看来，此种天气对于稻子生长成熟是极为有利的，故曰："田埂都是稻。"

### 时风时霉

【解说】

此语谓天气变化不定，时起风，时阴雨，东西发霉。喻人性格乖戾，不合情理，变化莫测，令人难以应对；或者主张不坚定，意见多变。有一种人叫怙恶不悛，无法可治，"逮到了就磕头，放掉了就弄猴"。猫抓老鼠，抓了放，放了抓，抓了还放，就是不改邪归正，"捉到了一泡脓，放掉了一条龙"，总之就像驴子屎，外面光，里面包着一老粗糠。① 或指国家政策多变，令百姓莫衷一是。

### 七晴八不晴，九日放光明。
### 七落八不落，九日发大泼②。

【解说】

或谓："七晴八不晴，逢九放光明。七落八不落，逢九落瓢泼。"意思是一样的。此句是潜山地区人民对该地天气变化的总结，前面是条件，后面是结果，意思是如果逢七号（七、十七或二十七）晴天，而八号不是晴天，那么九号天一定会晴；反之，七号下雨八号晴天，那么九号还会下更大的雨。句中所述可能是高概率事件，也有待实践继续检验。宿松方言是"七落八不落，九在家中坐。七落八不晴，九日放光明"（刘果成），有细微区别。这种根据日期判断下雨的还有：

上怕初三雨，下怕十六阴。
下月有没有，要看前月二十九。
落伏头，烂屋头。
七月十五定旱涝，八月十五定收成。
正月二十晴，果木树上挂油瓶。③

### 六月有风风不凉，腊月无风瓦上霜。

【解说】

此句亦言三九天冷，伏天闷人。此句特色是将风作为六月和腊月的联系点，六月虽有风，但是吹热风；腊月虽无风，但是瓦凝霜。

---

① 王章豹．桐城谚语集锦［M］．合肥：合肥工业大学出版社，2015：188，185，178.
② 大泼：指小孩大哭大闹，喻天下大雨。
③ 杨普根，黄德邻，汪传碧，张扬，郑劲松主编．潜山县民间文学集成．潜山县文化局编印，1991：27，28，29.

七月杨桃①八月楂，
九月毛栗②笑哈哈。

【解说】

此句为时令，农历七月，山中野生猕猴桃熟透，可采摘；八月野生山楂熟，可采摘；七月八月毛栗也在结果灌浆（图1-2），但是熟透还得到九月，那时栗子的外面的刺衣会自动裂开，咧嘴笑开。

图1-2　尚在灌浆的毛栗

过了七月半，山楂红一半；
过了八月中，山楂红通通。

过了七月半，日子短一半；
过了八月中，只有梳头吃饭的工。

【解说】

头两句与上条意思相近。后两句补充说明日子变短，非常形象。"日子短一半"另说为"太阳迎山窜"。

大干不过七月半。

【解说】

对天气的预测。过了七月半，开始进入秋半天，不会太热太干。

七月半无雨，十月半无霜。

【解说】

对天气的预测。十月半无霜，证明入冬迟。

---

① 杨桃：指山中野生猕猴桃。
② 毛栗：指山中野生栗子；也泛指栗子，含人工嫁接的栗子。

**五荒六月腹中饥，二四八月乱穿衣。**

【解说】

此句言二四八月天气变化无常，气温时高时低，衣服难穿。二月，冬春之交，乍暖还寒；四月春夏之交，忽热忽凉；八月夏秋之交，欲凉还热。此等时节，最怕感冒，体虚者尤须注意。

前半句说五荒六月，说的是旧时农业产量低，到了五六月的时候旧粮基本吃完，新粮还没出来，这时青黄不接，农民必须依靠杂粮度日。

**吃了端午粽，寒衣远远送。**
**吃着中秋粑，寒衣件件加。**

【解说】

端午节，五月初五，阳历一般在 6 月，太阳已经到达北回归线，故寒衣可以件件减掉；七月半做圆子，中秋做米粑。做圆子，炒籼米，放花椒，放肉丁，放鲜黄豆；做米粑，磨成糊状，添加发酵剂和糖类，蒸熟吃。中秋时节，太阳开始偏离赤道往南，故需常添加寒衣。

**月怕十五，年怕中秋。**

【解说】

月到十五将过半，年过中秋已剩余。光阴荏苒，白驹过隙，人到中年，不是盼着自己长大，而是希望光阴慢点，可就是慢不下来。人，就是这样没办法。

**云掩中秋月，雨打上元灯。**

【解说】

上元，元宵，正月十五。中秋至上元正好半年，这里是预测，可以再验证。

关于月亮对天气的指示，还可以参照：

月亮长了毛，大水淹着桥。
月落胭脂红，无雨便是风。
日晕三更雨，月晕午时风。
月晕而风，础润而雨。
毛星毛月，打破田缺。
云满中秋月，来年旺小麦。①

---

① 杨普根，黄德邻，汪传碧，张扬，郑劲松主编. 潜山县民间文学集成. 潜山县文化局编印，1991：24，26，27，30.

二十一二里，月亮半夜起；

二十五六头，月出犁架①牛。

【解说】

这几句还是说月亮，十五后下弦，月出时间非常晚；二十一二的时候，月亮半夜起山；二十五六的时候，月亮出来时，农民开始干农活了。故常见日月同行于天。

夏至三伏热，重阳一冬晴。

【解说】

此句言重阳（九月初九）后，秋高气爽，而后立冬，不会有夏日暴雨倾盆。潜地另一种看法是，"重阳无雨看十三，十三无雨一冬晴"；"九月九晴一冬水，九月九阴一冬温"。②

重阳过了无大节，

一溉雨来一溉③雪。

【解说】

此句言重阳后入冬，冷空气带来雨雪。

寒露油菜霜降麦（九油十麦）。

【解说】

此句言农时，寒露时节当播种油菜，霜降时节播种麦子。模糊言之，九月来了种油菜，十月来了种小麦。

霜打芥菜④叶，一会长长一会瘪。

【解说】

秋播芥菜，太早了，天气过于炎热，暴雨多，出苗困难；太迟了，幼苗时遇寒流，易受冻害，本是冬天生长，但恐寒流压迫，故有此语，像在桐城方言中还有"霜打油菜夹⑤，到老都不发"的说法。

---

① 架：这里作动词，把犁套在牛颈上。

② 杨普根，黄德邻，汪传碧，张扬，郑劲松主编．潜山县民间文学集成．潜山县文化局编印，1991：25，34．

③ 溉：量词，雨水的次，场，方言读 gai 1。相当于"交、遭"。

④ 芥菜：一年或两年生，孕蕾、抽薹、开花结果需经低温春化和长日照条件，中国南北各地均以秋播为主。芥，读 gai 4。

⑤ 夹：ga 5，嫩苗。

此语亦喻人事,涨涨跌跌,进一步退两步,就如股市,涨涨停停、跌跌停停。再如有的小孩子学习,身体不好,三天打鱼、两天晒网,都似这霜打芥菜叶。但是此语还有一层意思是尽管遭受挫折,芥菜是不会被霜打死的,只是被打瘪,待来年春风化冻,它又可恢复旺盛生长。

**腊雨腊雪年年有,**
**不在三九就在四九。**

【解说】

三九四九,正值大寒,江河冻,雨雪阻归人。不说当年林冲风雪山神庙,且说 2008 年南方大雪如图 1-3。

图 1-3　2008 年腊月南方银装素裹

**八月无闲笋,腊月无闲婆。**

【解说】

八月为秋收和秋播季节,故无闲笋;腊月无事,婆婆们待在家中赶紧缝冬衣做冬鞋,在春节前赠送自己的丈夫、小孩或亲戚。

**冬风不过篱,春风破牛皮。**

【解说】

冬风再凛冽,人们已经适应,加上棉衣防护,不觉太冷;春天来了,乍暖还寒,在春风中咀嚼剩下的枯草的老牛,皮被吹得皮开肉绽,是常事,故有春风破牛皮之说。秋冻春捂,养生至理。

关于初春的风的劲寒,还有两句谚语:

打了春,还有四十八天顶牛风。

立春阳气转,化冰冻人脸。

打了春,后面还有可能出现寒潮;再者,化冻耗费大量能量;还有,早晚地气还是很凉的,故早春的风是透皮的凉。

**腊七腊八,冻死河鸭。**

【解说】

形容腊月冷。

**过了冬至十八转，一天要长一线。**

**【解说】**

形容冬至后日子渐渐长，这个"一线"，有的说是女工用一根线所花的时间，有的说是日晷上的一根线的差异，都待验证。有的说法是："吃了冬至饭，一天长一线"或者"吃了冬至面，一天长一线"。

**上昼雾露露，下昼晒葫芦。**

**【解说】**

雾露，雾气重，遇叶成露。这是一天之内的天气变化，若上午有浓雾，下午常有晴天。一说为："上昼雾露露，下昼晒葫芦破头。"

**别场子落一氹①，这里落一亮。**

**【解说】**

此句言雨下到别的地方去了。同一地区由于地形差异，降雨量会有所不同。类似的潜地俚语还有：

亮一亮，落一氹；黑一黑，落不歇。

有雨四方黑，无雨顶上光。②

**阴阴暗暗，吓死懒汉。**

**【解说】**

此句言夏秋交接，气旋盛行，天空乌云密布，似为倾盆之始，胆小谨慎的赶紧收拾晾晒的衣物、辣椒丝、蔬菜种子、稻谷等；然而一阵风过，云走他方，天复明亮，刚才收晒似为白费之举。此处"懒汉"实际上是胆小谨慎、害怕多事的人。

**宿昔**

**【解说】**

"宿昔"这个词是古汉语中比较常见的词，平素，平时，曾经，过去的意思。在潜山方言中，人生世上，难得与人无矛盾，恩恩怨怨最难了，宿昔积怨未解，一旦矛盾激化，后果严重。

---

① 氹：同"凼"，小坑，下雨时水注入。潜山方言读 tang 5。

② 杨普根，黄德邻，汪传碧，张扬，郑劲松主编．潜山县民间文学集成．潜山县文化局编印，1991：25.

在古语中，"宿昔"有"从前，往日"的意思，如"宿昔青云志，蹉跎白发生"（张九龄，《照镜见白发》）；有"经久，经常"的意思，如"血气稽留不得行，故宿昔而成积矣"（《素问·举痛论》）；指年老，如"徒使春带赊，坐惜红颜变。平生一顾重，宿昔千金贱"（《文选·谢朓诗》）；指夜晚，宿、昔都指夜，如"青青河畔草，绵绵思远道。远道不可思，宿昔梦见之"（《乐府诗集·相和歌词十三·饮马长城窟行》）；指旦夕、短时间，如"与君结新婚，宿昔当离别"（曹丕，《于清河见挽船士新婚与妻别》）。

**天晴百日无人厌，雨落一日也忧愁。**

【解说】

此句言人们常喜好晴日，心情也高兴；惧怕落雨天，雨天活动受限制，常使人无聊或发闷。

**乖隆隆**

【解说】

形容程度很深，令人惊讶。可能是模仿雷声。今天俚语就直说："被雷倒了。"

**四月八，苋菜掐，四乡人家把秧插；**
**插秧要插梅花秧，粮满柜来谷满仓。**
**插秧要插蘸根秧，苗肥棵壮谷子强。**
**插秧要插浅水秧，秧根抓泥有力量。**
**插秧要插新鲜秧，秧苗好活好成行。**[1]

【解说】

这是一首插秧经，讲插秧的注意事项。旧时农业社会，插秧是大事，乃全家、全队、全乡、全社会口粮之系。俗语说："小孩子望过年，大人们望插田。"不误农时，第一是不能误了插秧的时间。

关于四月初八，也是一个重要日子，有俚语：

四月八，雨洒洒，丢掉山田插湖畲；
四月八，满天星，丢掉湖田插高墩。[2]

---

① 徐义松搜集．杨普根，黄德邻，汪传碧，张扬，郑劲松主编．潜山县民间文学集成．潜山县文化局编印，1991：104.

② 杨普根，黄德邻，汪传碧，张扬，郑劲松主编．潜山县民间文学集成．潜山县文化局编印，1991：25.

关于插田，潜地还有一个说法：

小满插田家把家，芒种插田普天下，芒种插田分上下（分上午、下午）。[①]

四月金，五月银，错过光阴无处寻。

有秧莫插一大把，无秧莫插一小根。

早稻水上漂，晚稻插齐腰。

立夏不下，高挂犁耙。

千犁万耙，不如一插。[②]

另外关于立夏割麦子的说法：

夏前三天割不得，夏后三天割不彻。

立夏三天连枷响。[③]

正月菠菜才发青，二月栽的羊角葱；

三月韭菜街上卖，四月莴笋赛小松。

五月黄瓜搭上架，六月葫芦拧成弓。

七月茄子一包籽，八月北瓜秋后生。

十月萝卜上秤杆，腊月蒜苗绿茵茵。[④]

【解说】

这是一首蔬菜经，说的是各种蔬菜农时情况。羊角葱，说的是葱根经过一冬的冬化，只剩下羊角一样的茎了；七月茄子一包籽，说的是七月的茄子已经开始老了；八月北瓜秋后生，说的是北瓜，或称南瓜、番瓜，到了秋后还要长一阵子；十月萝卜上秤杆，说的是萝卜到了十月，已经开始打秤了。

正月甘蔗节节长，二月橄榄两头黄。

三月樱桃粒粒红，四月枇杷已发黄。

五月杨梅红似火，六月莲子满池塘。

七月南枣树头白，八月菱角硬刀枪。

---

① 杨普根，黄德邻，汪传碧，张扬，郑劲松主编．潜山县民间文学集成．潜山县文化局编印，1991：23.

② 杨普根，黄德邻，汪传碧，张扬，郑劲松主编．潜山县民间文学集成．潜山县文化局编印，1991：30-35.

③ 杨普根，黄德邻，汪传碧，张扬，郑劲松主编．潜山县民间文学集成．潜山县文化局编印，1991：30-35.

④ 徐义松搜集．杨普根，黄德邻，汪传碧，张扬，郑劲松主编．潜山县民间文学集成．潜山县文化局编印，1991：105.

九月石榴露齿笑，十月金橘满林香。

冬月柚子黄晶晶，腊月桂圆配成双。①

【解说】

这是一首瓜果经，说的是各种瓜果成熟农时情况。旧时在交通信息不便的情况下，劳动人民就识得如此多的瓜果，实在出乎今人意料，俨然是一幅全国瓜果图。

天无三日冷，风无三日紧。

【解说】

这是对天气的一般总结。与老子"飘风不终朝，骤雨不终日"（《道德经》第二十三章）有异曲同工之妙。比喻人事，苦日子似乎是可以熬过去的。所谓"暂时起风暂时凉，暂时落难时不长"②。

---

① "桂圆"处原文为"龙眼荔枝"，笔者甚怀疑龙眼、荔枝能保留到腊月，故改成"桂圆"（龙眼干了就说桂圆）。

② 王章豹.桐城谚语集锦［M］.合肥：合肥工业大学出版社，2015：151.

# 第二篇  地  理

皖地潜山县行政区现主要以天柱山为中心，现辖 16 个乡镇，含 185 个村（居），总人口 58.3 万。县域总面积 1686 平方公里，其中宜林山场 136 万亩，水面 9.6 万亩，耕地 36 万亩，呈"七山一水两分田"的地貌特征：其中梅城镇、王河镇、源潭镇、余井镇、黄泥镇、黄铺镇、油坝乡、痘姆乡为平原或丘陵镇；官庄镇、黄柏镇、槎水镇、塔畈乡、天柱山镇、水吼镇、五庙乡、龙潭乡为山区镇。①

同时我们也要看到，这个地区在历史上它的辖区曾经发生变化，比如《孔雀东南飞》故地现在落在了临县怀宁的小市镇，再比如新中国成立前潜山县县域涵盖现岳西县的部分区域，因此，该地方言难免会涉及这些临县。

**到石牌②去了**

【解说】

说起石牌镇，它正好坐落在皖河的咽喉部，上通潜山、岳西、太湖，下连安庆、皖江，占尽水利，商贾云集，货贿泉流，明清以来它发展成为皖西南重要的农副产品集散地。然而随着现代高速交通的兴起，该地地位近年有所下降，但是正在兴建的皖江二桥将为它恢复其昔日的商贸地位提供便利条件。

该语是对小孩夜尿床的戏称。"石牌"化入潜山俚语，是近代石牌商贸地位的印证。类似的俚语，在安庆桐城地区有"到枞阳去着"（意思也是小孩子尿床），"到潜山去了"（意思是撑瞌子，瞌睡）。

**上清斑竹五棵枫，**
**清潭庙③内好大钟；**
**黄沙岭，望天堂，**

---

① 走进潜山 ［EB/OL］. 潜山县人民政府网. http：//www.qsx.gov.cn/zoujinqianshan.

② 石牌：怀宁县商贸古镇，2002 年怀宁县县城由此迁往高河。它与潜山王河镇毗邻。它还是"四大徽班"进京发起人、"国剧大师"杨月楼的诞生地。

③ 清潭庙：从斑竹畈到清潭村相距 5.5 公里。此处另一种说法是"高公庙"。

粉壁衙前①到响肠；
清风渺渺上青天，
手巾悬挂庙门前；
割肚弯弯水吼岭，
黄泥滩上摆渡人；
瘦牛爬过思茶岭，
猫儿衔水换三肩；
九井西风野人寨，
十八里沙河到县边。②

【解说】

此诗妙在将岳西到潜山的一串地名，串联起来，背后有故事：

相传岳西（古属潜山县管后北乡）来榜上清斑竹畈五棵枫程家有母子俩相依为命，母病重却无钱找医生，儿无计只得将母亲当年陪嫁之祖传珠玉当掉，换来钱买药。母病日渐安好，问儿钱从何来，儿子一五一十告诉娘，表示愿意通过劳作挣钱赎回珠玉，母亲非常生气，责怪儿子不孝，一气之下竟要将儿子告到县衙。可是路途遥远，儿子怕母亲迷路，开出路单如上，按照它，母亲走了两天两夜，终于来到县衙。县官问出真情，责骂母亲不晓得事，当即声明该儿不是才子就是孝子，并在梅城四牌楼附近立"孝子坊"。由此，此"路名诗"与儿的孝名遂传播于潜、岳、太、霍数县（钱启贤，《天柱山传说·孝子坊的由来》）。

此路单另一版本是：

斑竹畈，五棵枫，清潭庙，好大钟；
黄沙岭上望天堂，朱屋衙前到响肠；
板桥前头是沙岭，手巾挂在五星庙；
手巾崖下是割肚，大关过了听水吼；
白茅街，清河亭，瘦牛跑上思茶岭。
猫儿衔水换三肩，白水悠悠吴塘堰。
九井西风野人寨，八里沙河到县边。

---

① 粉壁衙前：衙前街上屋子被粉刷，或称"朱屋衙前"。
② 此诗含地名：上清斑竹畈、清潭庙、黄沙岭、天堂镇、衙前街、响肠镇、清风岭、手巾崖、五星庙、割肚畈、水吼岭、黄泥渡、瘦牛岭、思茶岭、猫儿岭、三肩湾、九井河、野人寨、梅城（潜山县府）。

此版本与上大致相同，不同的是，"板桥前头是沙岭，手巾挂在五星庙"句不押韵，不过它还是补充了一些新地名，如板桥店，沙岭头，吴塘堰。

还有一个版本：

斑竹畈，五棵枫，清潭庙，好大钟；
黄沙岭上望天堂，朱屋衔前到响肠；
板桥店，沙岭头，手巾崖下是割肚，
箱子石，过大关，水吼岭下有瘦牛；
猫儿思茶白水湾，三肩九井野人寨，八里沙河到县边。

此版本略去了五星庙，补充了箱子石、大关，但是"箱子石，过大关，水吼岭下有瘦牛"依然不押韵，疑是后人托作。

还有一个版本：

上清斑竹五棵枫，
青丝庙内好大钟；
黄沙岭，望天堂，
粉壁衔前到响肠；
雷打西湾板桥店，
板桥搭上清风岭；
清风岭，望青天，
手巾挂在庙门前；
割肚弯弯水吼岭，
王八滩上摆渡人；
瘦牛爬过思茶岭，
猫儿衔水换三肩；
九井西风野人寨，
十里沙河到县边。

此版本和标题版本相差不多，确证了在响肠和割肚之间有板桥店、清风岭、手巾崖、五星庙等小地名。

上述两个版本都把野寨到梅城当作八里路或十里路，为误，应为十八里，读者在各种电子地图上求证下即知。

从上可以看出，将传说化入地名，与将地理标志化入地名，也是我国乡土命名的一种重要方法。

**一阵三间屋，前边两大窗；**
**东头三棵柳，西头五棵桑。**

【解说】

这是一段儿歌，关键的是它透露出潜山地区的传统民居结构（图2-1）。所谓"一阵三"，就是中间堂屋，两边各配一个厢房；"明三暗六"，就是中间堂屋，两边在一阵三的基础上再配两个厢房；在这个基础上，再配上头屋，安排吃饭场、厨房和储物用房。

图2-1 黄砖黛瓦，已不多见的旧式民居

**一山高万丈，**
**一山不顶天；**
**有朝一日云雾起，**
**天地也相连。**

【解说】

这是一段儿歌，述说的是山区雨后雾气缭绕天地之间的情景（图2-2）。这种美学印象，揣摩之，也有深层寓意：山再高，高不上天；云雾乃天地连接之必须；喻于人事，英雄再伟大，若想改变历史须与人民的力量结合起来，人民才是创造和改变历史、顶天立地的根本性力量。

图2-2 割肚大关水库北猴头尖处云雾图

## 山大不遮风

【解说】

此语明说山，暗指人，有的人看起来身材高大，但是并不中用或无能。桐城话有："牛大压不死虱子，山大压不住泉水。"①

---

① 王章豹.桐城谚语集锦［M］.合肥：合肥工业大学出版社，2015：218.

高山嶅嶅①，肥水落漕②。

【解说】

一般山顶肥力较差，较为贫瘠；而山谷肥力集中，较为肥沃，树木茂密。喻人事，在某些自治型社会，藏富于民。

大路弯弯直，小路直弯弯。

【解说】

形容山区的路弯、弯多，小路虽直犹弯。

三百年前楼上楼，三百年后一沙洲。

【解说】

相传明朝刘伯温来到潜地，发现潜地是一个盆形，聚水，所以有了"三百年前楼上楼，三百年后一沙洲"的预测。③ 若果真有这样的事情，则说明气候将发生大的变迁。

此语亦被王章豹收录在《桐城谚语集锦》中，可见传说未必准，此语也有可能泛指沧海桑田。

---

① 嶅嶅：山高貌。
② 漕：山谷。
③ 胡春生口述。

# 第三篇　器物（一）

　　皖潜山地区多山，境内有天柱山，其东西南北麓的先民在长期的樵耕生活中，积累了大量关于植物、动物、生活用品的俚语，从这些俚语或韵辞中，我们能够追溯古代先民的生活情景、洞察古代先民的生活智慧。我们将大体按照植物类和动物类两篇进行展述。本篇将关注植物类和一些没有生命的器具，还有一些非六畜的动物。

## 拗[1]经檀

【解说】

　　且不说檀树分黄、白、青、紫、降香黄，单说它们木质坚硬，可喻人性格倔强。那些经过百年或千年成长的老檀树，茎部木质扭来扭去（图3-1），谁人能改变呢?!

　　这里有个故事：安庆地区曾经推行火葬，不少老人的寿材被锯。一些老人不懂火葬这玩意，以为自己要被火烤烧烫，那还得了，真有一些想不通的老人投井上吊、喝药吞毒，赶在推行火葬的最后期限之前离开人世，换来厝（方言读 cuan 2）棺而葬的"奢侈"。这些人说是迷信也行，说是信仰也行，但我说这是"拗经檀"——一拗到底，拗到轻生的地步。

图3-1　野寨中学校园内的一棵拗经黄檀

---

① 拗：执拗，拗，在潜山方言中读 ao 4。

### 犟着（不得）葛根断

【解说】

这句俚语说的是夏日葛根藤粗壮有力，（不得）纠缠难分，喻人脾气倔强，不听劝解。有个故事说，一个名叫水生的人生性倔强，而且嗜赌如命，年近五旬，家贫如洗，屋漏至锅台，恶习犹不改；妻女劝说不少，但他还是一样，自己打工挣几个苦钱，都从麻将桌上输掉。这人哪，各有天性，江山易改本性难移，就是那葛根藤，你撇不开，挣不断，也理不清，硬绊是不行的，只有拨开才行。《中庸》云："天命之谓性，率性之谓道，修道之谓教。"（第一章）这劝说和教育都还得依着人的性子来。

### 竹子不开桠，冲破天。

【解说】

春来雨后春笋，长势喜人，然而笋子长势再好、再能破土推石，它也不可能冲破天，终究是要分出枝丫，之后想再长高就难了。

这句话颇有辩证法的意味，借竹子言世事曲折前进、辩证发展、螺旋迂回，这中间包含着否定的环节，否定，而且不断否定乃事物发展的常态。

人类社会从前现代的散到现代的聚（集约式发展模式），再从现代的聚发展到后现代的散，发展的每一步都是否定；按照马克思对人类社会发展的预测，人类从前现代的共同体（按血缘或地缘），到现代的独立个人，再到后现代的自由人的联合体，也是步步否定，节节都在"开桠"。而作为人，胜者在于顺应此种法则，顺势而为，若悖逆之，必遭失误或失败。

桐城话：

千年的竹子都要破，万年的家产都要分。

撂石头砸不破天（或树高戳不到天）。[1]

### 一条扁担，一头翘着，一头抹[2]着。

【解说】

扁担是古代农耕生活中重要运输工具，通常由竹子制作，携带方便，又有一定弹性，挑东西时往往能随着步伐的节奏两头上下一齐扇动。使用扁担的关键是两头物品重量接近，其中微小差别可以通过调整扁担在肩膀上的位置来维持平

---

[1] 王章豹. 桐城谚语集锦［M］. 合肥：合肥工业大学出版社，2015：218，227.

[2] 抹：因码重而下沉，在潜山方言中读 ma 4。此语也有"一头抹、一头刷"的说法，刷也就是翘掉了的意思，参见：王章豹. 桐城谚语集锦［M］. 合肥：合肥工业大学出版社，2015：194.

衡，一旦两头重量悬殊，就会出现"一头翘着，一头抹着"的情况。

这种情况比喻两种利益情形均未沾，"高不成、低不就""和尚没做成，老婆又没讨"①（桐城方言），这种情况在学生升学，青年择偶、职业选择过程中难免会碰到。本来人生途中，"欲渡黄河冰塞川，将登太行雪满山"的"行路难、多歧路"的情形并不少见，本想上个名牌大学，可是分数又不够；一般的大学又不想上；复读吧，又遇到潜力有限、基础不牢的难题，如果老是这样纠结下去，就是一条扁担，一头翘着，一头抹着。

### 扁担不能折着看

**【解说】**

这挑肩抹担的扁担，说来也怪，平着看宽，折着看仄。扁担不能折着看，不能把它看仄了。这句话的意思和古印度的"盲人摸象"的故事非常像，不能仅仅抓住经验的片段来断定整体，这里面有个逻辑上升的过程，或者说辩证否定的过程，从感性上升到知性，又从知性上升到理性，再从理性的一般，否定到理性的具体。我们的认识过程是个不断否定上升的过程。

我们的生活，我们生活中的人和物，从不同的角度或放在不同的关系中看，是复杂的、多面的，"折着看"使我们极容易片面、独断。有的人聪敏，但可能陷入奸猾；有的人老实，但是比较可靠；有的人武断，但是有主见；有点人犹豫，但是比较稳重。种种情形，不一而足。

### 弯弯的扁担不得断

**【解说】**

扁担本来是扁平的，但是日积月累的负重，让它变弯。然而这变弯的扁担韧性极强，不是极端负重的话，它是不会折断的，所以在农村地区，一用几十年的扁担极为常见。

"弯弯的扁担不得断"，不仅仅是对生活经验的总结，更是对一种人生坚毅态度的表达。想一想农家生活，虽然贴近自然，充满自由，但是在历史的很多时刻，它必须随时应对天气变化、农业产量不稳、贫困、饥荒、抚养子女、担负生老病死等挑战，没有乐观坚毅的精神，一个人、一个家庭是极易被压垮和打败的。

此语也可指老年人生点小病不碍事，反而寿长。

类似的说法桐城话有："人是粪桶夹，越夹越发。"竹制的粪桶夹，越是收

---

① 王章豹．桐城谚语集锦［M］．合肥：合肥工业大学出版社，2015：175.

紧，越能抗劲。

关于粪桶，粪桶底下一颗麦①，漏播了，也就是俗语所说的"灯下黑"。

## 桁条②一丈三，不压自然弯。

【解说】

桁条一丈三，大约四米三的长度，这么长的桁条，即使中间翘一点也没关系，因为终究会被瓦压弯的，这是古代木匠对经验的总结。

## 钱在黄梓林树杪③

【解说】

黄梓树，大别山麓常见树种，学名乌桕，常散居于田间地头，把挣钱之难喻作木梓挂于黄梓树杪（图3-2、图3-3），这背后有两个因素，一是黄梓树不好爬，枝丫分散，扭曲难上；第二木梓有用，可以榨油，在物资贫乏、工业落后的年代，百姓摘取木梓以榨油，榨出的梓油是工业所需的紧俏物资。

钱在黄梓林树杪，这是乡民自古对挣钱之难的感叹。在自给自足的小农时代，商品经济本不发达，交通不便，靠肩膀扛、挑、抬，挣钱自然不易。

图3-2 深秋火红的黄梓树

图3-3 黄梓树叶

## 干着箸

【解说】

家庭主妇把握不准来客吃多少，总是尽量多煮饭，多置办菜肴，可是偏偏来

---

① 王章豹．桐城谚语集锦［M］．合肥：合肥工业大学出版社，2015：148，215.

② 桁条：檩条，架在屋架或山墙上面用来支撑椽子或屋面板的长条形构件；在潜山地区，桁条多用直密的杉树；潜山方言读 xing tiao 22。

③ 黄梓：又称木梓、乌桕，乔木，高可达15米许，各部均无毛而具乳状汁液。树皮暗灰色，有纵裂纹。花期秋，果期冬季，果小白，人们叫它木梓，可以榨油。另在湘赣南部也有把油茶称为"木梓"的。杪，miao 3，或梢，树的顶端。

客饭量小，结果剩了不少饭菜，人家可没有吃不完兜着走，主妇扔了又不舍得，盛在筲箕里留着自己下餐吃，吃了一顿吃二顿，吃了二顿吃三顿，总算吃完，叹口长气，这饭总算干着筲。

**瓢有个柄，人有个姓。**

【解说】

晒干的老葫芦，对剖，就是旧时农家瓢，结实耐用，环保卫生。瓢有个柄，人有个姓，责怪人家听话听不清，"耳朵斤把斤"，传话传不清或者说话说不清，"舌头斤把斤"。当然，我们有时为了说话的委婉，故意放任模糊指称，"某些人士""某些单位""某些地区""某些国家""国际社会"，其实熟知背景的人，心知肚明，无需言明，言明反而不幽默了。

此语还可以指小孩没有礼貌，不知道对对方尊称，直呼对方的名。桐城话作："粪桶有个耳子，粪瓢有个把子。"①

**蛮槌②撂上天，总有一头（要）着实。**

【解说】

唐代李白曾有"长安一片月，万户捣衣声"（《子夜吴歌·秋歌》）的诗句，说的就是唐代妇女趁着月色夜间洗衣、一边捣衣一边思念远方征夫的情景，中国很早就有洗衣捣衣的习俗，所谓"蛮槌不响，脏水不淌"。做蛮槌，用蛮槌，讲究一个实在；老鼠尾巴上一蛮槌，不被打坏，也被吓坏，虽然没什么大用，也还有一点用；驴子尾巴吊蛮槌，着不了实，累赘。此语责备人家虚无缥缈，翻来覆去，无一着实处。

桐城话作"蛮槌上天，一头落地"或"蛮槌甩上天，总有一头落地"③另外桐城话里还有其他关于蛮槌的说法，这里录下供大家参考：

蛮槌上插花针，粗中有细。

蛮槌改作牛鼻圈，大材小用。

蛮槌上街，三年成精。

吃不下去，用蛮槌揣。

添个蛮槌轻四两，少个蛮槌重半斤。

---

① 王章豹．桐城谚语集锦［M］．合肥：合肥工业大学出版社，2015：189.

② 蛮槌：方言读 mang chui 22；"脏"方言读作"lɑi lɑi 55"。洗衣用的木槌，敲打衣物可致脏水流下来。着实：落到实处。

③ 王章豹．桐城谚语集锦［M］．合肥：合肥工业大学出版社，2015：310.

拿着蛮槌，受狗的气。（比喻失势）①

## 玉米芯放蹲缸②：装屎。

【解说】

有"挂羊头卖狗肉"的，有"装葱卖蒜"的，这是卖假货；水仙不开花——装蒜，猪鼻子里插大葱——装象，这是装样。有人干活会做三分假，糊弄世人，结果是做出来的东西好看不好用。

## 一斗芝麻倒一氹

【解说】

这播种没见过一斗芝麻倒一氹的，这做人的，没见过把全部希望寄托于某件事的，真要这么干，那就是孤注一掷，把全部鸡蛋放在一个篮子里。多向发展，多元投资，历来是重要的发展战略。

## 本地的胡椒不辣③

【解说】

胡椒在我国分布较广泛，比辣椒有更悠久的食用历史。此语喻总觉得自己的东西没有别人好，这是人的嫉妒心导致的。类似的说法，"近处的菩萨不灵"④。原《求是》杂志社的编辑周溯源曾经引用过这么一句俚语："文章是自己的好，伢是别人的好。"意思与此相近。桐城话"小伢是自己的好，烧锅的是别人的好"⑤，意思是家花没有野花香。

## 水葫芦

【解说】

这句俚语说的是人被淋湿的样子。瞧，这个人沰（duo 4，淋雨，浇）得像个水葫芦，狼狈不堪。

## 瘪茄子

【解说】

有种蔬菜不用放冰箱，那就是茄子，瘪而不坏。瘪茄子，不是讲人脸皮厚而

① 王章豹. 桐城谚语集锦［M］. 合肥：合肥工业大学出版社，2015：310，155，19，211，179.

② 玉米：方言旧称"六谷（lou gu 25）"，现方言称 yu liu 52。蹲缸：厕所，茅房，茅厕。

③ 徐义松搜集. 杨普根，黄德邻，汪传碧，张扬，郑劲松主编. 潜山县民间文学集成. 潜山县文化局编印，1991：8.

④ 王章豹. 桐城谚语集锦［M］. 合肥：合肥工业大学出版社，2015：217.

⑤ 王章豹. 桐城谚语集锦［M］. 合肥：合肥工业大学出版社，2015：124.

难缠，而是说人丧气沮丧。对敌人就是要狠，你越是强硬，它就越是纸老虎，越是瘪茄子。这"瘪茄子"竟然和"纸老虎"有同工之妙。

桐城话有："茄子刮皮不好，冬瓜不刮皮也不好。[①]"（意思是事情难办）

### 胡芋种

【解说】

山芋的种娘，从春养到秋，又瘪又难看。比喻人做法难看，不精明。

### 短命鬼

【解说】

这是骂人话，你这个短命鬼的，而回[②]不死？咒人短命，如何不死。有时气来骂骂小孩，气消了，还是宝贝蛋。

### 大憨鳖

【解说】

这人的个性十分不同，有的个性犟，十头牛都拉不回；有的个性憨，老虎追到屁股尾，还问问是公的还是母的，这种人就是大憨鳖。还有人，临上轿，临厕尿，屎到屁眼边找茅坑[③]，一般来说，这种人若无特长，一般无大的成就。不过这种人也有好处，就是不着急，不说杞人忧天，就是天掉下来，他也不觉得怎么样，就这么憨，就这么悠着性子，说不定还长寿的呢，寿比彭祖未可知。

### 摸索罐

【解说】

罐子里面取东西，比如腌萝卜或腌蒜头，手在里面摸索，就是摸不到，旁边人急死了。所以，摸索罐多指批评别人动作迟缓或者没有安排，跟不上前进的步伐。

### 出了窑的砖：定着型。

【解说】

旧时盖房，都得请师傅上门来在自己家开辟地方烧砖做瓦，后来才有专业的采用设备烧砖或烧瓦的。烧窑，先打窑洞，码砖，封窑，然后放柴烧，经过高温

---

① 王章豹．桐城谚语集锦［M］．合肥：合肥工业大学出版社，2015：218.

② 而回：如何，方言读 er hui 22。

③ 王章豹．桐城谚语集锦［M］．合肥：合肥工业大学出版社，2015：182，191.

锻烤，黄砖坯变青砖，黄瓦坯变青瓦。出了窑的砖：定着型，意思是变不了了。世上有可变之事，亦有不可变之物，一般来说，人的天性，自然本身以及历史，是无法改变的。此语借人造物说自然，实属反用。桐城话作："生定了眉毛长定了骨。"①

**大锅洞**②

【解说】

大锅洞，烧大锅，众柴伙在一起。喻乱七八糟地伙在一起，没有分类。政治上有种瓦解策略叫"掺沙子"，就是把不同意见的人放在一起共事，结果闹闹哄哄的，彼此掣肘。大锅洞，也一样，可以容纳不同的柴火，但是在一起未必就烧得旺。

**日驮千斤，夜不驮四两。**

【解说】

这句说的是灶台。潜山民俗为，灶台白天忙碌，锅碗瓢盆堆放在一起，到晚上得让灶台休息休息，把这些东西能撤的撤掉。这是对锅台的拟人化利用吗？抑或隐藏着对灶王爷或司马老爷的信仰。这句话似乎包含着这样的道理：文武之道，一张一弛。

**石头焐不暖**

【解说】

在寒冷的冬天，我们怎么指望能把石头焐热呢？通乎人情，我们怎么指望能够把对你没有好感的人感动呢？我们也说，精诚所至，金石为开，然而在普通情况下，还是石头焐不暖。

**石板岩**③**里的泥巴，骨头缝的肉。**

【解说】

高山嶅嶅，石板缝间，能有多少泥巴？有，一定非常细腻温润，很珍贵。这情形与骨头缝里的肉很相似，骨头连接处，能有多少肉？但就是嚼着香。

---

① 王章豹. 桐城谚语集锦［M］. 合肥：合肥工业大学出版社，2015：210.
② 锅洞：锅灶中添柴燃烧处，烧柴火处。潜山方言读 guo long 12。
③ 石板岩：石岩缝，潜山方言读作：shi ban ngan 552。

## 石磨

【解说】

古老的农耕社会，过节做粑、做圆子、做豆腐得靠石磨磨，这石磨便成为人们朝夕相处的"伙伴"。石磨的最大特点就是厚重，你推一转，它转一圈，你不推，它不转，诸君这下明白了，石磨用来比喻那些特别憨实、痴痴呆呆的人，讽其没有"转（zhuan 4）智"，上海话讲，不活络。桐城话作"杵在那像拐棍一样"或"划个圈，站里面，初一到三十晚上都不出来"①。有的孩子，吃起来痨虫，做起来毛虫；有的孩子，闷头驴子，偷吃大麦麸，躲在门拐头，吃一大饱；有的人，吃饭一水桶，走路要人怂，所以，"养儿养女不怕痴，只要临时有转智"②。

## 细细磨磨③

【解说】

细细磨磨，比喻事物零碎、琐碎（以磨的结果来比喻对象）。要说这农业社会，农家生活啥都好，就一桩事不好——由于缺乏分工，单个家庭细细磨磨，大大小小的事情数不清，如头发一样剪不断，理还乱。做不完的家务事，操不尽的心，就是这般。

## 落藤

【解说】

指瓜熟蒂落，事情成功结束。缪（"没有"的合称）落藤，就是没有结束。比如某人最近一直忙，可以说他做事缪落藤。旧时农村挣钱难，打零工的，有活时就拼命干，一直有活时就要一直干下去。

## 瘟蔸子④

【解说】

树蔸发了瘟，这树好不了。这瘟蔸子，是骂人话，如同前面的"短命鬼"，通常是大人生气骂小孩，你这个瘟蔸子，怎么这么不争气？

---

① 王章豹. 桐城谚语集锦［M］. 合肥：合肥工业大学出版社，2015：187，59.
② 王章豹. 桐城谚语集锦［M］. 合肥：合肥工业大学出版社，2015：187，191，172，23.
③ 读 xi xi mo mo 2222.
④ 蔸：植物的根或靠近根的茎。

## 大（人）荒子

【解说】

常用来讽刺人架子不小，请不动，"你这个大（人）荒子"。

## 黑柴荒

【解说】

形容人黑。你瞧，谁谁，这家伙黑得像黑柴荒一样。农村里烧柴火，有的柴荒特别结实，不能一次烧尽，表面被碳化，你说黑不黑？

## 吃着菇荒忘了树荒

【解说】

这做人不能吃着菇荒忘了树荒，这叫忘恩负义，你说这山地里哪棵菇子不是接在树荒上？不能忘啊，忘不了啊！不说"滴水之恩涌泉相报"，但做人也不能忘本。

桐城话里有"吃菩萨，穿菩萨，没有柴时烧菩萨"或"用着菩萨请菩萨，不用菩萨骂菩萨"[1]，说的就是对对象的功利性和工具性态度。

## 湿着烂芋荒

【解说】

芋荒就是芋头，烂芋荒在潜山方言中指鞋子湿透，不换特别容易湿了脚，潮气上身，从而感冒。

## 烂在白茅窠里的老北瓜[2]

【解说】

人老见识短，故曰老北瓜，烂在白茅窠里，还是形容见识短。此语多用来自嘲。当然，足不出户，未必不知天下，现在信息社会愈来愈打破这种局限性，像周有光这样的百岁老人，也坚持天天阅读，老来依然有著述，可见关键还是事在人为。另外，老子主张真正的圣人"不行而知，不见而明，不为而成"，相反只有那些庸俗之辈"其出弥远，其知弥少"（《道德经》第四十七章），因为他们忙碌或停留于事物的表象，执迷不悟，不能对"道"本身或常道做出思考；"知"关键还是要"悟道"。

---

① 王章豹. 桐城谚语集锦［M］. 合肥：合肥工业大学出版社，2015：172.

② 窠：昆虫、鸟兽的巢穴；借指人安居或聚会的处所；这里指草堆或灌木丛。白茅窠，白茅丛。白茅，潜山方言读 ba mao 52。大路不走走白茅，洋船不坐坐葫芦瓢（不识好歹）。北瓜：也作番瓜，南瓜，也用来比喻蠢人。

## 一窠①菜

【解说】

一家人。瞧，某某一窠菜都去了，就是他全家老小都参加了，都去了。

## 抵到青砖壁

【解说】

旧时盖房，有钱的用"透青砖壁"（即全部用青砖作壁）。没钱的，就是在基础上用几层青砖，抵抗雨水侵蚀，其余以上用黄砖砌成。抵到青砖壁，意思是你动不了啦，你哑口无言了，你没理了。

相传王杰曾经担任年幼嘉庆皇帝的老师，一次责罚嘉庆下跪，正好被来巡视的乾隆撞见。乾隆说："教者天子，不教者天子，君君臣臣乎！"一般人遇到这种情况一般会磕头谢罪，可是王杰却一番话把乾隆抵到青砖壁上去了，他说："教者尧舜，不教者桀纣，为师之道乎！"乾隆眼前一亮，复令孩子跪下，听从先生教诲。②

## 烂泥巴糊不上壁

【解说】

这砖、壁其实都是泥巴糊出来的，只不过经过了晾干、烧烤而变得坚硬。但稀烂的泥巴你糊不上壁，一多就掉下来了。多用来骂人是无用之徒，怎么教育和扶持都无法达到想要的效果。义基本同"狗肉不上秤"。桐城话作："千年的黄荆蔸，锯不到一块板。"或者"扶不起来的猪大肠③"。教育不是万能的，不是那块料子，怎么教育都成不了才，所以"白板论"是站不住脚的。

## 壁缝里拾钱

【解说】

讽刺语。形容一个人到处想尽办法捞钱，通常采取不正规或出人意料的或僭越传统规矩的方式来捞钱。旧时人们为了生计，必须壁缝里拾④钱。

---

① 窠，读 kuo 1。

② 青丝. 帝师经济学. 新周报［N］.2016（07）.

③ 王章豹. 桐城谚语集锦［M］. 合肥：合肥工业大学出版社，2015：311，189.

④ 拾，方言读 ha 1，用细小的木梏如牙签状的东西从缝隙中将某物慢慢掏出来，或者用齿状工具将某物翻过来，如晾晒稻谷时 ha 1 稻；或者抓、挠，如 ha 1 痒。

### 冻着像犁头铁

【解说】

犁头尖尖一块铁，又冰又凉如白雪。小孩子秋冬夜眠踢被子，大人睡熟了，醒来一摸孩子的脚，惊呼："乖乖，冻着像犁头铁。"赶紧把被子盖好孩子的脚，防止冻脚、感冒。

犁头铁的另一个特征是"生犁头铁（或桑木扁担），宁折不弯"①。

### 劈头凿②

【解说】

讲着像劈头凿子一样，形容批评人毫不留情，不留余地。

### 耙上盖着犁上，犁上盖着耙上。

【解说】

犁、耙都是重要的古老农耕工具，前者剖田，后者将田土中的结块再剖开，使得田泥更加均匀。两种农具盖在一起，形容乱放东西，乱七八糟。桐城话，"王木匠装耙，歇着斧子讲话"（比喻干活三心二意），"左也照纱，右也照纱，莫把心思想着那块糍粑（告诫人不要三心二意）"。③

### 一人放一样，十人找不像④。

【解说】

说的是：人多，你东放，我西放，这使得找东西的人无着。

### 一脚踏上，是双草鞋；
### 三天拔上，是双好鞋。

【解说】

这句俚语说的是新做的鞋，试穿时要稍微紧些，所谓"三天拔上，是双好鞋"，否则穿上容易变大，变成不跟脚的鞋。此语与"桁条一丈三，不压自然

---

① 王章豹. 桐城谚语集锦［M］. 合肥：合肥工业大学出版社，2015：311，199.

② 凿，方言读 cuan 5。

③ 王章豹. 桐城谚语集锦［M］. 合肥：合肥工业大学出版社，2015：240，151. 照纱，在桐城话中指旧时做布鞋纳鞋底时用钻子钻鞋板，好让麻线通过。边钻钻子边想着火中煨着的糍粑，会扎手的；装耙时分心也一样会扎手。

④ 像：潜山方言读 qiang 5，成功，有效。

弯"一样，都是经验的总结，都表明办事对事态要有预见性。

## 三斗螺蛳四斗壳

【解说】

这句俚语形容田螺壳多于肉的情形。旧时农田里由于没有使用农药，田螺、泥鳅、黄鳝之类还比较常见。此语也可泛指一切壳多于肉的食物。另外，清水汆螺蛳，无味；类似结构的还有，咸菜炖豆腐，有言在先；咸鱼烧豆腐，不必多言；山粉圆子烧肉，香喷喷、筋拽拽。[①]

## 膃螺蛳肉

【解说】

螺蛳肉，难烂难嚼。形容一个人性格倔强，不容易被说服或想法不容易被扭转。

## 夜壶扳打掉了，夜壶嘴（咀）缪打掉[②]。

【解说】

这句俚语的风趣之处在于用夜壶来讽刺一个人话多。一般陶器的柄或扳手比较容易断裂或磕碰掉，但是夜壶嘴不是着力点，一般不会被打掉，故有此说。之所以用夜壶，还有一个原因，是为了满足讽刺的需要。

有的人话多，不该插嘴的时候插了嘴，本该说好的话说漏了或说歪了，这时旁边的人可用此语来讽刺他。

类似的一句，"打得掉缸罐，打不掉嘴"[③] 形容人好吃懒做。

还有一种情况是话多，多是空话，夸夸其谈，桐城方言有"豆腐嫩了尽是水，空话多了尽是吹""蛤蟆无颈声音大"[④] 的说法，与此对照，本语主要指话说偏了，说错了。

关于夜壶，桐城话"尿壶里蒸鲊肉（或者马子桶没揭盖），闷骚"[⑤]。

---

① 王章豹．桐城谚语集锦 [M]．合肥：合肥工业大学出版社，2015：312，314. 汆，夹水加热、煮沸，方言读 sha 5，再如"好吃不过菜汆饭，好玩不过光棍汉"。

② 扳：挽，引，援。这里是名词，扳手，提壶的构件。读 pan 4。缪：没有。这种字汉语中还有，如"诸"，是"之于"的缩称。

③ 王章豹．桐城谚语集锦 [M]．合肥：合肥工业大学出版社，2015：187.

④ 王章豹．桐城谚语集锦 [M]．合肥：合肥工业大学出版社，2015：172–173.

⑤ 王章豹．桐城谚语集锦 [M]．合肥：合肥工业大学出版社，2015：310.

### 恶虎难挡地头蛇①

【解说】

地头蛇喻那些称霸一方的人，由于有深厚的人脉和对资源的垄断，故其地位很难被破坏。

### 讲鱼就是鱼，讲肉就是肉。

【解说】

有人痴痴呆呆，说话直来直去，不知道遮掩，不知道委婉，容易泄密或伤人，还有理解话时，也是直来直去，不知道拐弯去想，这两种情况都是"讲鱼就是鱼，讲肉就是肉"。此语为讽刺语。

### 嚼蛆（嚼蛤蟆蛆）②

【解说】

此语指人话多如蛆爬爬；嚼蛤蟆蛆，形容如春三月青蛙到处乱叫，让人心烦。还有一个比喻，"响连枷"③，义同。

### 蒲凳④

【解说】

古老的农耕社会，用草蒲子做垫子，直接放在地上或石头上或木凳上，供坐，喻为人木讷，与人交往没有应答或应对，哑口无言，金口难开，蒲凳一个。义基本同"石磨"或"泥巴坨"。桐城话"噉壁子还洒些土"，形容人还不如黄泥巴壁，一点反应都没有。或作"吃饭不晓得饱，下雨不晓得跑"，"坐一个坑，站一个洼"，"一泡尿屙一粪桶"，痴痴呆呆；不晓得四项。⑤

---

① 徐义松搜集. 杨普根，黄德邻，汪传碧，张扬，郑劲松主编. 潜山县民间文学集成. 潜山县文化局编印，1991：8.

② 蛆：潜山方言 qi 1，人或动物粪便中生出的某些昆虫（苍蝇或蚊子的幼虫）。注意与《庄子·至乐篇》中"乌足之根为蛴螬"相比较，蛴螬指地蚕或土蚕，或为金龟子的幼虫。

③ 连枷：旧时从麦秆上敲打麦粒下来的工具。潜山方言读作 lian gai 21.

④ 蒲凳：用蒲草编织成的坐垫，潜山方言读 pu tun 23.

⑤ 王章豹. 桐城谚语集锦［M］. 合肥：合肥工业大学出版社，2015：186，196，184，187. 四项，在桐城方言中指人在交往过程中察言观色、知趣知羞。

## 斟斟<sup>①</sup>麦宝

【解说】

双方一起来把事情搞清楚，核对账目，把账目弄清。原始情形大概是，佃农和地主一起把粮食（麦）产量弄确定，用斗量好称好。旧时帮工也一样，东家一本账，帮工一本账，彼此一核对，谁付给谁多少钱就清楚了。

## 大麦一条沟，放屁沿路丢。

【解说】

此句是采用比兴的手法。南方种麦，田要犁沟，沥水。此语意思重在后面部分，就是讽刺人屁话多，夸夸其谈，尽说些不中用、不负责任的话。

## 打个旗子筑个脚

【解说】

插上旗子，把旗杆筑牢，做个标记。此语意思是把话说着放在这里，彼此备忘，可别不承认。对付那种"大麦一条沟，放屁沿路丢"的人，我们要给他"打个旗子筑个脚"，听其言，观其行。

## 挖山去着

【解说】

催促责怪语。某人婆婆妈妈、拖拖丫丫，跟不上事情的节奏，可以责怪他"挖山去着"。

## 顿经

【解说】

念经时故意停下来，试探对方反应。比喻说话时故意制造情境（比如故意让对方觉得自己知道事实真相或是觉得自己是认真的）让对方说出真相，对方故把真相说出来，或者认真地对待自己。

## 不得了经

【解说】

念经时停不下来，或谓"不得开经"。比喻情况很糟糕，脱不了身。多用于对对象的厌恶。小孩哭着一会要这，一会要那，大人烦了，觉得这孩子闹得不得了经。有

---

① 斟：dou 2，本意，相易物相等，这里是动词，彼此核对。此字还有把相吻合的两者连接起来的意思。

人家屋漏偏逢连阴雨，祸不单行，都可以用不得了经来形容境况的糟糕程度。

### 掉了经

【解说】

当官的掉了印，修行的掉了经，都是很荒诞的事情。教英语的读不来 ABC，做护士的打不进针，这些也都是掉了经的事情。芦穄杆上结六谷子，咄咄怪事。①

### 讲经

【解说】

也作"膙（jiang 3）筋"（不好相处，爱挑刺）。多指小孩吵闹，反复重复某个大人一时没有满足的要求。会哭的孩子有糖吃，哪有孩子不讲经。大和尚讲经人要撑瞌（打瞌睡），小孩子讲经大人着急。大人最怕孩子讲经，常劝这孩子要听话，最近教育界提出新观点，说听话的孩子未必是好孩子，咱得告诉孩子讲道理，而不是听大人的话。这观点有道理，因为大人的言行未必是正确的。

### 翻（老）经

【解说】

讲过去的故事或者讲自己常讲的故事，不顾听众的厌烦，或谓"翻老皇历"。

### 昏着经

【解说】

多指事情繁杂，使人头昏脑胀，分不清条理。人一吵，事一乱，人就容易昏着经，一下子搞不清初一十五。所谓："天上星多月不明，地上人多啃草根，塘里鱼多搞浑着水，家中人多搞昏着经。"②

### 搞经子

【解说】

捣乱，干扰正常流程或秩序，也可指带来麻烦。两口去办事，不带小孩，为何，怕他调皮，搞经子。

---

① 王章豹．桐城谚语集锦［M］．合肥：合肥工业大学出版社，2015：310. 六谷，潜地方言指薏米；芦穄，方言指高粱，读作 liu ji 20。

② 桐城话作："天上星多月不明，地上人多啃草根，河里沙多搞难囤鱼，世上人多头吵昏。"参见：王章豹．桐城谚语集锦［M］．合肥：合肥工业大学出版社，2015：231。

### 念经周

【解说】

比喻死讲经，一遍一遍地重述自己的要求或愿望，多指小孩或不懂事的人。

### 奶奶经

【解说】

形容一个人性格婆婆妈妈，苛求细节，半天摸不动身，或者查问一些不该查问的细节。

### 讲着不得话经断

【解说】

义同"念经周"，也可指人的品性喜欢讲话，从南讲到北，还是有不少话讲，甚至不顾听众有没有兴趣。若是小孩子吃饭时说话，就说"饭塞不住嘴"。

### 家家都有难念的经

【解说】

家家都有难处，都有矛盾。大千世界，每个个体都是不同的，每个人都会遇到自己的难处或"不幸"，所以就宽心度日吧。

### 打一杵子过一肩①，过一天是一天。

【解说】

日子难过钱难挣，怎么样求得心宽？只有想打一杵子过一肩，过一天是一天，唉，有点做一天和尚撞一天钟的感觉，但是还得努力，没有懈怠的意思。

旧时打柴的汉，挑货的郎，山高路远，你想一口气把东西挑回去，坚持不下去，只有不时在路上歇歇伙，方能延续体力，把活干完。老子智慧："飘风不终朝，骤雨不终日""天地尚不能长久，况于人乎？"日子还是慢慢过，不能急。

此语义同"老母猪拱田埂，拱一截看一截"。

### 上双不上两

【解说】

这句俚语说的是为人讲话不押韵，不对路，或不对头，瞎讲或乱讲。瞧，某

---

①　杵：舂米或捶衣的木棒。大杵，这里指挑东西时用来分担压力、歇伙时用来支撑扁担的木棒。打一杵子，指挑东西歇伙时用大杵撑住扁担（此时扁担两头系有重物，后头重物歇于后塝，前头重物悬空）。一肩，就是一只肩膀能承受一担的距离，如"换三肩"就是换三次肩膀的距离。

某孬孬的，尽讲些上双不上两的话。

### 扯不完的耙子①，讲不完的话。

【解说】

唉，这耙子农夫最讨厌了，颗粒小，且粗糙，不能作为主粮食，偏偏它又生命力强，它不需播种，不需施肥，不需喷药，不需收割，飞籽入田，一年不扯，来年更多，所谓扯不完的耙子。

此语多指闲聊无止无境。这人生活需要彼此聊天，但有时话多误事，耽搁工夫，坏了作息，让人受不了。以此语总结，意思是不想聊了，各干各的去吧。

桐城话有类似的一句："摘不光的棉花，抖不尽的芝麻。"②

### 花多不香，话多不确。

【解说】

评论人说话多，啰唆，有讽刺意味，义同"话讲三遍作屎臭"③；也可以指懒得多讲，响锣不要重敲，明理的一点拨就通了。由花到话，既押韵，又有比兴味道。

这种讽刺人话多，在桐城方言也有几条，大家可以类比："蛤蟆无颈声音大""豆腐嫩了尽是水，空话多了尽是吹""吃江水说海话④"。还有"狮舞三堂无人看（或戏唱三遍无人看），话讲三遍无人听""老牛屎多，蠢人话多（或稻草灰多，结巴子话多；麻雀屎多，鹁鸽话多）"。⑤

### 多个菩萨多路香

【解说】

佛教中的菩萨众多，数都数不清，老百姓只知道这么几个菩萨，菩萨越多，百姓越不知该孝敬谁，故西方基督教主张一神论，有凡事精简的道理。有这么一种情况，老人一方面希望子女都过来陪他过节，另外一方面又不希望，因为子女一多，家务一下子就增多不少，这时又巴不得他们都走开。这个时候老人可以用此语来形容家里乱糟糟的情况。

---

① 耙：水稻属，但比稻子生长周期短，颗粒小。有谜语说它：小来跟稻一样，长大甩在田塍。旧时农活中的一种就是扯耙子。

② 王章豹. 桐城谚语集锦［M］. 合肥：合肥工业大学出版社，2015：213.

③ 杨普根，黄德邻，汪传碧，张扬，郑劲松主编. 潜山县民间文学集成. 潜山县文化局编印，1991：14.

④ 王章豹. 桐城谚语集锦［M］. 合肥：合肥工业大学出版社，2015：172–173.

⑤ 王章豹. 桐城谚语集锦［M］. 合肥：合肥工业大学出版社，2015：148，190，178.

此语桐城话作："多尊菩萨多缕香"。[1]

## 恶菩萨[2]主事（管事）

【解说】

此语劝人莫行假慈悲，莫放纵恶人，要以恶制恶，对恶的善，即恶。这是善恶的辩证法。

## 灯不拨不亮，理不辩不明[3]。

【解说】

讲辩论的重要性。很多道理需要人去阐发，阐明了，大家就好接受了。譬如人为什么要做有道德的人？道德是天赋的还是人与人之间协商、风俗陶冶的结果？这都是需要辩论的。

此语也指对待真理的谦虚态度。

## 一牙子沾

【解说】

指用牙齿吃东西，沾得牙齿到处都是碎末。

此语另有用途，指东西沾得到处都是，沾满。譬如这菜生虫，细小的蚜虫或其他昆虫，牢牢地把菜叶给控制住，巴满着，一捏（手指挨着菜叶研过，方言读 nen1），好几十个，此时我们可以说，这虫，一牙子沾。

## 老油子

【解说】

老油子，水稻或蔬菜生的细小飞虱。老油子难治，多喻为人生犟，怙恶不悛，乖张难治。对于走上邪路的青年人，我们希望他能改邪归正，浪子回头；但是也有的人就此成了老油子，愈治愈强，这种人往往成为乡间一霸。《世说新语》的《自新第十五》里记载了两个少年的故事，一个是周处斩虎杀蛟，后为陆云所识；一个是戴源劫船，为陆机所识，不知"老油子"读了这些篇目是否会有所感悟呢？孔子说，"朝闻道，夕死可矣"（《论语·里仁第四》），亡羊补牢，为时未晚。

---

[1] 王章豹. 桐城谚语集锦［M］. 合肥：合肥工业大学出版社，2015：215.

[2] 恶菩萨：《法华经安乐行义》卷一："若有菩萨行世俗忍，不治恶人，令其长恶败坏正法，此菩萨即恶魔非菩萨也，亦复不得名声闻也。"

[3] 徐义松搜集. 杨普根，黄德邻，汪传碧，张扬，郑劲松主编. 潜山县民间文学集成. 潜山县文化局编印，1991：3.

## 湿蚊子、干苍蝇①。

【解说】

苍蝇喜欢干燥的天气，蚊子喜欢潮湿的天气。

## 萝卜英子②青，皮白心黑。

【解说】

桐城话："腌菜坛的萝卜，没得英子。"还有："咸吃萝卜淡操心（指瞎操心、帮倒忙）。"③

这萝卜是冬令的一道好菜，香甜素补，被誉为"土人参"。但是在土壤肥力跟不上的地方，萝卜容易空心或者黑心，即所谓英子青、皮白、心黑。此语借指人心肠黑，心肠毒辣或自私，但是外表又看不出来。

关于人心，还有：

人是狗心，狗是土心。（人心歹毒，狗难打死，打得半死的狗只要挨着地，又能活过来，旧时打狗通常把狗吊在树上，今天看来也是非常残忍的）

人心难摸，贼心难琢；

鸭肫难剥，人心难摸；

亮瓦不漏，量人不透。④

## 驮桌背

【解说】

驮桌背，不是人老驼着背，指的是吃饭最后吃完，方言谓"驮桌背"。

## 饿着像边缸

【解说】

边缸，是什么缸，谁也搞不清，但"饿着像边缸"，就一定指非常饿、没吃东西。口语有些夸张，一般肚子瘪了，都可以这样形容。还可以说"饿倒了架"。

---

① 苍蝇，方言读作 cang ni 15.

② 英子：萝卜茎的分枝。

③ 王章豹. 桐城谚语集锦［M］. 合肥：合肥工业大学出版社，2015：181，312，183.

④ 王章豹. 桐城谚语集锦［M］. 合肥：合肥工业大学出版社，2015：159，217，230. 关于肫，桐城话还有：鸡贪食，肫不破；人贪色，惹出祸。（鸡肫和鸭肫一样，都很扎实；贪色，牵涉人际关系，引发冲突的风险比贪食要大得多）

## 登（留）不住大宝

【解说】

大宝，珍贵的东西，这句俚语说的是有好的东西就拿出来分享或消费掉，有的说法是"献宝"，没有储存意识或留备意识。人们常说，美国人爱花钱，中国人爱存钱，这种储蓄意识大概就是这种守财意识的体现。其实，花钱也罢，存钱也罢，结果还是为了财富的增值，为了过上更好的生活。

## 坏蕻着①

【解说】

某菜坏蕻着，就是某东西腐烂变质着，不可再食；也可以比喻某个计划泡汤。

## 化味

【解说】

划算，合理。20 世纪 80 年代的时候，一天挣个几块钱的收入，就化味；现在一天挣个几百块钱，才化味。

## 不成鞎②

【解说】

不成鞎就是不成型。比如说，这南瓜很怪，花也开着，瓜也结着，就是瓜没长大就落了，此谓不成鞎。也可喻事情不能成功。主要指事情本身没有维持本身和突破、超越外界阻碍的力量，靠外界扶持是不能独当一面的。

## 不价高

【解说】

对事情或形势的判断不妙，做悲观或保守估计。比如，炎炎夏日，忽然乌云蔽日，雨云直逼过来，主人一看不价高，赶紧把晾晒的东西收拾起来，刚收好，雨就来了。

## 绑在大凳腿上

【解说】

这句俚语说的是事情必然办成。什么样的凳子为大凳呢？就是那些用来供木

---

① 蕻：草本植物。坏蕻，方言读作 huai hong 22.
② 鞎：车饰。潜山方言读 hen 5。

匠干活的大凳，它们非常重而且稳实。绑在这样的大凳腿上，东西当然牢实，不会乱跑的。

### 巴子不见烟

【解说】

巴子就是尾巴，跑起来巴子不见烟，这是说黄鼠狼的。黄鼠狼遇到敌人会释放臭屁，把敌人弄昏，然后自己趁机逃跑。这句俚语说的是某人跑得快，没等反应过来就不见了。现在，我们可以形容高铁跑着巴子不见烟。岳西话作："蛇过篱笆拉尾巴，迟着。"①

### 拉糕②

【解说】

北方有拉面，南方有拉糕。这糕是有黏性的，拉拉扯扯不得断。小两口吵架了，得有个人劝和拉糕，一人说一顿，解解气，大家都平息下来。

### 拉豁

【解说】

讲大话。桐城话："扯起谎来无处搁，灯草拉下来打破着锅。"③

### 一偲雾露烟④

【解说】

一偲，雾露烟全出，是不是有点乌烟瘴气啊？这些东西又都是虚无缥缈的，转眼即散的。

此语形容人非常忙，忙昏着经，忙着脚打着屁股，但又不知自己忙什么；要是明白所忙其实是"梦幻泡影"，只是一时功过，恐怕就不会那么忙了。

### 鼓骚

【解说】

骚：扰动。这句俚语说的两个事物相互干扰，互相捣乱，义同"搞经子"。

---

① 粗茶居主人的博客．岳西方言歇后语［EB/OL］．http：//blog.sina.com.cn/s/blog_ 4be3eca301009qlk.html.

② 糕：用米粉或面粉掺和其他材料蒸制或烘烤而成的食品。用糯米粉做成的糕叫粢或糍。用米粉和豆末、糖、蜜一起蒸成的糕叫饵。

③ 王章豹．桐城谚语集锦［M］．合肥：合肥工业大学出版社，2015：187.

④ 偲：强力，潜山方言读 cai 5，一偲，就是猛烈的一阵。

比如现代有的人手机号码多，但是号码一多，朋友方就容易"鼓骚"，不知道拨哪个好。所以有的人干脆还是保持一个手机号码不变。

## 干柴稿①

【解说】

能做柴稿的，都是那些比较绵柔的茎，像油竹丝、结檫、周藤，质地硬而不脆，捆起东西来才不容易断。这稿干了，成了藁，叶子枯落，只剩一根茎。所以干柴稿特指那些非常瘦，但是又有扛劲的人。

在农村有这么一种人，长年累月劳作不懈，身体瘦瘦，但是精神活跃，体质棒棒，走路如风，挑起担子，干起活来，也不饶人，这种人干到六七十岁都不成问题。

另外，桐城俗语有这么一句关于柴稿的："八十岁老公砍柴稿：一日不死，一日还要烧。"说的是传统农民到老都要自己挣生计。

## 发墨

【解说】

一般画画写字先发墨子，也比喻为预先心中思考，做到胸有成竹，也比喻足智多谋，办事不蠢。

## 柑子皮往里卷

【解说】

吃了柑子剩了皮，皮子干了往里卷，比喻人爱打小算盘，自私自利，不公事公办。义同岳西方言："倒须笼。"②

## 接筛③

【解说】

接筛，就是接起筛头，本意指编织时接起上次歇手的行或排。不单指编织，也可指一切事情从歇手的地方继续干下去，以形成完整的过程。现在的流行语是"压荐"。

---

① 稿：灌木或柴草的茎。

② 粗茶居主人的博客. 岳西方言歇后语［EB/OL］. http://blog. sina. com. cn/s/blog_ 4be3eca301009qlk. html.

③ 筛：也作籭，或筵。筛子，方言读 shai zi 10；接筛，方言读 jie shai 25，筛，这里指排列中的行或排，编织过程中的经纬。

### 除了……无大荤

【解说】

在过去物资匮乏年代，有得吃就不错了，何况有荤菜吃。所以称荤菜为大荤，指大鱼大肉。这句话被用来指除了什么什么，没有什么值得称道的，也可指某个团队除了谁谁，就干不成某事情。前者，领异标新；后者，中流砥柱。

现成的一对潜地俚语是：除了猪肉无大荤，除了郎舅无好亲。① 讲的是母舅和姑爷是非常重要的亲戚。

### 去着货②

【解说】

这句俚语说的是某东西被摔坏或丢失。这种口语在语法结构上在潜山方言中比较常见，就是在动宾结构的中间加上表示状态的副词，再如"烀着汤""昏着经"。

### 烀着汤③

【解说】

汤水烧凝成了膏或烧焦，称为烀着汤或煳着汤，比喻事情办砸，未能取得成功；也比喻事情慌乱，乱七八糟，理不清头绪。比如，小两口又要上班，又要带孩子，在家要买菜，搞卫生，还要烧饭，事情数都数不过来，可谓家里搞烀着汤，义同："肉烂在锅里"④。

### 到着宫城⑤

【解说】

山高皇帝远，从潜山到京城可谓又远又难，所以到了宫城也就是到了严重或非常严重的程度。比如，某某这次病到了宫城，住了一个星期的院，义同"到恁个日子⑥"。

---

① 徐义松搜集．杨普根，黄德邻，汪传碧，张扬，郑劲松主编．潜山县民间文学集成．潜山县文化局编印，1991：6．
② 货：潜山方言读 huo 2。
③ 烀：方言读 ku 2。《广韵》：热气。《集韵》：本作煸，炽热。
④ 徐义松搜集．杨普根，黄德邻，汪传碧，张扬，郑劲松主编．潜山县民间文学集成．潜山县文化局编印，1991：21．
⑤ 宫城：方言读 gong cheng10。
⑥ 恁：方言读 ngen 2。

## 过坝

【解说】

喻人去世，委婉语。比如，谁这次病重，差点过着坝。

## 现白马将

【解说】

史上的白马将，个个都是非凡人物。

一个是东汉末年的公孙瓒，喜爱白马，常在塞外乘白马以破胡人，被鲜卑、乌桓等族称作"白马将军"。

一个是曹操麾下立义将军庞德，建安二十四年，在樊城与关羽军交战，射中关羽的中额，深为关羽军所忌惮，被称作"白马将军"。

另一个是在《西厢记》里，张生的好友杜确，镇守蒲关，统领十万大军，后来应张生邀请解开了孙飞虎对禅寺的围困，人们很尊敬他，所以把他称为"白马将军"。

不过潜山方言中的"白马将"是反说，说的是出洋相、露馅或出丑。瞧瞧，谁平时不用功，要考试了，要现白马将了。

桐城话作："现狐狸尾子。"①

## 桶匠

【解说】

饭量大的人。旧时苦力活多，偏偏粮食产量低，故"桶匠"常包含着对人贪吃的批评。外出打零工的人常在饮食上都要克制点，免得被人骂为"桶匠"，又被称为"吞（tun 5）匠"。后文"书帽"里面有个《先生和桶匠》的有趣故事。

### 路跑矮着

【解说】

形容跑了很多路或费了很多神，或谓"门槛都踏破着"，特别指提亲或娶亲时的艰难。

### 买针看看针鼻眼

【解说】

奉劝人办事要抓住关键，否则徒劳无功。

---

① 王章豹. 桐城谚语集锦 ［M］. 合肥：合肥工业大学出版社，2015：183.

### 干手毡不起盐

【解说】

奉劝人要活络，注意搞好公关，适当给予对方好处，使对方支持自己。毡，方言读 nen 3，意思是"沾"。

### 驮桌子

【解说】

大人劝小孩吃饭麻利点，常假装与小孩比赛，谁最后吃完"驮桌子"。小孩一般喜欢这种游戏，会积极把饭吃完争取不"驮桌子"。

### 土箭

【解说】

旧时民间信仰，对于异动、异响，或异痛无法做出合理解释时，便认为是从土地中崩出的"箭"打中或射中导致的。这种理解实则相当于今天"UFO"的说法。

# 第四篇　器物（二）

皖潜山地区的先民在长期的农耕生活中，积累了大量关于六畜以及其他身边动物的俚语，从中我们也能够洞察古代先民的生活情景和生活智慧。兹录如下：

**家鸡打着团团转，野鸡打着远远飞。**

【解说】

此语言家中孩子与人家孩子的区别。家中孩子严加管教没有什么严重后果，人家孩子略加批评即可能让人记恨，以至于远远躲开，不再来玩。此语妙在在鸡身上发现这个特点，然后来类比人。这也是为什么要"严于律己，宽以待人"。

**土里出生，土里高升；**
**脱毛衣，换布衣。**

【解说】

此语说的是乡俗。老乡俗中，农民杀鸡时要口中念念有词，说的就是这几句话，意思是让鸡重新投胎。这是一种古老的信仰，认为生死轮回，也是对鸡的一种"尊重"。

**小鸡屙屎往后坐**

【解说】

此语比喻境况一日不如一日，多形容人的身体或经济状况越来越差。你看某某，生病了，也没有好好调养，身体是小鸡屙屎往后坐。相关的，母鸡屙屎头节硬，讽刺某人开始态度强硬，不久就软下来了。

关于小鸡，还有"小鸡喝水望高楼，老牛喝水不抬头"①，反映出不同动物的不同姿态。

**鸡头鸡脚**

【解说】

或谓"鸡头鸡尾"。此语比喻细小的琐碎事务，让人抽不开身，有厌烦的语

---

① 王章豹．桐城谚语集锦［M］．合肥：合肥工业大学出版社，2015：179，211.

气，义同"细细磨磨"。

鸡身上还有一个重要部位，就是鸡胃，鸡肫就是鸡胃。除了"鸡肫难剥，人心难摸"，还有"干事不清，鸡脖子连着鸡肫"①，义同"狗屎连着稻草，鼻涕淌到嘴巴"。

### 落毛的凤凰不如鸡

【解说】

此语比喻人失去地位后遭人歧视。类似的说法有"龙游浅水遭虾戏，虎落平阳被犬欺"。

### 无二（道）鸡叫

【解说】

比喻再也没有机会或什么抓手了。过了这个村，就没这个店了。

### 猪老得人嫌，人老得人爱。

【解说】

此语为老人的自我解嘲，叹息自己老了不中用了，儿女都开始嫌弃了。在没有养老保障的社会，老人感觉自己没有地位了。

### 告②猪告牛告不转

【解说】

此语说的是对孩子屡教不中。若孩子生性愚钝，屡教不能会意或改正，可用此语咒骂他。当然现代教育学认为，这种咒骂方法未必是合适的，可能会伤害孩子幼小的心灵，对孩子还是需要耐心对待。

### 老母猪拱田埂，拱一间是一间。

【解说】

猪生性爱用长长的鼻子拱土觅食，这是一种本能。此语用老母猪，多是因为老母猪的力量大，从人类那里获得的"自由"稍微多，谁叫它是老资格呢？此语形容日子艰难，经济拮据，只好走一步看一步。农耕社会中单个家庭的力量比较脆弱，往往鲜有剩余资本办大事，日子将就着过，没有社会保障的年代，从保

---

① 王章豹. 桐城谚语集锦［M］. 合肥：合肥工业大学出版社，2015：217，174.

② 告：方言读 gao 2。从牛从口，训耕牛，吆喝使其转弯。牛性憨，教其转弯需千百遍地吆喝并加鞭打。转，zhuan 3，转弯。参见：殷寄明.《说文解字》精读［M］. 上海：复旦大学出版社，2006：22-23.

证家人健康，负责子女上学，再到盖新房，为子女娶亲，基本上一对夫妇就要辛劳至老。义同上面"打一杵子过一肩，过一天是一天"。桐城话的说法是"老母猪拱田埂，自供自食"①。

**老母猪吃胞衣，自己吃自己。**

【解说】

旧时养老母猪会把猪胞衣切煮，重新作为猪食喂给老母猪吃。这本身是有营养的，也是循环利用。引申到人，就是自己作贱自己。

关于这胞衣——胎盘，"老汉坐禅"这样记录桐城一带"胞衣罐"的传统：

文都人格外聪明些，将胞衣罐埋在村旁最高大的树下，称埋藏胞衣罐的乡里为"原籍"。没有比这更伟大的发明了！那些远离故乡的游子，撮一把树下的泥土，一定能够闻到童年的气息；将这把故乡的泥土供在香案上，仿佛是在供自己的祖宗。桐城人的这一伟大发明，超越时间隧道，让我们随时可见自己的亲人。

在笔者的记忆中，潜地有将胞衣埋在泉水眼的做法，寓意大概是生生不息。这和桐城的盛于罐埋于树下一样，都取其生生不息之意。

关于老母猪，潜山还有两种说法：

饿狗记得千年屎，老母猪不忘万年糠。

杀老母猪过年，顺头路（指老人寿终正寝，享尽天年）。②

桐城也有一些说法，兹录如下，供大家参考：

一根烂绳索，搭死一头老母猪；

老母猪吃稻，一报还一报；

老母猪掉到蹲窖里，搭掉了一生，弃掉了一窝猪，脏掉了个老的，搭掉窝小的；

老母猪跟羊子打角，把皮都不要，老母猪跟牛打角，把皮都不算，全靠脸皮厚；

老母猪进菜园，乱拱（指挑拨离间），满饱；

老母猪配窝，倒贴钱；

骑着老母猪过河，人财两空；

老母猪到老，一刀阉；

① 王章豹. 桐城谚语集锦［M］. 合肥：合肥工业大学出版社，2015：306.

② 黄骏骑. 潜山乡间俗话［EB/OL］. http：//aqdzb. aqnews. com. cn/aqwb/html/2011-11/04/content_206365. htm.

瘦老母猪起窠，干作；

土巴蛇咬老母猪丘子，前生一劫；

饿狗记得千年屎，老母猪记得万年糠；

老母猪钻草堆窿（或三条裤子破两条），不晓得快活哪一头；

老母猪被抱母鸡啄瞎了眼睛（指运气不好）①。

上述这些关于"老母猪"的说法中，有的指母香猪老了，有的指用来生育小猪的母猪，大家自己甄别。

### 出窠②

【解说】

小猪长大，可以卖给人，谓之出窠，此时养老母猪的家庭主妇可以松口气。此语形容脱离困境。

旧时农村人家，供养孩子，教育就业，成亲生子，一步步都是艰难岁月，某人家孩子大学毕业找了工作，就可以让他开始独立了，这时可用此语夸奖人家"出着窠"。

另外，在农村旧时，母猪发情，曰"起窠"，狗发情曰"走窠"，牛发情曰"起栏"（牛舍称"栏"，苍蝇不进牛栏，蚂蚁不进油坊）；瘦老母猪起窠，干作；还有，羊狗走窠（不三不四的人）。③

说到出窠，必须提到捉猪，旧时捉猪时人们忌讳捉发育不良的，如天舞爪、地舞爪、小啰咪。天舞爪，猪的后腿上对应脊背处有毛发旋，多数正常的猪的毛发旋在前腿上方对应的脊背处。地舞爪，猪的前腿出现三个脚蹄，加上两个辅助脚趾，就是五个脚趾，这两种舞爪猪，传说要么不易长大，要么长得大，但是对主人家产生不利影响，所以它们通常被放养于山野，成为野猪。小啰咪，就是发育迟缓的猪，这种猪一般可以贱卖，有人图便宜就会买下，提提苗头，也许还可以长大。

---

① 王章豹. 桐城谚语集锦［M］. 合肥：合肥工业大学出版社，2015：305-307，129，154，233，215，178，181. 丘子，指老母猪的外阴。脸皮厚，桐城话：脸有一城墙搭一垛子厚。

② 窠：方言读 kuo 5，猪舍。此字在桐城话中还可指人的睡窝，"太阳下山看稻棵，灯盏火（帐子窠）里看老婆"。参见：王章豹. 桐城谚语集锦［M］. 合肥：合肥工业大学出版社，2015：63。另外，鸡舍也可称作鸡窠，或鸡稠，桐城话作鸡塞（cai 4），鸡窠里拖死鸭（因为鸡斗角，鸭和气；鸭撺鸡，鸡撺鸭，小猪肚子在后面刷），鸡上塞，鸭也来（喻照着办）。参见：王章豹. 桐城谚语集锦［M］. 合肥：合肥工业大学出版社，2015：69，216.

③ 王章豹. 桐城谚语集锦［M］. 合肥：合肥工业大学出版社，2015：171，205.

**猪尿泡打人不疼，也有点胀人。**

【解说】

猪尿泡也就是猪的膀胱，孩提时代每逢杀猪，杀猪的（屠夫）常将此物扔给在一旁观看的孩子，此物吹气可形成气球，算是给孩子们过了一次气球瘾。

此语形容话讲得酸酸溜溜的，没有对人做出恰当的评价，用时髦的话说，这是"语言暴力"。

说话随意任性、不负责任，"吃灯草灰，放轻巧屁"①。

猪尿泡无用，不能顶用。尿泡虽大无斤两（或船舵虽大随人转），秤砣虽小压千斤，或秤砣虽小压千斤，胡椒虽小辣人心。②

**拖洒猪**

【解说】

形容邋遢。此语根据猪被喂食的样子，一边拱（挑食型），一边跺嘴（饥不择食型），一边吃，一边洒。

**一条牛一路草，条条牛都吃得饱。**

【解说】

此语讲的是每个人都有自己的活法和出路，不会仰仗谁去生存。此语是一种有志气的表达。实际情况是在高度竞争的社会，有的人因为"弱势"或因没有好的社会保障而吃不饱。

在安徽砀山方言中，此语的说法是"一个娃儿一个露水珠"。桐城话作："一个萝卜一个凼，一根茅草顶个露水珠子"③。

**牛打牛，球打球。**

【解说】

此语意思为大人对小孩调皮的无奈，或者对他人的举动的无奈，只好随他（她）去。比如，有的小孩爱玩网络游戏，父母百般劝说都没有效果，后来采取听之任之的态度，说："随你牛打牛，球打球。"

---

① 灯草：扯起谎来无处搁，灯草拉下来打破着锅。参见：王章豹. 桐城谚语集锦［M］. 合肥：合肥工业大学出版社，2015：187.

② 王章豹. 桐城谚语集锦［M］. 合肥：合肥工业大学出版社，2015：228，225. 尿泡，方言读 niao pao 41.

③ 王章豹. 桐城谚语集锦［M］. 合肥：合肥工业大学出版社，2015：212.

### 君子不跟牛斗力①

【解说】

奉劝不要鲁莽，不要做无谓的牺牲。当然西班牙还有一个斗牛节，据说来源于古罗马的一种玩法，专挑刺激，那是另外一回事。

牛也有倔强的时候，不喝水，强让它喝水，那一个难，叫"捺牛头喝水"，义同"蛮罚抱母鸡生蛋"，都是强人所难。②

### 牛买起着，牛绳买不起。

【解说】

有人买起了车，却无钱买油跑；有人买起了机器厂房，却开不起工人的工资；有人买起了房，却无钱装修；一尺过去了，一寸过不去……这些都是很荒谬的事情。

此语为对此类不善安排、荒谬境况的嘲讽。

话说一对山东夫妇自驾百万豪车去云南泸沽湖去旅游，一路风尘，爱车难当，当即决定洗车。老公原准备去洗车店，老婆却心疼钱，这浩大的泸沽湖不是最好的天然的洗车店吗？你看前面那么多人在湖边洗车，何必花那冤枉钱呢，不如就去那边洗车，还能一边看风景，多好！结果车陷入湖中，只好弃车而走，车泡水了不算，还要接受处罚，真是"牛买起着，牛绳买不起"！

### 牛泞坑③

【解说】

水牛作田后，或在炎热天气在水中打滚以降温，牛身上都会布满污泥，泥干了之后还可以抵御苍蝇的叮咬，此谓为牛泞坑。

此语喻小孩在泥泞中玩耍将身上衣服弄脏。

### 瘦牛跟着壮牛拖

【解说】

壮牛一天十个田，瘦牛就不行。此语有两重意思，一是奉劝，奉劝教育者或管理者要根据对象能力的大小，因材施教或因人提出任务或目标；二是讽刺世道

---

① 徐义松搜集. 杨普根，黄德邻，汪传碧，张扬，郑劲松主编. 潜山县民间文学集成. 潜山县文化局编印，1991：10.

② 王章豹. 桐城谚语集锦［M］. 合肥：合肥工业大学出版社，2015：191. 抱母鸡，桐城话，意思是要孵蛋的母鸡，潜山话称"孵鸡"（pu ji 51）。

③ 坑：犅，即水牛。读 gang 1。

在追求平等的过程中忽视了个体差异，叫义务上的平均主义。比如现在工资日涨，农村的乡俗中的"份子钱"或礼金也在飙升，成为很多贫困家庭的重负。所以，瘦牛不能跟着壮牛拖，要因人而异。

还有："虱子单咬瘦牛（穷生虱子富生疮，馋咬舌头瘦咬腮）。"①

## 黄牛不跟（搁）水牛伴

【解说】

同是牛，黄牛和水牛是两个系列，黄牛比较斯文，但力气大；水牛喜欢撒野，力量要弱；但是水牛好养，对草料不是很挑剔。

比喻两人性格迥异，玩不到一处。

桐城话里有"黄牛角，水牛角，各顾各"或者"牛角对羊角，各顾各"②；还有"老母鸡不跟黄鼠狼搭伙"③ 也是说它们搞不到一起去，不过这是因为"麻雉看蚕，越看越完，黄鼠狼看鸡，越看越稀"④。

## 人无理讲横话，牛无力拉横耙⑤。

【解说】

牛无力，拉耙不能往前直走；人不讲道理，说出来的话就是蛮横无理的话。

## 舍不得牛皮，熬不到膏药。

【解说】

劝告语。唯有牺牲多壮志，必须学会付出代价，才能取得想要的结果。潜地另一种说法是：舍不得金弹子，打不到巧鸳鸯（此语可能更多地指在求爱过程中要舍得付出）。

## 人悔在后，马悔在先⑥。

【解说】

有的高级动物，或畜类，由于有很敏感的感知能力，能够预知自然界的

① 王章豹. 桐城谚语集锦 ［M］. 合肥：合肥工业大学出版社，2015：220，214，209.

② 王章豹. 桐城谚语集锦 ［M］. 合肥：合肥工业大学出版社，2015：305.

③ 王章豹. 桐城谚语集锦 ［M］. 合肥：合肥工业大学出版社，2015：135.

④ 王章豹. 桐城谚语集锦 ［M］. 合肥：合肥工业大学出版社，2015：179.

⑤ 徐义松搜集. 杨普根，黄德邻，汪传碧，张扬，郑劲松主编. 潜山县民间文学集成. 潜山县文化局编印，1991：3.

⑥ 徐义松搜集. 杨普根，黄德邻，汪传碧，张扬，郑劲松主编. 潜山县民间文学集成. 潜山县文化局编印，1991：10.

变化。

笔者童年时就看到过这么一件事：

有个牛贩子过一座危桥，这桥人通过是没问题，但是一头几百斤重的牛能否通过，牛自己有它的判断。人贩子死拉着牛要通过，牛死活不走；牛贩子急了，硬是驱赶牛强行通过，结果牛就从桥上摔下来，重伤、骨折。可见牛对路况的判断不输于人类。

老马识途。相传20世纪50年代援越战争期间，从内蒙古支持一批马到越南，结果不知什么原因，到达越南时，护送马的人员发现少了一匹马。而就在千里之外内蒙古的那个旗的主人，六个月后发现自己捐出的老马竟然自己回来了。后来主人决心好好对待这匹归家的马，再也不让它干任何活，一直到老死。有人认为马是根据星象或北方空气的味道来识别途的，所谓"胡马依北风，越鸟巢南枝"。①

牛和马的灵性至此。

### 人急智浅，马瘦毛长②。

【解说】

劝人遇事要冷静，不能轻举妄动，分清形势和事理再行动。相反的情况是"人急生智，狗急跳墙"③。也有说法是"狗急跳墙、人急悬梁"④。类似的说法还有"鸟急投林，人急投亲"⑤，"牛急乱挤，人急胡说"⑥。

### 真骖、假马⑦

【解说】

这世上，什么最难？求真最难。现行社会，真假难分，真伪难辨，真可谓"假作真时真亦假，无为有处有还无"⑧；至于历史之谜，更是众说纷纭，令人莫衷一是。

---

① 席慕蓉. 胡马依北风 [N]. 新周报，2016（16）：37.

② 徐义松搜集. 杨普根，黄德邻，汪传碧，张扬，郑劲松主编. 潜山县民间文学集成. 潜山县文化局编印，1991：10.

③ 徐义松搜集. 杨普根，黄德邻，汪传碧，张扬，郑劲松主编. 潜山县民间文学集成. 潜山县文化局编印，1991：10.

④ 王章豹. 桐城谚语集锦 [M]. 合肥：合肥工业大学出版社，2015：153.

⑤ 王章豹. 桐城谚语集锦 [M]. 合肥：合肥工业大学出版社，2015：219.

⑥ 王章豹. 桐城谚语集锦 [M]. 合肥：合肥工业大学出版社，2015：209.

⑦ 假马：方言读作 jiao ma 33.

⑧ 曹雪芹. 红楼梦 [M]. 北京：人民文学出版社，1979.

何来假马？唯有人去世后需纸扎的马骄子去阴曹地府，现如今还有专业的扎纸马的，人称"扎师"。假马呢，多用来讽刺人虚伪。明明知道，装作不知道，就是假马。

真骣，暗讽那种明明属于不厚道的那种人装作非常厚道正面。比如，明明嗜赌如命，却作金盆洗手之怪态，这时可以讽刺他为："搞着恁个真骣的。"也可以暗指某人假正经，未必会出什么正果。

和真骣相似的还有一个"真马"，它只是一个副词，表推断，恩（en 3，你）真马累坏了吧?!

关于马，还有一句："骑马找马，拎着裤子找大胯。"①

### 抓到黄驴（牛）便是马

【解说】

或谓"拉着黄牛当马骑"②，此语意思为粗枝大叶，思考问题或办事不严谨。指鹿为马，说的是强权压制；抓到黄牛便是马，却是主观大意。

说驴，据说驴肉特别香，马肉的肉感估计要差些，将驴当马，实在谬矣。形容不分是非，白黑不明。

义基本同"找不到坟包乱屌哭"，分不清是非。

### 大不似羊，小不似猫。

【解说】

在羊和猫之间的大小，那是什么动物呢？你可能需要想一会。这句话的意思就是形势或事情处于模棱两可的境地，让人犹豫不决，无法下出决断。

另桐城话"猪吃麦，羊去赶"（喻催人的人也要被催）③。

### 一龙、二虎、三猫、四鼠。

【解说】

此语说的是母猫怀胎数目决定未来小猫的性格。一胎生两三只，这样的小猫会比较善于捕鼠，也就是"逼鼠"（桐城方言"猫大自逼鼠，人大自做主"④）。生四只的话，未来小猫恐怕比老鼠的胆子还小。

① 王章豹. 桐城谚语集锦［M］. 合肥：合肥工业大学出版社，2015：180. 胯，腰和大腿之间的部分。
② 王章豹. 桐城谚语集锦［M］. 合肥：合肥工业大学出版社，2015：178.
③ 王章豹. 桐城谚语集锦［M］. 合肥：合肥工业大学出版社，2015：234.
④ 王章豹. 桐城谚语集锦［M］. 合肥：合肥工业大学出版社，2015：146.

### 猫抓心

**【解说】**

此语形容人非常着急。比如有打工的，辛辛苦苦一年的工钱领不到，马上要过年了，家里还等着米下锅呢，你说他是不是急着猫抓心？

### 花脚猫

**【解说】**

此语比喻人喜欢外跑，不喜欢"宅"在家里。猫的脚印是梅花状的，所以，称为花脚猫。桐城话里有"文不能文、武不能武，花脚猫儿不逼鼠"，也是说花脚猫不中用。

猫还有一特点，猫儿屙屎自个掭①。自个丑，自个遮着。猫尾巴越摸越翘，别人夸两句就骄傲。

### 黄子林②变猫

**【解说】**

黄子林变猫，这是不可能的，尽管这两种动物都是黄皮。此语比喻不可能发生或取得成功的事情。桐城话完整的说法"黄鼠狼变猫，变死也变不高"，或"变一生还臊"③。相反的情况，粪桶变水桶，变不了骚；或者粪桶改水桶，改不了臭气。④

关于黄子林，桐城话还有一句：

"刺玉儿夸儿光，黄鼠狼夸儿香"或"黄鼠狼养儿讲香，刺玉儿养儿讲光"。

自夸自好，还有："井里蛤蟆说井里凉快，土里寒阴子（指蚯蚓）讲土里暖和。"⑤

### 犟驴子不过沟

**【解说】**

驴子生性愚笨，而且倔强。此语多形容脾气倔强，不听别人劝说。多指小孩。义与"拗经檀""犟着葛根断"基本同。桐城话说毛驴"毛狗驴子三条筋，

---

① 王章豹. 桐城谚语集锦［M］. 合肥：合肥工业大学出版社，2015：194，179.
② 黄子林：方言对黄鼠狼的称谓。
③ 王章豹. 桐城谚语集锦［M］. 合肥：合肥工业大学出版社，2015：305.
④ 王章豹. 桐城谚语集锦［M］. 合肥：合肥工业大学出版社，2015：215.
⑤ 这两句的意思是替儿护短。参见：王章豹. 桐城谚语集锦［M］. 合肥：合肥工业大学出版社，2015：173，121，177. 跺印，就是敲上印章，比喻可靠。

驮重不驮轻"，意思是不识抬举，义同"人牵着不走，鬼牵着乱跑（人叫不走，鬼叫飞跑、人说话不信，鬼讲话跺印）""干被褥不困，湿被褥打呼""轿子不坐，坐屎桶子（板凳不坐坐树桩）"[①]。

## 不知公獐子还是母麂子

**【解说】**

麋鹿分公母，公曰獐，母曰麂。此语谓结果还未揭晓，暗含恐怕不利的意思。小孩参加了高考，成绩还没有出来，父母对外就说，不知公獐子还是母麂子，结果还不好断定呢！

## 狗肉不上秤

**【解说】**

或谓"狗头上挂不住四两肉"[②]，狗肉不上秤，形容没有几斤几两，不是个东西。这又是骂人话，骂人品质低劣，不厚道，反而叫嚣不止，义基本同"烂泥巴糊不上壁"或者"死着没埋"或"不晓得自己几斤几两或不晓得天高地厚"。

## 黑狗肝

**【解说】**

此语形容人长得黑，多用来形容小孩，当大人面说对方是黑狗肝，对方肯定不高兴。桐城话"黑着像溏疙痢一样[③]"，指人因不高兴脸色难看或烦恼而脸色难看。

## 狗咬乌蚤[④]

**【解说】**

猫、狗这类动物身上容易长寄生虫，乌蚤是其中一种，此语形容折腾个不停，没完没了，又指抓着辫子不放，嘀嘀咕咕、啰啰唆唆当事人的毛病。狗咬乌蚤，本也是正当防卫，但是无休无止，十分邋遢。

形容人在交往中专注于一些细节，无止境地纠缠于这些细节，斤斤计较，十分烦人。

另，"泥鳅掀不起大浪，乌蚤拱不起被窝"，指小人物挑不起大动荡，或谓

---

① 王章豹. 桐城谚语集锦［M］. 合肥：合肥工业大学出版社，2015：179，181，174，190.

② 王章豹. 桐城谚语集锦［M］. 合肥：合肥工业大学出版社，2015：174.

③ 王章豹. 桐城谚语集锦［M］. 合肥：合肥工业大学出版社，2015：191. 溏疙痢，鸡因肠胃有毛病而屙出的稀汤状鸡屎。潜山话，化鸡屎。

④ 乌蚤：潜山方言读 wu zao11，动物身上的虱子。

"一只鸭子搅不浑一塘水"，"狗咬刺玉子往草窠里钻[1]"，比喻人钻牛角尖或自讨苦吃。

### 狗咬的，自找的。

【解说】

本句形容搬石头砸自己脚，自寻恶果。此语也有让人自己做事自己负责的意思。狗是我们人类驯养的六畜之一，狗有狗的语言和判断方式，所以我们要避免被狗咬，关键是不能让狗觉得人对它有威胁，哪怕是在避让时。还有在与狗狭道相逢时，不能追狗，所谓"巷道莫追狗，回头咬一口"[2]。

### 狗碓碓[3]

【解说】

碓碓，用来做米粉，做粑吃；或者去谷皮，把稻子变米，所谓"紧碓碓，慢挨磨"[4]。还有就是利用水力碓碓造木粉。

狗碓碓，指小孩子玩游戏，不正经，不务正业。有的人热爱发明，天天琢磨怎么做飞机，怎么做机械，老婆怪他狗碓碓，其实他在钻研呢。中国就需要多些这样狗碓碓的人。

不过，该干正事的时候还是要干正事，在其位就要谋其政，当皇帝可不得狗碓碓，否则就会"王纲坠，国祚废"。

史上最大的狗碓碓恐怕要数明朝的熹宗朱由校，命很短，才23岁，虽然生在皇家，但他自幼备受冷落，从小没念什么书，于是自学成才练上了木匠活。当了皇帝后，在后宫他做他的床，做玩具人，引绳弹墨，油漆雕刻，全都自己来，东西做出来在市场上卖，价格还不菲。结果在位七年，熹宗花掉了他爷爷神宗四十年积攒的国库，坏了崇祯皇帝（他的五弟信王朱由检）的事情。《甲申纪事》中说："予监督节慎库时，为甲申三月十五日，与主事缪沅交盘，库中止银二千三百余两，又钱作八百，国家之贫至此，可发一笑。"[5]

### 狗脸变

【解说】

要说这狗脸变，一个快字，一边对主人点头摇尾，一边对陌生来客狂吠不

① 王章豹. 桐城谚语集锦［M］. 合肥：合肥工业大学出版社，2015：179, 223, 174.
② 王章豹. 桐城谚语集锦［M］. 合肥：合肥工业大学出版社，2015：158.
③ 碓碓：duan dui 32，用力踩碓尾，使碓头春米或其他食料。
④ 王章豹. 桐城谚语集锦［M］. 合肥：合肥工业大学出版社，2015：207.
⑤ 张笑. 明熹宗：天生只想做木匠［N］. 检察日报，2013-03-12（8）.

止。狗脸变，说的就是有的人性格多变，对不同的人或同一个人在阴阳之间逢迎变换，非常自如。要说这江湖上的狗脸变，可以称作八面玲珑，"眼睛一眨，老母鸡变鸭"。[①]

### 狗吱毛吱[②]

【解说】

狗相互打架的时候，会发出吱吱的声音。此语形容小孩没有大哭，但是不停小哭或闹的状态，和"狗咬乌蚤"的意思有点接近。

### 狗力气不得掉

【解说】

狗像小孩子，喜欢玩游戏。此语与"狗磙碓"相近，用来批评人不务正业，不正经，或白费力、劳劳无功。

### 狗咬丑的，人看有的。

【解说】

这狗，不单狗眼看人低，还爱咬邋遢的叫花子，所谓狗咬丑的；人爱追捧有钱有势的，所谓"三个眼睛看人"。所以说，人作有钱的，狗咬晒阶沿的（或狗跟有食的）；[③] 人和狗一样，都爱追捧有头有脸的。人敬有权人，佛渡有缘人[④]。《增广贤文》有云，"不信但看筵中酒，杯杯先劝有钱人"，说的也是世上嫌贫爱富的人情道理，当然里面还有一句"狗咬对头人，雷打三世冤"，说的是狗不轻易咬人，与上面"狗咬的，自找的"意思差不多。

### 忙着像狗娘

【解说】

狗一般产仔四五只，也有产十几个的，你说狗娘忙不忙？此语形容非常忙。

### 羊头、羊话

【解说】

比喻非常愚蠢、不切实际，或者说些无厘头的话。

---

① 王章豹．桐城谚语集锦［M］．合肥：合肥工业大学出版社，2015：222.
② 吱：zi 1，狗低声嘶叫。
③ 王章豹．桐城谚语集锦［M］．合肥：合肥工业大学出版社，2015：230.
④ 王章豹．桐城谚语集锦［M］．合肥：合肥工业大学出版社，2015：229.

**猫生猫疼，狗生狗疼，**

**老鼠生，尖起嘴来疼。**

【解说】

此语说的是各种动物产小仔时亲子亲爱的情景。此语用来比兴，下面要说的人类父母对子女的疼爱。也就是说，人类和其他哺乳动物对下一代都爱子心切。怀宁小吏港方言"猫养猫疼，狗养狗疼，叫花子养儿一路疼"（夏效涛）。桐城话讲："猫养猫疼，狗养狗疼，叫花子养儿大路上疼或者肚子疼。"①

**龟有龟路，鳖有鳖路。**

【解说】

此语谓物自有性，各自有道，自有自己的生活方式和出路。另一种说法是，蛇有蛇路，鳖有鳖法。② 桐城话作"蛇有蛇路，鳖有鳖路，海子无路横爬"；"蛇有蛇路，鳖有鳖路，乌龟三条黑路"；"虾有虾路，鳖有鳖路，螃蟹有横路"。③还有："一个螺蛳一条路。"人在世上，有智吃智，无智吃力，无智无力，吃背心骨（靠着板壁）④，总有一样可以依靠。

桐城话里关于"乌龟"还有：

火烧乌龟，肚里疼（哼）；

乌龟莫笑鳖，都在窿里歇；鳖也别笑龟，都在泥里偎。

乌龟过门槛，里外一跤；

乌龟碰到鳖，黑到一起了。⑤

**马罐养乌龟，越养越缩。**

【解说】

此语谓小孩或徒弟越教越不如从前，也可指境况一日不如一日。有的还说是瓦屋头上养乌龟，有的说是杨树窿里养乌龟，都是越养越缩。

另外还有"马罐里煨粥，肚子里咕喽"；"抱着杨树桄洗澡⑥"，指不敢冒险。

---

① 王章豹. 桐城谚语集锦［M］. 合肥：合肥工业大学出版社，2015：122.

② 徐义松搜集. 杨普根，黄德邻，汪传碧，张扬，郑劲松主编. 潜山县民间文学集成. 潜山县文化局编印，1991：17.

③ 王章豹. 桐城谚语集锦［M］. 合肥：合肥工业大学出版社，2015：210.

④ 王章豹. 桐城谚语集锦［M］. 合肥：合肥工业大学出版社，2015：212，150.

⑤ 王章豹. 桐城谚语集锦［M］. 合肥：合肥工业大学出版社，2015：149，305，307.

⑥ 王章豹. 桐城谚语集锦［M］. 合肥：合肥工业大学出版社，2015：310，307，186. 马罐：瓶底细、瓶身粗的盛器。

**六月里的干鱼，坏着胚子。**

【解说】

潜山靠山不靠海，这是为数不多的一条关于鱼的俚语。在旧时，吃鱼主要有三种渠道：一是河里捉鱼；二是贩子从大江大湖地区贩鱼；三是挖塘养鱼。此语说的是第二种情况，贩子从大江大湖地区贩经过腌渍的干鱼，这种鱼如果没有晾晒好，水分重，还是有可能腐烂变质。

比喻事情计划不够周密而导致胎死腹中，或行动失败，比如"三顾频烦天下计，两朝开济老臣心。出师未捷身先死，长使英雄泪满襟"说的是诸葛一生始终抱着"兴复汉室，还于旧都"的宏伟志望，却落空。他曾经六出祁山，以图统一天下，然而，当他在后汉建兴十二年（234），最后一次出师，占据五功县的五丈原，和司马懿相聚于渭水时，他竟然病逝军中。这里不仅仅是不幸，也有深刻的必然性，一是刘禅的无能，二是诸葛自己"事必躬亲"，缺乏有效的谋划和管理。

**六月天冻死鹁鸪儿①。**

【解说】

此语讽刺人怕冷，或喻不可能或很不合常理的事情。

**鹁鸪浪子②**

【解说】

此语形容大人或小孩在寒日穿衣甚少，受冻。语多戏谑。旧时衣少，人也能抗冷和抗感冒病毒，尤其是小孩和青年人，冻冻个些微，方言读 ge 2、干干活、烘烘火、通通风，难得感冒。

---

① 鹁鸪，斑鸠。觅食高粱、麦种、稻谷以及果实等，有时也吃昆虫的幼虫。主要在林缘及其附近集数只小群活动。秋冬季节斑鸠结群栖息，生性胆小。飞行似鸽，常滑翔。

② 浪子：形容鹁鸪挨冻后的畏缩态。

# 第五篇　身　体

身体是我们人类一出生，再早点甚至还在娘胎中，就开始感知、探索和认识并且打交道的对象，母亲的身体和自身的身体是我们进行外在探索的第一步。因此，身体在人类心灵世界中具有重要的地位。

俗语说，一字见人，一面知人，一句晓人，这三个方面都包含在身体的范围内，一举一动、一言一行都关联着人心、人性。身体里面包含着大量的人体、人性、人事和社会信息，从身体的角度去挖掘潜地方言当中所体现出来的先民生活习惯、审美情趣、行为方式特征，值得我们去尝试。

**黑不拉煺①**

【解说】

此语形容皮肤特别黑。砀山话是"黑不拉基"。

**欶皮欶肉②**

【解说】

此语形容小孩长势不好，或者遇事退缩，或遇场面不敢上前或犹豫不定。

**倒拖三里都没事**

【解说】

此语评论人的身体非常结实，顶事，耐力好。前两年，安徽合肥有个跑马拉松的年轻小伙，准爸爸，快跑到终点线附近时心脏骤停，令人扼腕。后来分析原因，还是这个小伙锻炼不够，训练未能循序渐进，太急于求成了。这就不是那种"倒拖三里都没事"的情形。

**瘦着像蛤蟆一样**

【解说】

此语评论人的身体非常瘦。有人为肥胖愁，有人却怎么也吃不胖，有的人说

---

① 煺：qiu 1，烧火用烟熏。

② 欶：shuo 4，吮、吸。王章豹用"嗍"："一要黄烟好，二要烟袋通，三要枚子火，四要嗍得凶"（旧时抽黄烟的经验总结，参见：王章豹. 桐城谚语集锦［M］. 合肥：合肥工业大学出版社，2015：70.）

是基因导致，有的人说是营养不良，有的说是劳累操心，还真没个准。有位大企业家"瘦着像蛤蟆一样"，但他的公司业绩却是持续增长，或许印证了桐城话："脸上没有四两菜，不是妖来也是怪。"

关于蛤蟆，桐城话"蛤蟆无颈，小伢无腰"。①

**驼子仰碓臼，随他仰。**

【解说】

驼子掉进碓窑（如图5-1、5-2所示），爬不起来了，或正好。比喻对自身条件或处境听天由命，不做何种改变努力。这是一种乐观态度。唐代柳宗元笔下的郭橐驼，就是这样的人，"病瘘，隆然伏行，有类橐驼者"，人家喊他驼子，他说："好，正正好合乎我的实际情况。"自己干脆把原来的名字舍弃，用"橐驼"自称。

图5-1 十年前的一个废弃碓臼，还能看到碓房的残垣

图5-2 十年后的该废弃碓臼，周围已是杂草丛生

这种越来越糟糕的情形，还有"越喉也吃盐"②。

关于碓臼，桐城话称作"碓窑"，

碓窑窝子称棉花，伙重；

碓窑头破碓窑窝，实打实；

托碓窑窝舞灯，吃力不讨好。③

关于驼子，还有一些说法：

驼背老上山，前心太重；

---

① 王章豹.桐城谚语集锦［M］.合肥：合肥工业大学出版社，2015：191，206.四两菜，指四两肉。旧时安庆地区"肉"讳称为"菜"。

② 喉，hou，哮喘病。桐城话里有：土地佬扯喉——神救着（非常有精神）。

③ 王章豹.桐城谚语集锦［M］.合肥：合肥工业大学出版社，2015：308，309，314.

驼子背上长包，雪上加霜；

驼子睡觉，各有各的翘。①

## 找个虱子②头上咬咬

【解说】

此语形容自找麻烦，义同"葫芦挂在壁上不好，挂在颈上好些"。

现代人常用洗发水，虱子都没了。但是过去不用洗发水，虱子可是常见的，咬得人痒嗖嗖的，不是抓就是挠。

美国记者埃德加·斯诺在《西行漫记》里也记述了第一次见到毛泽东时的情景。当时陕北高原上的气候还有点凉，但窑洞外面的阳光倒很温暖，毛泽东就和他对坐在小院的太阳地儿里，进行了中国历史上非同寻常的一次长谈。几乎没有什么客套，毛泽东就进入正题，谈话直截了当，又生动多智。随着他的谈兴越来越旺，身上开始发热，便不经意地解开了裤腰带，一边说着话，一边将手伸进裤腰里捉虱子。捉到吸满了血的虱子，就用指甲挤破，啪啪作声。处于艰困的战争环境，毛泽东没有条件经常洗澡，身上生虱子是正常的事情。毛泽东当着这位美国记者的面捉虱子，反倒征服了他，令他着迷。③

## 聋子不怕雷

【解说】

有人大大咧咧，有话直说，忠言逆耳，可以自喻为"聋子不怕雷"，有话就放出来。这种人为人真诚，性格开朗，往往利于养生。民间还有"十聋九哑，十男九痔"的说法。

## 黑耳朵

【解说】

黑耳朵，也可能是"吓（方言也读 he 4）耳朵"的谐音。耳朵听音，即感害怕，形容人胆小。

鸡胆最小，会因为着吓而死，所谓"吓破着胆"。所谓"瓦屋不住住草窝，大路不走走刺棵（寒）"④，这也有人胆小的特征，交往恐惧，生怕遇到生人。

---

① 王章豹．桐城谚语集锦［M］．合肥：合肥工业大学出版社，2015：302-303.

② 虱子：方言读 se zi。

③ 蒋子龙．陕北札记：周恩来的曲臂毛泽东在斯诺面前捉虱子［EB/OL］．人民网．http：//book. people. com. cn/GB/108221/12011919. html.

④ 王章豹．桐城谚语集锦［M］．合肥：合肥工业大学出版社，2015：230.

小孩容易黑耳朵，也有长大还是黑耳朵的。此语多形容小孩。

"吓耳朵"，对应"割鼻子"，旧时常对刚入学的小学生开玩笑，穿牛鼻子了，今后将要系上绳子了。桐城话"他有割鼻子刀，我有装鼻子箩；他井深，我绳长"，我总有办法收拾和对付。

形容大人胆小，可以这样讲："生怕楂叶子打破着头。"[1]

## 耳刀[2]根子要硬

【解说】

告诫语。一定要有自己主见，对形势要有自己的分析，不能受众人意见摆布，不能六神无主。作为统帅或君主，在这方面尤其要注意。

比如三国时的袁绍，原本依仗着四世五公的政治资本，据着北方黄河下游四州之地，拥兵数十万，是当时最大的割据力量，有统一中原之势，然而在两派意见中，他不能做出自己主断：谋士田丰劝其屯兵黎阳，据守黄河，以逸待劳，用精兵骚扰曹军，这样不出三年击败曹操，而另一派郭图主张速战速决。袁绍后采纳后者意见，兵败官渡。袁绍虽兵力数倍于曹操，但由于民心丧失，主骄将奢，被曹偷袭乌巢，全部军粮被烧，主力被斩，只与其子袁潭带八百骑败回河北，从此一蹶不振，两年后忧愤而死。

毛泽东评价袁绍："多端寡要，多谋难断，见事迟，得计迟，慢了，得出一个方针就处于被动[3]。"其实就是耳刀根子不够硬。

## 掉了牙齿瘪了腮，人家看着吓死着。

【解说】

此语形容人出了老相。过去生活水平和医疗水平都有限，人过五六十就开始掉牙，牙齿一掉，腮就瘪下去，让人识老。反之，大凡长寿之人，牙齿必定坚固。

《百岁春》里有这么一句：

人生五十节节衰（气血衰），掉着牙齿瘪着腮。

顺手嘴边摸一把，胡须不觉长出来。

---

[1]　王章豹. 桐城谚语集锦［M］. 合肥：合肥工业大学出版社，2015：182，18. 楂，在安庆地区，指山中的杂柴，潜山方言读 cha 5。

[2]　耳刀：耳朵，耳朵的方言变音。如："耳刀斥把斥，听话听不（真）清"。

[3]　周溯源. 毛泽东评点古今人物［M］. 北京：红旗出版社，2013：114-115.

**牙疼不是病，疼死无人问。**

【解说】

旧时农村医疗条件差，农民手头也没有那么多钱，牙疼一般就拔掉或吃点消炎药，根本不把牙疼当作大病。此语常为牙疼者的感叹。

**葫芦挂在壁上不好，挂在颈上好些。**

【解说】

此语形容多事，义同"好心得不到好报，半夜烧香惹鬼叫""找个虱子头上咬咬"。好心办事，但有可能坏了人家的事情，得不到人家的好评。此语为埋怨语。

类似的俚语还有"穿蓑衣打火——惹火烧身"①"咸吃萝卜淡操心"。②

**喉咙深似海，坐吃也山空。**

【解说】

人一生要吃很多食物。民以食为天，还是忧虑这吃的够不够、吃得好不好，忧虑这粮食安全问题。过去主要忧虑有没有吃，现在主要忧虑吃得好不好，质量安全不安全、吃得放心不放心。

**会做三分假，会吃囫囵吞。**

【解说】

形容有的人干事麻利，但是事情做得比较毛糙，不够精细。桐城话作："是鰠三分假，好吃囫囵吞。"③

**颈上一撮毛，摸到看不到。**

【解说】

亦称"后脑壳长个包，摸到看不到"④，形容人的认知能力有限，对于无法预测的事情或偶然性很无奈。

---

① 杨普根，黄德邻，汪传碧，张扬，郑劲松主编．潜山县民间文学集成．潜山县文化局编印，1991：16.

② 王章豹．桐城谚语集锦［M］．合肥：合肥工业大学出版社，2015：183.

③ 王章豹．桐城谚语集锦［M］．合肥：合肥工业大学出版社，2015：182.

④ 王章豹．桐城谚语集锦［M］．合肥：合肥工业大学出版社，2015：216.

## 有理不在喉咙高①

【解说】

声音再大，不等于有气势、有道理；有时轻轻地抵一句，可能就让人哑口无言。

## 嘴架子②

【解说】

有人经常遭人批评或埋怨，就成了别人家的嘴架子，也就是众矢之的。

## 接人家下巴颏（骨），麻利法子。

【解说】

形容交谈时不合时宜地插话，干扰说话人的思路或歪曲说话人的本意。批评语。

## 瞎子看皇历

【解说】

瞎子看皇历，那是什么都看不见，看不懂，所谓读天书。多为老年人的自谦或自嘲。旧社会基础教育水平跟不上，文盲多，所以很多人成了"睁眼瞎"；新社会，基础教育水平蒸蒸日上，但是时代进步太快，很多人还是要不断"充电"才行，光认字还不行，还要会用电脑，发电子邮件，玩 QQ，玩微信，这些都逼迫着新"瞎子"补课。

关于瞎子，还有"瞎子烘火，往胯（裆）里扒""瞎子推磨，照圈走（或转转在）"，比喻死板机械。③

## 瞎子看牛老缔④着

【解说】

此语喻笨人自有笨办法，达成目的。

---

① 杨普根，黄德邻，汪传碧，张扬，郑劲松主编．潜山县民间文学集成．潜山县文化局编印，1991：3.

② 架子：方言读 ga zi 20。

③ 王章豹．桐城谚语集锦［M］．合肥：合肥工业大学出版社，2015：303.

④ 缔：打结，不解开。这里指老拽着牛绳不放松，不让牛跑了。

## 哑巴吃汤巴，有数的。

【解说】

有的人看起来是个孬子，其实心里亮堂。"汤巴"换成"黄连"，那就是"哑巴吃黄连（或者磨子压着哑巴手），有苦说不出。"

还有"两个哑巴困一头，好得没话说；两个哑巴吵嘴，分不清是非（指手画脚）。"①

## 聋子调个哑子

【解说】

聋子调个哑子②，换汤不换药，还是不能达到效果或解决问题；或者瘫子靠着跛子，靠不住；或者抬了床，横了被；或者拆东墙，补西墙，拆南无庙，盖土地庙；或者扒前房，盖后房，盖了后房无前房。③

## 鼻子抵着嘴——没得法子。

【解说】

鼻子抵着嘴，有点唇齿相依的意思，那你得相互照顾。虽然你不想上前，但你也得上去，这叫义务或者规范，没得办法的事情，推不掉的事情，这叫人情，必须付出。

## 捏鼻子哄嘴

【解说】

说些明摆着虚妄的话，掩耳盗铃，自欺欺人。

## 大不小脸

【解说】

大不小脸，就是硬着头皮，厚着脸皮的意思。譬如人有难处时，就只能大不小脸地去求人：借钱，疏通门路，打探消息。这也是一种人情，义基本同"打憋着屁股骂憋着脸"，比喻经常受人批评或者咒骂因而脸皮变得更厚更骟。

---

① 王章豹. 桐城谚语集锦［M］. 合肥：合肥工业大学出版社，2015：301，310.
② 哑子：哑巴。调：调换，方言读 tiao 3。
③ 王章豹. 桐城谚语集锦［M］. 合肥：合肥工业大学出版社，2015：302，182，142，186.

### 出门看天，进门看脸。

【解说】

这两句比兴，说的一个道理，就是要学会察言观色，观天色，观脸色，特别是主人对自己是否热情，是否欢迎。根据普勒斯纳的理论，眼神和脸色属于原始的有机身体，它的神经反应不受意识控制，所以能够直接反映出很多真实信息。《增广贤文》："入门休问荣枯事，观看容颜便得知。"

有人曾经统计过，这些反应是装不出来的，譬如人看到喜欢的东西眼睛会发光（实际上是瞳孔的扩大），人在心虚时眼神会飘忽不定，往往下意识地从提问人那里转移开来，人在紧张时会咽口水（缓解敏感部位的不适），人在胜利时会举臂高呼（能量提升、反抗重力）。[1]

### 死蒙、蒙着不知西

【解说】

形容智力低下，不谙世事。也有说法"蒙着不知初一十五"或者"不晓得虾子哪头放屁"。针对那些智障儿童或智力正常但表现木讷的大人。

有个笑话，名曰"苦命苦挣"[2]：

乡下亲家去城里亲家，城里亲家不在家，只是孩子在家，便对孩子说："你家这房子漂亮！"

孩子说："是我爸苦命苦挣的。"

入屋内，见堂屋内摆着龙帽——皇帝赐的官服，激赏地问曰："你家还有这个东西啊?!"

孩子答曰："对[3]耶，我家一代有一个。"

乡下亲家回家，骂自家孩子不懂事，分不清初一十五，于是把城里孩子的回答一五一十地告诉他们，让他们学着说，他们倒也记住了。

后几日，城里亲家到，乡下亲家不在，只有孩子在家。城里亲家进门时看到大门角堆着一堆干牛屎，问："你家这时节怎么还有这东西?"

孩子说："是我父苦命苦挣的。"

进了大门，城里亲家骂道："你这孩子是个孬子，怎么说出这样的话呢?"

乡下孩子答："对耶，我家一代有一个。"[4]

---

① 姜振宇. 微反应是"装"不出来的［N］. 新周报，2015，21（13）.

② 挣，方言读 zeng 4。

③ 对，方言读 dui 3。

④ 胡春生口述。

这说话还真是最难的事情，可别在这事情上蒙着不知东西。

## 装孬不折本

【解说】

孬，这个词很难去诠释。有的孬子是精神病患者；有的就是愚笨一点，性情无病；有的不谙世事，不够精明；有的用这个字表示辱骂。

有人借酒疯，说些平常不敢说的话；有人借装孬，暗度陈仓，这又是一种机智。装孬不折本，指故意装成不谙世事，接受他人礼物或其他安排，又是一种大智若愚或小聪明。

引蛇出洞，开始装孬，让你说话让你骂，秋后再算账，不折本。

## 嵌着筋

【解说】

嵌，山嶙峋貌。此处喻静脉曲张貌。此语指非常好笑，让人笑得静脉曲张。

## 发着懒筋

【解说】

此语指人回了力，发着懒，慵懒状，干不动事情。长期疲劳奋战，稍事休息，就会发懒筋，动都不想动。

## 湿手不沾

【解说】

沾湿的手，不想沾东西，形容死懒。现在农村的孩子对于农活一般是湿手不沾。

## 纯手

【解说】

办事很熟练，轻车熟路。

## 反手撇脚①

【解说】

办事手脚搭配错乱或手脚放置在不方便的位置。反义词是"顺手顺脚"。

---

① 撇脚：方言读作：pie jio 34.

## 手心手背都是肉

【解说】

一视同仁，没有歧视。父母对自己的儿女，应该手心手背都是肉，一碗水要端平，不能区别对待。若是区别对待，不是轻了，就是重了，不是多了，就是少了，弟兄之间容易发生矛盾和分歧。

相传割肚牛眠河有户姓杨的人家，户主叫杨楼宝，下有四个儿子，四个儿子都娶了亲，分家之后，他对四个儿子一视同仁，弟兄及几个妯娌对老人也都没有什么异议。有一次，天下雨，小儿子稻谷还在外面晾着；三儿子的衣服还在外面晾着；二儿子的柴火在外面晾着；大儿子的被子在外晾着。雨越下越大，老头子一个儿子的东西都不收。四个媳妇回家看东西都淋湿了，刚要埋怨公公，可是又没有什么埋怨的，谁叫他有四个儿子啊？他帮了谁都得罪了其他人。最后大家都没有埋怨。①

这种情况还常发生在过去大户人家长辈对晚辈的看管方面，长辈一般也是不闻不问、不带不管、不讲情面，最后大家都不怪。

## 十个指头爬痒

【解说】

此语指全心全力疼爱某人或重视某人。再夸张一点是"二十四个指头爬痒"，每个肢体多了六拇指或趾头。此语多为批评某人忘恩负义时用，意思是对他十个指头爬痒，但它反过来还说不到说话人半点好话，有点"好心得不到好报，半夜烧香惹鬼叫"的味道。

## 十指连心

【解说】

此语桐城话："稻怕干浆，人怕死娘""十指连筋，母子连心"②。指头连着心，儿子连着娘，母子的这种天然情感联系是很难磨灭的。所以，有歌曲《世上只有妈妈好》，妈妈就是孩子的天空，罩着护着，宠着疼着。

## 劳抓心

【解说】

义同"抓抓挠挠"，形容一个人只知道操劳，不知道休养生息。

---

① 胡春生口述。
② 王章豹. 桐城谚语集锦［M］. 合肥：合肥工业大学出版社，2015：120，123.

### 打动了脑絮

【解说】

脑絮，脑浆，脑髓，呈絮状，故称脑絮。杭州骂人话："脑髓赎出""脑絮搭牢"。此语指引起神经紧张或发怒。

### 吃了猪砂①，发猪砂孬。

【解说】

此语指神经异常冲动、紧张或异常发怒，歇斯底里。

### 有心没肝②，黑心。

【解说】

此语指心肠冷漠。为诅咒语。该语是对一切违背人性、道德、伦理纲常的言行的抨击。

德国哲学家马克斯·韦伯曾言："专家没有灵魂，纵欲者没有心肝；这个废物幻想着它自己已达到了前所未有的文明程度。"③ 讲的是资本主义发达工业社会状态下人们普遍被局限于专业化的操作，而丧失了浮士德式（Faust）的人类感性和激情。现代社会的冷漠多由此工具理性导致。

### 人遇弯腰树，自然要弯腰。

【解说】

此语指人要保持灵活性，不能死板；也可以指人再有原则或倔强的秉性，遇到不得不迁就的情况还是要绕过。也就是中国人所说的圆中求刚的道理。此语与"宁可直中取，不愿曲中求"（《增广贤文》）的道理正好是相反的。

### 一根肠子直到㞘④

【解说】

高头、㞘下，是方言对上下的俗称。但在本语中"㞘"又是采取了它的本义。此语的意思是为人耿直，但又有失于不够圆滑，说话可能会得罪人。年轻人

---

① 民间称猪身上结石为猪砂。此猪砂不同旧时入药或炼丹的朱砂，后者含汞化物，进入体内，主要分布在肝肾，而引起肝肾损害，并可透过血脑屏障，直接损害中枢神经系统。

② 有心没肝，读作 you xin mo gan 3151.

③ ［德］韦伯. 新教伦理与资本主义精神［M］. 于晓，陈维纲，等译. 西安：陕西师大出版社，2005：106.

④ 㞘：方言读 dou 4，俗豚字。尾下窍也，即屁股或肛门。或作屄，臀。

没有社会阅历或经验，容易一根肠子直到尻。

**屁股不正，埋怨板凳。**

【解说】

形容人没有担当，推诿责任。桐城话："屙不下屎，怪蹲缸向不对；睡不着觉，怪床歪。"①

**人吓人，吓断魂。**

【解说】

与其说是鬼吓人，还不如说是人吓人。鬼是人想出来的。这正好应着德国哲学家费尔巴哈的一句话：上帝的本质就是人的本质，上帝是人的镜子，神圣的东西与人的东西的对立乃是一种虚幻的对立，真正的宗教要宣布的是人的第一性。②

当然此语的意思是人吓人，是最厉害的。譬如趁他人不注意的时候，背后喊他一声，或躲在隐蔽的地方，朝来人一声低吼，一般都会引起对方的紧张性反应或惊吓，也就是普勒斯纳所讲的工具性身体突然解放或游离，有机身体的瘫痪那种情况。小孩子喜欢玩这种游戏。

**害毒**

【解说】

害喜，指一般妊娠反应，如反胃、呕酸水、呕吐；害喜也称害伢子。害毒，指妊娠反应中的孕妇特别爱吃酸菜或辛辣菜，或特别爱吃某种菜。

泛指特别爱吃或想吃某种东西。比如，某个小孩特别想吃妈妈烧的鸡翅，三番五次在妈妈面前催促要吃这个，妈妈可以半开玩笑地说他："你害毒啊?"

**觉瘾③**

【解说】

困觉和觉瘾，都是对"觉"作为睡眠意义的运用。觉，本来指梦醒，后来反用作睡着。从康熙字典介绍的情况看，从汉代开始人们就把"觉"当成"睡"来用。这种情况在现代还比如"容易"，好容易干成某事，其实是不容易干成。这种反用的情况，还真不多见。韩再芬创办"再芬剧院"十年，写了篇文章：《十年不易不说难》。不说难，那是有志气，有底气，有创新精神。

---

① 王章豹. 桐城谚语集锦［M］. 合肥：合肥工业大学出版社，2015：188.

② 赵敦华. 西方哲学简史［M］. 北京：北京大学出版社，2001：321-322.

③ 觉：方言读 gao 2.

## 倒头饭

【解说】

桐城方言："三根筷子两个蛋，供上一碗倒头饭。""倒头饭"指供在尸体前的饭。旧时采取厝（方言 cuan 2）葬方式，死人先入棺椁，厝起来（厝成厝基），搁置一两年或更长时间，待尸体彻底腐烂，然后检棺，整理尸骨，改大棺为小棺，装殓尸骨，再入土安葬，所谓"人老过世，入土为安"①。

## 破着鞋，戳着脚。

【解说】

比喻事情办砸锅了，鞋也破了，脚也戳了，鸡飞了，米也丢了。多指身败名裂或投资失败。也有"人在河边走，不是湿着鞋，就是湿着脚"的说法。

## 人是铁，饭是钢，一日不吃软汤汤。

【解说】

人长嘴要吃，树生根要肥。一粒米，度三关②，不吃是不行的，旧时人们由于作物产量低，可谓饿怕了。现代人饿得少，这种感觉是很难体验到；但是也有一些人因为工作紧张或者减肥的需要，养成饮食不规律或不吃早餐的习惯，这容易引发身体的虚弱，需要注意营养均衡。

## 晚上饿在床上，跌不倒。

【解说】

过去农家粮食少，逢秋冬短日，一日只吃两餐，晚上一餐就搁着，所谓"晚上饿在床上，跌不倒"③。

---

① 王章豹. 桐城谚语集锦［M］. 合肥：合肥工业大学出版社，2015：34.
② 王章豹. 桐城谚语集锦［M］. 合肥：合肥工业大学出版社，2015：86.
③ 胡昆生口述。跌，方言读 da 4。

# 第六篇　品　性

　　物各有性，人各具品。蜈蚣怕公鸡，小鼠怕小猫，性也。人呢，有的勤，有的懒，有的急，有的缓，有的周，有的疏，有的刁，有的朴。本篇专门收录潜山俚语韵辞中对人的品性的描述。

## 胡大胡二

【解说】

　　性子粗放，不谨小慎微。

　　在乡下，割田塍，有的人粗粗割一下；有的人拿剪刀细细地剪，这就体现出完全不同的两种风格。前者就是胡大胡二。

　　义基本同：

　　起簸箕大的头，收棉线粗的尾。

　　提起针来掉了线，提起剪子丢了片。

　　三个人做一锅豆腐，还泼掉着。

　　打米不淘沙，年纪轻轻学拉瓜①。

## 数萝卜下窖

【解说】

　　点数；按部就班地来。或机械呆板地排列，没有逻辑性，人没转智②。

## 系在裤子带上

【解说】

　　性子特别地黏人，老拽着人。"你这样跟着我，那我只好把你系在裤子带上。"一般小孩恋母或恋父以及刚刚陷入爱河的新人容易陷入这种依附的状态。

---

　　①　王章豹．桐城谚语集锦［M］．合肥工业大学出版社，2015：180，181，182．拉瓜，桐城话的意思是邋遢。

　　②　转智：灵活性。方言读 zhuan zhi 44。

**松毛火的脾气，一燵子。**①

【解说】

干燥的松毛（松针），一般作引火柴，易燃，不耐烧，所以就一阵，一燵子。形容人脾气暴躁，火气来得快，去得也快。

形容性格急躁，还有"等不到红锅燵苋菜"。相反的情形是"绡绡锅巴慢慢铲"②。

**产猪**

【解说】

老母猪怀孕了，要生小仔了，常躺着休息不动。此语责骂人一味偷懒，身子重，不干活。"你这也不干，那也不干，产猪啊？"或谓"饭不得变屎"。

**懒着屙蛇**

【解说】

讽刺人懒。蛇一般吃饱了或产卵时就不动，以此来形容人懒动。

**作礼**

【解说】

桐城话称"做弯"，指为人举止非常中规中矩，有礼貌。比如问喝茶不，不喝；抽烟不？不抽。其实内心是应允的。吃饭，入座要扯席，动筷要待主人吩咐，夹菜要点到为止，不能荤素全包，饭吃完了，得说"慢慢吃"。该出门了，"今吵了""谇诿（nan wei 24）了"。现在这么作礼的人少了，一是食物丰沛了，不必拘泥荤素，二是现代交往讲究一个短平快，拘礼反而显得拖沓，"作礼"反成了"礼巴巴"。所谓："做客莫作弯，作弯不值得。"还有的人表面作礼，但是行动上却积极夺取，就是"嘴上讲不要，手上拉起着泡"③，这种人更加虚伪了。

**一路十八家**

【解说】

比喻人性格外向，喜欢到人家做客、停留、座谈、聊天。一般多形容女子喜欢外扎扎的。

---

① 松毛：方言读 cong mao 20，松针。燵：方言读 peng 1，浓烟貌，大火貌。
② 王章豹. 桐城谚语集锦［M］. 合肥工业大学出版社，2015：188，232.
③ 王章豹. 桐城谚语集锦［M］. 合肥工业大学出版社，2015：46，186.

## 土里木马

【解说】

形容心肠冷漠的人，黑心。抨击语。

## 孬和尚做斋不晓得歇伙①

【解说】

形容办事没个节制，多为善意地讽喻。有的人痴迷于设计图纸，有人痴迷于实验，这些都是靠灵感的，灵感来了就必须抓住，所以连续作战，但在旁人看来，他们是孬和尚做斋不晓得歇伙。

这种和尚还算好，还有一种"嘴里阿弥陀，心里毒蛇窝"②，这种人表里不一，口蜜腹剑。

## 孬子鬼，孬儿八欢。③

【解说】

称"孬子鬼"，对较亲的孩子的昵称。称"孬儿八欢"，有的地方记作"孬儿八哄"，批评呆傻，没有算盘。

也可以批评人行为不检点，"上街头公鸡揽水，下街头草狗连茎"。有的女人不正经，也是"上街头撒泡尿，下街头闻到骚"。④

## 冷尿饿屁穷扯谎

【解说】

天冷尿多（少出汗），人饿屁多（少排便），人穷谎言多。穷人为了糊口可能会"狡诈"，欺骗人，搞点吃的或用的。

此语也用来戏谑，批评这个人死扯谎逗乐，"扯起谎来无处搁，灯草拉下来打破着锅"。

讲大话，在潜山话中也称"拉豁""生姜树上结的，还有蒂菀"。

穷人还有一个特点："穷生虱子富生疮。"这种结构类似于"馋咬舌头瘦咬腮"⑤。

---

① 斋：办丧事中雇请僧道念经诵咒以超度亡灵。歇伙：暂停或停止。
② 王章豹. 桐城谚语集锦［M］. 合肥工业大学出版社，2015：196.
③ 八欢：同"八子""八西""八基""八哄"，都是语气词，没有实在含义。
④ 王章豹. 桐城谚语集锦［M］. 合肥工业大学出版社，2015：193，181.
⑤ 王章豹. 桐城谚语集锦［M］. 合肥工业大学出版社，2015：187，209，214.

### 两把刷子

【解说】

有两把刷子，就是有点能耐。对人的夸奖。某某三下五除二把电脑修好了，有两把刷子。

### 伪家伙①

【解说】

喻乱来糊弄，不顾后果地蛮干。

### 抓抓挠挠

【解说】

喻辛苦劳碌，为生计奔波。也被称为"劳抓心"，此种人唯一知道的事情就是干活，从不知道放松和享受。这种人的长处是责任心强，能托付事情；短处是不知道劳逸结合，很容易伤身和伤神。一般劳抓心的人衰老得快，老来容易惹上七七八八的病体。一旦身体损坏，不能动弹时，又容易在精神上陷入怀旧，伤感于过去的"峥嵘岁月"。

### 易反易复

【解说】

一会儿这样，一会儿那样，或指使他人一会儿这样，一会儿那样。《增广贤文》称这种人为小人（"易涨易退山溪水，易反易复小人心"）。这种人和那种"拗经檀"或"犟着葛根断"是正好相反的。

### 好吃不嫌老母猪肉

【解说】

此种人特别不挑食。也有人特别挑食，说"60年也不吃老母猪肉"。老母猪肉的特点是纤维粗大，一般很难煮软，吃起来很不上口；由于生的猪仔多，也没有多少营养；另外老母猪肉内含有大量的雌性激素，少年儿童经常食用会影响身体正常发育，可能导致性早熟。

还有一种说法是，"饿着狗卵都吃下去了"，形容饥不择食。

反义的说法："饿死不吃猫儿食，冷死不烤佛前灯。"② 不吃猫儿食，就是不

---

① 伪：方言读 bei 1，施为，加于，人为使之改变，人托事于物，做事、干活。

② 王章豹.桐城谚语集锦［M］.合肥工业大学出版社，2015：138.

吃猫，旧时吃老鼠可以，吃猫是禁忌。

**响碓不出米，偏老婆一张嘴。**

【解说】

形容光会说，不会做。另外还有一种说法："响老鸹①（一张嘴）"；桐城方言："光说不练是嘴把式，光练不说是傻把式，说着练着是真把式。"②"嘴把式"说的就是这种情况，为批评语。

**讲着连山搅③**

【解说】

形容光会说，不会做。批评语。

**不得死，往碓臼凶里跑。**

【解说】

上一篇有个"驼子仰碓臼，随他仰"，这里是奉劝人不要自暴自弃，要振作起来，不能往碓臼凶里面跑，去就死定了。

**东一榔头西一锤**

【解说】

没个着实处，不务实。有的人兴趣广泛，这也弄弄，那也弄弄，没有专业特长，这在专业化很强的分工社会缺乏一定优势。有的青年，刚出学堂门，没有职业准备或规划，只好东一榔头西一锤地瞎闯荡，一会做做裁缝，一会儿学学汽车维修，一会儿送送快递，后来呢一会搞搞婚庆摄像，再搞搞户外传媒，没个定锤。这个摸索过程和适应过程其实也可以理解。

一个人干事业必须博约收放，恰到好处，在一定的环境和一定的时间长度内，目标专一了，才能有所成就，正是"不要千样会（百样精），只要一样精"（或"百艺不如一艺精"），而不要"（手艺）样样会，床上无絮被；夹夹生，一门都不精"。

还有的人分不清事情轻重缓急，坊间还有"草架倒了，不问打死牛，只问打死鸡"的说法④。

---

① 鸹，方言读 gua 4. 乌鸦的俗称是老鸹。此字发音模拟乌鸦的叫声。老鸹嫌老母猪黑，自己黑着不觉得。

② 王章豹. 桐城谚语集锦［M］. 合肥工业大学出版社，2015：144.

③ 讲，方言读 gang 3. 连山搅，绕着山螺旋式上升，如龙腾状。

④ 王章豹. 桐城谚语集锦［M］. 合肥工业大学出版社，2015：142，239，187.

## 亭堂

【解说】

形容女性尤其是中年女性非常贤惠，宅心仁厚。赞扬语。

## 娇八姑

【解说】

或谓"娇姑"。难处的姑姑，娇气。旧时媳妇在家庭中没有地位，最害怕与姑姑（丈夫的姐妹）处关系，她们如果在公婆面前挑唆几句，这媳妇就没得好受的了。可以泛指娇气难待的女人。桐城话"我不打你，你还不晓得小姑是奶奶养的（让你晓得小姑是奶奶养的）"，足见小姑的厉害。犟小子眼大，娇鳖姑泪多。[①] 王章豹认为，娇鳖姑是那种娇气好哭、感情脆弱的女人，亦有道理。

"娇姑"，也可以指人体质脆弱或虚弱。

## 尖嘴姑

【解说】

刁钻挑拨的姑姑，爱在婆婆面前说闲话的姑姑。可以泛指爱挑拨是非的女人。尖嘴的人，未必是坏心肠，所谓："刀子嘴，豆腐心。"[②]

## 日里白讲，夜里瞎讲

【解说】

空谈，义同"讲着连山搅"。所谓空谈误国，实干兴邦。没头没脑地瞎安排或指挥，实在是害人。

用马克思的话说："批判的武器当然不能代替武器的批判，物质力量只能用物质力量来摧毁；但是理论一经掌握群众，也会变成物质力量。"[③] 也就是说，即使是恰当的理论也要转化为行动，方有实际的改变性效果。

## 却巴鬼

【解说】

或作"却卜鬼"，逗哏或幽默搞笑的人。却，方言读 qio 4。

---

① 王章豹. 桐城谚语集锦［M］. 合肥工业大学出版社，2015：192，177.
② 王章豹. 桐城谚语集锦［M］. 合肥工业大学出版社，2015：197.
③ ［德］马克思. 黑格尔法哲学批判导言. 全集［M］. 第 3 卷. 北京：人民出版社，2002：207.

## 水鬼哄得上岸

【解说】

形容非常能聊，不惜采取哄骗的办法，诱引对方同意自己的想法。

据说在潜山，从前有个爱撒谎的人，一天戏耍了一个劣绅，劣绅恼羞成怒，将其告到县官，县官拍案大怒，道："大胆刁民，看你今天还敢撒谎戏耍于人。"欲治其罪，转念一想，这些乡绅都是饭桶，我今天一方面想看看这个刁民到底如何会戏耍，二来想让下面的人看看自己的厉害。于是便说："听说你极其会撒谎，能让人不知不觉地上当，今天老爷倒要看看你怎么会撒谎。如果你能把我从堂上哄到堂下，就算你的本事，老爷今就免予你处罚，当堂放你回家。"

说完老爷稳坐中堂，安若泰山。那个会撒谎的人说："老爷，其实我根本不会撒谎，都是那些人冤枉我的，老爷你想，你是个步步高升的人，小人实在不敢将老爷从堂上哄到堂下，要是您到堂下来了，我想我还是有法子把你请到堂上去的。"

县老爷说"好"，随即下堂，说，"我要看看你怎么把我哄到堂上去。"

那个会撒谎的人对县老爷弯腰作揖，说："谢老爷免罪。"说完就抬腿走到堂外。县老爷忙说："你还没有把我哄上堂呢？"

那个会撒谎的人说："你不是说我把你请到堂下，你就免罪吗？当堂放我回家吗？请问老爷您现在身处何处？"

老爷一听方知上当，但又无可奈何。[1]

这故事是县官哄得下堂。不管是上岸还是下堂，都在于善于捕捉和引诱听话者的心理，见人说人话，见鬼说鬼话[2]。

## 嫌里嫌唆

【解说】

指人喜欢说相同的话，反复重述，话说三遍作屎臭，使得听众生厌。

## 盐罐倒在地上，还踢它一脚。

【解说】

指人死懒，不爱干事或不爱管事。盐罐倒在地上本该去扶起，但是他却还踢

---

① 方风高、方艮生口述．杨普根，黄德邻，汪传碧，张扬，郑劲松主编．潜山县民间文学集成．潜山县文化局编印，1991：351.

② 杨普根，黄德邻，汪传碧，张扬，郑劲松主编．潜山县民间文学集成．潜山县文化局编印，1991：14.

它一脚。可见他是一个多么懒和不负责任的人。吃着干净碗，放着邋遢碗。桐城话作"油瓶倒了也不扶。"

关于盐罐，桐城话：

嘴巴伸到盐罐里面去了（多嘴多舌）；

盐钵子里生蛆，倒霉。

关于倒霉，桐城话：

人倒霉，鸡扯喉；栽番瓜，结葫芦；种豇豆，结泥鳅。

放屁怕弹出米粒。

人要发财，狗都上蹲缸。

大白天睡觉给鬼打死着。

鸡死鸭扯筋，人死牛发瘟。（也可指因关系不和、内讧而不可收拾，在这个意义上义同"看狗朝香阁咬"）①

## 九忙九竞

【解说】

赶忙，赶紧。

---

① 王章豹. 桐城谚语集锦［M］. 合肥工业大学出版社，2015：178，187，195，196，312，64，173，190. 番瓜，即方言中的"北瓜"。邋遢，方言读作 lai lai 11。方言 ta la 31 也是这个词，指人穿着很随意、很脏。

# 第七篇　百　工

旧时乡土社会是一个整体，有农业、手工业还有各种服务业，如小商贩、私塾先生，算命的，说书的，堪舆的。百工对于乡土社会都是不可或缺的，比如盖房子，得有地师看日子、时辰和方位，泥匠搭砖，窑匠烧窑，木匠做框架，石匠开门槛，砖匠砌砖，瓦匠盖瓦……俨然是一个复杂的"产业链"。不过与今天不同的是，这些服务性分工还只是临时的，多数从业者只是在农闲时从事这些劳动，因此，农业是根本，而其他只是补充。下面我们看看潜地俚语中如何表达这百工生活的。

**一扭扭，二捏捏；**
**三阉猪①，四打铁；**
**五接犁头六捉鳖。**

【解说】

这是一首行业歌，仅仅是对行业的列举，但是这些行业在今天显然已消失殆尽。扭扭，指唱戏的；捏捏，指江湖郎中，诊跌打（die da 24）的，这两个职业在旧时地位不是很高，和百工是在一起的。桐城地区也有"一戳猪，二打铁，三钓黄鳝，四卡鳖"②的说法，也都是江湖手艺。

**低头就吃，抬头就长；**
**日长千斤，夜长万两。③**

【解说】

这是一首喂猪食歌，老人们常常一边喂食，一边顺摸猪毛，给猪摸痒，还一边念叨着这首歌。猪的这个舒服感从它们的哼声中就能表现出来，人畜之间的亲近感就是这样诞生。

---

① 阉，方言读 jian 1，同"犍"。
② 王章豹. 桐城谚语集锦［M］. 合肥工业大学出版社，2015：70.
③ 汪程送搜集. 杨普根，黄德邻，汪传碧，张扬，郑劲松主编. 潜山县民间文学集成. 潜山县文化局编印，1991：106.

### 八十岁学犍猪①

【解说】

八十岁学犍猪，太晚了，手脚都不灵便了，猪都抓不到，还怎么犍呢？比喻盲目作为或迟到作为。

类似的："八十岁的公公，还学吹鼓手；到老才学吹鼓手，学得会来气也短。"②

另外，桐城方言"犍猪带骟牛，割卵子带剃头"指多面手。

### 去时悠命，到场拼命，
### 回来冲军，到家饭吞。③

【解说】

如果说"饿死砍柴郎"是因为日子变长，此句说的是砍柴郎去时优哉游哉耽误了工时，回来时饥肠辘辘，回家遇饭便吞，用热开水泡点冷饭，夹点冷咸萝卜做菜，照样吃得津津有味。

### 不做裁缝光敲褊④

【解说】

谦虚语。意思是自己不能干正活，只能干点辅助活，做点旁支的杂事。或者说自己业务不够精通，只是初学或做些非专业的评论。

### 人误地一时，地误人一年。

【解说】

奉劝人莫误农时。有人插田插到八月，割稻割到腊月。农时全耽搁了。类似的农业上的奉劝还有，如要施肥：

肥种不如瘦插。

人薄土，土薄人。

斗泥稞稻。

春看粪堆，秋看粮囤。

庄稼一枝花，全靠肥当家。

人勤地生宝，人懒地长草。

---

① 犍猪：jiān 1，给猪去势。

② 王章豹. 桐城谚语集锦［M］. 合肥工业大学出版社，2015：170.

③ 悠命：晃晃悠悠，不着急，悠闲态。冲军：如军队冲锋，疾行态。饭吞：吃饭囫囵吞，大口地吃，饥饿态。潜山方言读 fan ten 41。

④ 褊：小衣，狭衣。敲褊，指旧时做衣服缝边，收扎布头。

插田不兴粪，不如在家困。

紧庄稼，慢买卖。

田要天天到，地要天天扫。

小孩要娘，稻田要塘。

别人烤火我修塘，别人车水我乘凉。

陈稻一仓，不如腊水一塘。

菜凶打个影，麦凶打口井。

三月火烘脚，大麦胀破壳。

蚕老一时，麦老一晌。

麦子年年收，就怕不开沟。

荞麦沟里养泥鳅。

六十天荞麦四十天雨。

大暑早，处暑迟，三秋荞麦正当时。

小麦扬花火炼丹，稻子扬花水满田。

稻含苞，水淹腰。

白露水，不饮田（指稻子到了白露时节已经老了，无需再饮水）。

头交①挖，二交刮，三交换换水（水上滑）四交赶赶鸭（指薅草）。

十日含苞十日出，十日勾头十日黄。

寒露不勾头，割草喂老牛。②

标题的后半句或为"地误人一春，书误人一生"③。只要是读了书，那么一辈子就摆脱不了书或者书生气，这种气可能还是有点酸。

## 三分泥匠走天下，
## 七分郎中莫出门。

【解说】

古代常将医生尊称为"医官"，医官是一种总称，自宋代以来，医官中最高一级的官职是大夫，还称为郎（或郎中）、医效等。"大夫"和"郎中"都可以

---

① 方言读 gao 1，遍的意思，头交就是头遍。
② 杨普根，黄德邻，汪传碧，张扬，郑劲松主编．潜山县民间文学集成．潜山县文化局编印，1991：22.30-35.
③ 杨普根，黄德邻，汪传碧，张扬，郑劲松主编．潜山县民间文学集成．潜山县文化局编印，1991：6.

作为医生的别称。但两者仍有一些区别。一般设馆医病的医生称大夫；至于草药店或上街高喊，或走街串巷医治的医生称为郎中。在地方习俗上，北方人称"大夫"的多，南方人称"郎中"的多。

本句说做"郎中"的不易，这个专业需要足够的经验才能给人治好病，因为这人的情况最复杂。"少年木匠老郎中"①；久病成医，有的人得的病多，自己也能估摸出一些病的情况和对策。

**郎中不晓得自己得某子病，**
**先生不晓得自己葬哪里。**②

【解说】

还有一种说法："算命不晓得自己某会（什么时候）死，地形（地师）不晓得自己哪块（什么地方）葬或葬哪里。"③

各行都有自己的短板和极限。理发的不能给自己理发，这就是理发师悖论。各行都有自己的悖论，郎中治自己病不准，地师看自己的地穴不准，教书的教不好自己的孩子，这种自我扰乱或许是自然规则。

另外还有，"窑匠住草屋，瓦匠住倒屋。木匠家里水缸没有盖，裁缝烧锅的身上几大块"，或谓，"木匠家里无板凳，篾匠家中无稻箩，农民种田吃粉糠，编席工匠睡光床，砖匠家中住倒屋，裁缝做衣穿破衫"④，说的是这些手艺人忙外头，无暇顾家里，以及工资非常低，不足以满足家庭开支的情形。旧时手艺人同样面临着强大的生计压力。

另外，人人都有自己的局限性，潜地俚语："快斧子难劈自己的柄。"⑤ 桐城话："快锯不如钝斧。"⑥

**小弥陀做不了大法事**⑦

【解说】

比喻能力有限，干不了大事。可以自谦，也可以评价他人。

---

① 王章豹. 桐城谚语集锦［M］. 合肥工业大学出版社，2015：240.
② 某子：疑问词，相当于"什么"。先生：指风水先生。
③ 哪里，哪地，方言读 nɑdi 34.
④ 桐城方言。
⑤ 杨普根，黄德邻，汪传碧，张扬，郑劲松主编. 潜山县民间文学集成. 潜山县文化局编印，1991：4.
⑥ 王章豹. 桐城谚语集锦［M］. 合肥工业大学出版社，2015：239.
⑦ 杨普根，黄德邻，汪传碧，张扬，郑劲松主编. 潜山县民间文学集成. 潜山县文化局编印，1991：5.

## 三分匠人，七分主人。

【解说】

请匠人回家干活，主人得发指示，告诉匠人意图，不能凭匠人一门心思做。匠人进门，桐城话：

木匠进门三天烧，瓦匠进门三天挑。

木匠进门有得烧，铁匠进门有得敲。

木匠有人请，全靠榫头紧。[①]

## 算算八字，养养瞎子。

【解说】

一般瞎子无事可做，只能给人算算命，以养家糊口。很多后天致瞎者，会语言，完全可以生活自理。譬如有的瞎子能够清楚母鸡是否下蛋，下了多少蛋，吃了多少蛋；他们其他感官能力特别强，譬如能摸出钱的面值是多少，算命的瞎子还会经常一起聚聚会，商讨下行情和价格，真是天无绝人之路，上天为他们开启了另一扇窗户。所以别看瞎子，其实心灵着呢！

## 先生不如后养，帮工不如打网。

【解说】

也被称作："先生的不如后养的，扳罾[②]（zeng 1，渔网）的不如打网的。"前半句说的是时间上后来者居上，后半句说的是直接的使用者和直接的劳作者占优势或获得更多分配。类似的句子还有："人家吃肉，我挂约子。"[③]

自谦语，言说自己在能力上、机会占有上或成就上不如别人。

潜地还有句俚语"抓鱼的沾腥，吃鱼的干净"[④]，大体体现着劳动者的艰辛和享受者的轻松。

先来不如后养，身边的不如外来，这种情形的表达有：

先来的不如后到的，家养的不如野操的；

骑马的不如坐轿的，先来不如坐轿的；

---

① 王章豹. 桐城谚语集锦［M］. 合肥工业大学出版社，2015：239.

② 罾，用木棍或竹竿做支架的方形渔网。

③ 胡昆生口述。约子（yao zi 40），就是系肉的竹箬绳。

④ 杨普根，黄德邻，汪传碧，张扬，郑劲松主编. 潜山县民间文学集成. 潜山县文化局编印，1991：21.

先长的眉毛不及后长的胡子。[①]

**一个锅要补，一个要补锅。**

【解说】

旧时有个职业是流动的铁匠，一把风箱，几把大小不一的锤子，一个铁砧，还带些废铁废钢，上门给人补锅或者给锄头加钢。桐城有"要想挣得多，丢下锄头去补锅""冷补锅，热打铁"的说法。[②]

此语言彼此情愿，两厢愿意，彼此需要。多指婚姻感情上两人相互选择，略带贬义。

**一个卖咸的，一个卖淡的。**

【解说】

义同桐城方言："我在前头卖胡椒，你在后头喊不辣——搓反索。"从职业上讲，讲的是旧时乡间流动的小贩，通常在"双抢"之后六七月间跑乡下卖些干虾毛鱼，挣点微利。

搓反索[③]（suo 4），就是对着干，抵消着干。譬如有人借粮，问丈夫借，丈夫说："没问题，我家粮食多的是。"问妻子借，妻子说："哪里有粮食借，自己都是有上顿没下顿的了。"这夫妻二人就是"一个卖咸的，一个卖淡的"。

**楼上干鱼楼下鸡，当初何不学装犁。**

【解说】

这两句话是私塾先生对主东的抱怨。民国以前，国家只设大学，明清叫国子监，再以前叫太学；国家不设中学，这就只能靠私塾教学，私塾是私人办的学校，老师只有一个，学生通常有二三十人。还有一种上门式的私塾先生，由东家提供食宿。

在这两句话背后是这么一个故事：

从前有个私塾先生在楼上给东家孩子教读四书五经，吃中饭了，东家送来干鱼和米饭，其实饭菜也还过得去。正吃着，先生闻到一股鸡汤香味，先生连忙问："孩子，你家今天来了什么客人？"孩子答曰："哦，我家今天来了个木匠，他给我家装犁呢！"先生明白，于是教了两句诗给孩子："楼上干鱼楼下鸡，当先何不学装犁。"

---

① 王章豹.桐城谚语集锦［M］.合肥工业大学出版社，2015：183.
② 王章豹.桐城谚语集锦［M］.合肥工业大学出版社，2015：40，239.
③ 搓反索：搓索本来需要一个方向搓下去，反搓等于将绳子吐开。故引申为对着干。

显然，先生在讽刺东家对自己不待见（有点怠慢），干私塾的不如装犁的。

**火日做屋水日开，天罡回去淳风来。**
**金钗落在酱缸内，两人何须豆麦猜。**

【解说】

这里有个关于堪舆先生的故事：

鬼谷先生擅长掐算，袁天罡和李淳风是其高徒，一日一大家小姐金钗不见，请二人掐数，一曰豆中，一曰麦中，皆未找到。二人遂请师傅，至师傅家附近山冈，见先生家在做屋，天罡一算，今天是火日，先生好糊涂，不想去先生家了，就回去了；淳风想，都快到师傅家了，就还继续去吧，见师傅门口挂有一牌，曰：

火日做屋水日开，天罡回去淳风来。
金钗落在酱缸内，两人何须豆麦猜。

淳风暗自惊叹，师傅好神，连天罡回去我来了，都算出来了；这不说，连我们来这找师傅干吗也知道了；这不，我们要问师傅什么问题，师傅都帮我们掐算好了，原来我和天罡兄弟各自都对，又都只对了一半，师傅妙算更高一筹啊！一切尽在他的妙算之中！

《了凡四训》中也记载了一个善于起数的孔先生，声称自己悟得邵康节的《皇极数》之理，结果算出袁了凡县考童生多少名，府考多少名，提学考多少名，并算得某年得补廪，某年当贡，某年当大尹，多少寿，可谓终身修咎，俱被掐算。不过这一切后来被慈云寺的一个和尚参破，这和尚信奉"命由我作，福自己求"。通过积善，后来了凡先生改变了自己的人生轨迹，得到新的福报。

正所谓：一切总为缘，定在不定中。人生可算亦不可算。

**车水，车水，车到张家嘴；**
**你走你的路，我车我的水；**
**问问大姐你白腿不白腿。**

【解说】

旧时灌溉用水车，水车需人用脚力踩动，方可送水到高处。这一段歌谣显然是车水的农夫对过路的大姐说的俏皮话。句中有一点亵渎，但是农夫的"粗野"、自然、开放让人耳目一新，露出人性的自然。

对比《汉乐府·陌上桑》中的：

行者见罗敷，下担捋髭须。

少年见罗敷，脱帽著帩头。

耕者忘其犁，锄者忘其锄。

来归相怨怒，但坐观罗敷。

它们拥有相通的主题，不过后者显得更加大胆。

**插田割稻工换工，杀猪年酒盅换盅。**

【解说】

旧时农户在农业劳作的过程中互相帮忙，所谓工换工，就是用人情作为交换筹码，替代用现金进行交易。过年的时候家家都杀年猪，邻居或一个组里的人们就互相请吃饭，从东家吃到西家。此语反映出当年邻里亲密的感情、热闹、富有人情味的生活。

朝打铁，暮打铁，打把剪子送姐姐；

姐姐留我歇，我不歇，我要回家发毛铁①。

一怕炉上乌②了火，二怕砧上冷了铁。

上七③打到小年夜，缸里空空腰里瘪。

这号子生活做不得。

张打铁，李打铁，打把剪子送姐姐；

姐姐留我歇，我不歇，我要回家打毛铁。

毛铁打到正月正，我要回家看花灯。

花灯戏到元宵后，我要回家种黄豆。

黄豆开花绿豆芽，爹爹耘④草妹送茶。

【解说】

这两首都是歌曲，第一首比较现实，第二首比较儿歌化，放在一起，是因为都是关于打铁。"上七打到小年夜，缸里空空腰里瘪"，揭示了打铁的在旧时生活非常忙碌而且贫苦，没得歇，是因为还要干农活。

打铁的生活艰辛，亦见桐城话：

---

① 毛铁：土法炼成的土钢，做工具时还需要继续锻造或添加辅助配料。

② 乌：指火熄灭。

③ 上七：正月初七，旧时认为是人的生日。

④ 耘：方言读 huan 3，同样是除草，耘不同于薅，薅是水田里作业，耘是旱地作业。葛便南、葛华根搜集. 潜山县民间文学集成. 潜山县文化局编印，1991：126，121.

前生打老子骂娘，今生让我做铁匠，冷天想不到烤火，暖天想不到乘凉。①

笔者小时候曾经路过铁匠铺子，这个铺子到高中时代就差不多消失了；铺子确实是灰不拉透，火光照红铁匠的脸，颇有后来读到的李白诗的味道：

炉火照天地，红星乱紫烟。赧郎明月夜，歌曲动寒川。（《秋浦歌二》）

要说打铁，旧时尉迟恭（尉迟敬德）就是打铁的，在那个兵荒马乱的岁月，以自己的武功、胆识、果断成就功名。

两首歌中的"姐姐"是男子的相知？还是情人？让人猜测，余味无穷。

**男怕《访友》，女怕《辞店》。**
**来不《访友》，去不《辞店》。**

【解说】

《山伯访友》和《小辞店》是著名的两出黄梅戏。前者，一出戏中要表现出山伯的喜、怒、哀、乐、愁、愤、苦、忧郁，在"楼台会"中山伯一角还要"吐采"（吐血），没有一定功力，是演不好的。而后者，刘凤英唱词特多，光"辞店"一场，就有328句，其中一段唱词多达144句，且要一气唱完，如果没有一定的身体和嗓音基础，这出戏是唱不好的。由于两本戏都是悲剧，所以旧时戏班到一地演出，不会把它们排在首末，怕带来不吉利。

**省着匠人钱，用着讨人嫌。**

【解说】

言匠人及其专业性劳动的重要性。没有匠人的打磨，工具用不上手。

---

① 王章豹. 桐城谚语集锦［M］. 合肥工业大学出版社，2015：239. 但是铁匠在旧时也有一定的优势：铁匠冒冒烟，抵得上木匠干一天；木匠拼死干一冬，不如铁匠一阵风。

# 第八篇　人　伦

　　人是群居动物，单个人没法战胜自然活下去，必须依靠群体的力量才能获得生存。这就涉及人际关系、社会关系、政治经济关系等，述说这些关系的道理既有千年传教下来的伦理纲常，又有个人内在生动的生活体会。在潜山方言中我们发现大量这方面的俚语、韵辞，诸君且看。

**国正天心顺，官清民自安。**
**妻贤夫过少，子孝父心宽。**

【解说】

　　这四句都是来自于《增广贤文》，在潜山县域广为传说。《增广贤文》是中国明代时期无名氏编写的道家儿童启蒙书目，此书集结了从古到今的各种格言、谚语。该集作者一直未见任何书载，只知道清代同治年间儒生周希陶曾重订过，它很可能是民间创作的结晶。由于行文直白，不需要太多解释就能读懂，加上押韵上口，它在旧时乡间颇为流行。

　　这几句话道出在国家与"天道"、政府与民众、妻与夫、子与父这几对关系中，前者必须顺应、服从，而不应扰乱后者。

**老爷衙门八字开，有理无钱莫进来①。**

【解说】

　　言旧的阶级统治社会政府高度腐败。只有通过革命改造和民主改造，政府才能获得真正的民心。

**做官三年不换不清，蛮槌三年不换成精②。**

【解说】

　　言治理吏治腐败，需要加强反腐力度，形成官员"不敢腐、不能腐、不想腐"的局面。

---

① 潜山县民间文学集成．安庆：潜山县文化局编印，1991：1.
② 潜山县民间文学集成．安庆：潜山县文化局编印，1991：1.

**军心不可动，民心不可侮。**①

【解说】

言执政者，对军队要稳定士气和精神，不可朝三暮四；对老百姓，要想人民之所想，急人民之所急，不要低估民心的作用。

**身居帝王边，犹如伴虎眠。**②

【解说】

言旧的帝王常猜忌臣下不忠诚，常肃反。从权力场的角度看，伴君如伴虎，是有道理的。当然前提是看，这个君是什么样的君，如果是软弱之君，他常被手下左右或掣肘，情况就会不同。这句话也特别适合于开国之君或者有称霸雄心之君。

**用人不疑，疑人不用。**③

【解说】

言使用人才时的态度。用人需用信，唯有信赖才能充分激发人才的积极性和主动性。很多开国元首在打江山的过程中都能做到这一点，一手充分网罗人才，一手知人善用，比如刘邦之于韩信、李世民之于尉迟恭。刘邦和项羽之间楚汉相争，之所以出现大逆转，与两位元首用人风格有着密切关系。

这句话的反义词是："多心多疑，多疑多败"。疑心重重，只可能导致人心离散，内部纠葛不断。

**一将无能，累死千军。**④

【解说】

言将领恰当指挥的重要性。

---

① 杨普根，黄德邻，汪传碧，张扬，郑劲松主编．潜山县民间文学集成．潜山县文化局编印，1991：1.
② 杨普根，黄德邻，汪传碧，张扬，郑劲松主编．潜山县民间文学集成．潜山县文化局编印，1991：1.
③ 杨普根，黄德邻，汪传碧，张扬，郑劲松主编．潜山县民间文学集成．潜山县文化局编印，1991：2.
④ 杨普根，黄德邻，汪传碧，张扬，郑劲松主编．潜山县民间文学集成．潜山县文化局编印，1991：2.

**国乱思良将，家贫念贤妻。**①

【解说】

此语出自《增广贤文》，说的是两种思念情形，君与臣、夫与妻最忌怕的是彼此相轻，彼此看不起；而一旦逆境到来，就知道忠臣和贤妻的重要性了。

**家有贤妻，胜过良田千顷。**②

【解说】

强调妻子在家庭中"内贤助"的重要角色。另一种说法是，"家有贤妻，外有好衣"③。有的人有外务（在外有情人），结果离婚，离婚后才知道："新鞋夹脚想旧鞋"。④

**酒肉朋友，柴米夫妻。**⑤

【解说】

朋友是靠吃吃喝喝维持起来的，夫妻是靠共同的生活目标结合在一起的，天天面对的是家庭的生活基础问题。

**人情似纸张张薄，时事如棋局局新。**⑥

【解说】

言人情无常，旧时是礼节社会以及面子社会，没有礼节的维系，人就不理人了。在新社会，任何人、人与单位之间都是利益之间的契约关系，更是不讲人情。如果讲，也是抽象地讲。后半句讲时事变化，正是时事变化促使人情无常，比如人经常调动、人的地位经常升降，从而导致人情冷暖之不同。

---

① 杨普根，黄德邻，汪传碧，张扬，郑劲松主编．潜山县民间文学集成．潜山县文化局编印，1991：2

② 杨普根，黄德邻，汪传碧，张扬，郑劲松主编．潜山县民间文学集成．潜山县文化局编印，1991：7.

③ 杨普根，黄德邻，汪传碧，张扬，郑劲松主编．潜山县民间文学集成．潜山县文化局编印，1991：16.

④ 王章豹．桐城谚语集锦［M］．合肥工业大学出版社，2015：183.

⑤ 杨普根，黄德邻，汪传碧，张扬，郑劲松主编．潜山县民间文学集成．潜山县文化局编印，1991：7.

⑥ 杨普根，黄德邻，汪传碧，张扬，郑劲松主编．潜山县民间文学集成．潜山县文化局编印，1991：7.

**县官不如现管。**①

【解说】

言找人要找关键管事的人。当然找一把手的作用还是很大的，如果这个一把手比较专制的话。

类似的说法还有"远亲不如近邻"（说邻居的重要，"邻舍好，无价宝""行要好伴，住要好邻"②）。

**上梁不正下梁歪，下梁歪了倒下了。**③

【解说】

这是非常有名的一句吏治警语。一般人们只用前面半句，后面半句接不上来。意思是吏治彻底腐败，特别是用人方面的腐败，形成派系，错综复杂。

**打虎全凭亲兄弟，上阵要靠父子兵。**④

【解说】

这是非常有名的一句强调家庭团结的警语。旧时是家族林立的社会，家族的强大是家族中个体生存的重要保障。

**有钱时时节，无钱节节空。**

【解说】

形容社会贫富差距，也可指不同阶层人们生活情况的迥异。无钱节节空，虽然没有"朱门酒肉臭，路有冻死骨"的惨烈，却也经常遇到。现代社会人们对过年过节没有感觉，一个原因也是"有钱时时节"。

也可以指人过日子没有算计，没有长远规划，导致生活质量大起大落。桐城方言："先苦后甜，犹如过年；先甜后苦，犹如割股。"

**自划船来自打鼓**

【解说】

赛龙舟，自划船来自打鼓。比喻自己包办。自嘲语或者批评语。其实一个人

---

① 杨普根，黄德邻，汪传碧，张扬，郑劲松主编．潜山县民间文学集成．潜山县文化局编印，1991：7.

② 杨普根，黄德邻，汪传碧，张扬，郑劲松主编．潜山县民间文学集成．潜山县文化局编印，1991：12.

③ 杨普根，黄德邻，汪传碧，张扬，郑劲松主编．潜山县民间文学集成．潜山县文化局编印，1991：7.

④ 杨普根，黄德邻，汪传碧，张扬，郑劲松主编．潜山县民间文学集成．潜山县文化局编印，1991：16.

的能力是有限的。

### 有的不知无的苦

【解说】

这倒也是一种世态。黄梅戏《五女拜寿》里面开始就是一个拜寿场景：

明代嘉靖年间，户部侍郎杨继康因对严嵩专权不满，欲告老还乡。六十寿诞之期，众女儿女婿奉厚礼（白玉如意、赤金寿星、玲珑珊瑚福临门、翡翠宝瓶）进京拜寿，并争迎两老去欢度晚年。贫寒的三女杨三春偕胸怀大志的三女婿邹应龙前来拜寿，因礼薄（亲手做的寿鞋）受到冷遇。二姐双桃恃宠欺凌，在他们的挑唆之下，杨夫人最后将三春夫妇赶出杨府。

这种因礼薄而受到冷遇的情形就是有的不知无的苦。虽然说"千里送鹅毛，礼轻情意重"，有这种心胸旷达之人，但世间还是多薄情寡义之人，重礼不重人，重衣冠不重品德的小人（这也难怪，旧时礼节的礼中包含着太多的含义）。

这句话在宿松方言里作："富人不知穷人苦，饱汉不知饿汉饥。"（刘果成）。坊间也有这样的说法："马上不知马下苦，饱汉不知饿汉饥。"意思大体相通。

### 拉不倒一趟

【解说】

意思同上。人的身份地位难得一致，所出力量或礼金也难得一致。若一致，则违背按比例的平等。该句原意是众人所领事情不同，难得赶上同一时间出发。

现代化的困境在于追求普遍平等，但又需要保证按比例的平等。前者是同一性原则，后者是差异化原则。若照顾了偏远农村的学生，又怕欺负了城中刻苦攻读的学生，因此所谓"一碗水难端平"。

### 不通鼻子不打嚏

【解说】

比喻对不合理的话进行针锋相对地反驳，或对不合理的事情进行透彻地针砭。

### 远远讲、近近来。

【解说】

对某事的预期。到了八月，过年就是远远讲、近近来的事了。

### 疏识

【解说】

指亲戚关系越来越疏远。俗话说"只有千年的宗家，没有千年的亲家"。一代亲，二代表，三代、四代没有了，说的就是传统亲戚关系的疏远，人情礼节将断掉。也可以指人为地提前断掉礼节往来。

按风俗，在农村地区，往来的礼节钱往上涨，是加敬；维持不变，是不好不坏，维持彼此关系；若是减少，则意味着疏识，不再维持礼节，以至于成为"旁支人"。礼节社会的根本还是"伦理"社会，人与人之间的关系有亲疏、远近、尊卑、上下分别，这和现代社会的"五湖四海"原则是相悖的。

### 寡话

【解说】

指没有道理的话。也可以作为别人的客套的回复。比如某人说了一大堆感谢的话，可以用"寡话"来回复，意思是"不用谢"。

反之讲得非常有道理，逻辑非常严密，就是"话讲得水都泼不进去"或"牵藤子搭架子，风都吹不进去"①。

### 三八讲，二八听。

【解说】

指对别人的话有针对地选取听，或甄别地听，不能全盘听信，以防误信误判。如果人家说啥就以为啥，那就是耳刀根子不够硬。

桐城话"闲人说闲话，萝卜开淡花"。意思是人家的闲谈就别太当真，只当是闲话，莫认真。还有一种情况是，太过认真，太自作多情，叫听评书掉泪，替古人担忧。②

### 听人唆③

【解说】

指对别人的话没有鉴别，任人指使。有"唆孬子吃冰冻""唆孬子爬皂角树"的说法。

---

① 王章豹. 桐城谚语集锦［M］. 合肥工业大学出版社，2015：198.
② 王章豹. 桐城谚语集锦［M］. 合肥工业大学出版社，2015：183.
③ 唆：方言读 shuo 2。唆使。

在小吏港："怂①孬子唆②冰冻""怂驼子躺对臼。"（余熹洋）

在桐城：不怪刁子刁，只怪孬子孬；有儿歌"孬子孬，驮粪筲，捡一脬屎，往嘴巴里一包"；"孬子孬，吃鱼泡，三大碗，堆多高，你问孬子可还吃，孬子口水直么滴；（孬子讲屎胀得这么滴③）""孬子孬，吃鱼腰。吃鱼头，有人求；吃鱼尾，顺风又顺水"。（老汉坐禅）

### 一升米养恩人，一斗稻养仇人。

**【解说】**

《增广贤文》："求人须求大丈夫，济人须济急时无。"此语意思是给予少，对方很感激，给多了，还记仇。基本原因是心理预判，教训是给予时要考虑时机和条件。雪中送炭，人家记一辈子；雪中送宝，人家可能要求更高。背后的故事是：

从前，有两户人家是邻居，平时关系还不错。其中一家人因为能干些，家中要富裕得多。这两家本来没有什么恩怨的，可是，这一年，老天爷发怒，降下了灾祸，田中颗粒无收。这穷的一家没有了收成，只好躺着等死。这个时候，富的一家买到了很多粮食，想着大家是邻居，就给穷的一家送去了一升米，救了急。这穷的一家非常感激富人，认为这真是救命的恩人呀！

熬过最艰苦的时刻，穷人前往感谢富人。说话间，谈起明年的种子还没有着落，富的一家慷慨地说："这样吧，我这里的粮食还有很多，你就再拿去一斗吧。"这穷的千恩万谢地拿着一斗稻谷回家了。回家后，他的兄弟说了："这斗稻谷能做什么？除了吃以外，根本就不够我们明年地里的种子，这个富人太过分了，既然这么有钱，就应该多送我们一些粮食和钱，才给这么一点，真是坏得很。"这话传到了富人耳朵里，他很生气，心想，我白白送你这么多的粮食，你不仅不感谢我，还把我当仇人一样忌恨，真不是人。于是，本来关系不错的两家人，从此就成了仇人，老死不相往来。

### 做多着过

**【解说】**

谴责语，做多了错事或罪过；也指事情做得不合情理或过分。比如，有人欠钱不还，就是做多着过；有人重媳妇不重父母，做多着过；有人"输钱只为赢钱

---

① 怂，义同唆使

② 唆，方言读 shuo 4，不用牙齿咬着吃，只是把它来回放在舌头上让它融化着吃；读 shuo 2 时，才是"唆使"的意思。

③ 王章豹.桐城谚语集锦［M］.合肥工业大学出版社，2015：142，75.

起，哪个赢钱买了柴和米"，做多着过；有人看人递烟，狗眼看人低，做多着过……

### 有死罪没饿罪

【解说】

旧时农村家庭妇女对待畜生有两种态度，一种是对待物的态度，随它饿；另一种是对待生命的态度，即在即将宰杀畜生前，也要搞点东西（甚至好的东西）给它吃吃，这就是有死罪没饿罪，体现的是对生命的关怀。这一点还体现在杀鸡前说"土里出生，土里高升，脱毛衣换布衣"，话中有轮回的思想，也有对生命的尊重。这种尊重在旧时非常朴素，却难能可贵。

### 荞麦算不得粮，养女养不了娘。

【解说】

旧时保守观念认为，女儿是泼出去的水，所以"养不了娘"，所以出现拼命养儿子孬养女的情形。旧时乡村社会是男性中心主义和男权结构的，如女孩不需上祖坟，女性只是社会中的附属品，所以才导致这种观念。

现代社会，人人平等，男女平等，问题算得到了解决。现代甚至出现认为养女优于养儿的观念，因为现代职业划分已经打破了既有的传统男女界限，在很多领域女性甚至优于男性。

### 去时做会，回来无味。

【解说】

去的时候大家都兴冲冲地，可是看完演出或活动结束，人就会有一种"宴席散了"的失落感觉，顿时无味。也作"看戏做会，回来无味。"《菜根谭》中也有一句：

欢乐极兮哀情多，兴味浓后感索然；宾朋云集，剧饮淋漓乐矣，俄而漏尽烛残香销茗冷，不觉反成呕咽，令人索然无味。天下事率类此，奈何不早回头也。

这句话的大意是：高朋满座聚在一起，大家痛饮狂欢，真是畅快之至，然而转眼之间夜静更深，炉中的檀香也已烧完，醇美的香茶也已冰冷，便会觉得方才的狂欢豪饮反而有些让人要吐的感觉，再回想那些美酒佳肴更觉得索然无味。人间的万般事物大多如此，只要太过分就会产生反效果，人们为什么不适可而止呢？

当然《菜根谭》讲的是人生在极乐之后的索然，宾朋云集、剧饮淋漓只是一个例子。此句方言说的是这么一种人生体味：在大的活动结束之后，大家散尽，人顿时感觉空落落的。

**芝麻不开嘴，谁人也莫想倒。**

【解说】

当事人不表态，谁也别想怎么着。决定权在当事人。现在是自由社会，自由的关键就是自主，也叫独立自主，让当事人自己做主，旁人不干涉，在关系切身利益的事情上，当然更是"芝麻不开嘴，谁人也莫想倒"了。

也可指人性格内向，保持缄默。

**不管大人小口，一年三担六斗。**

【解说】

这是农业社会人们对自己口粮的估计，本句意思是一个人一年怎么要吃个三四石粮食，意思是敲打听话人要注意节约和计算。因此，在没有计划生育的情况下，在粮食产量没有明显提升的情况下，多生孩子意味着巨大的生存压力。当然在现代城市化的环境下，人们考虑的不是一个人一年吃多少粮的问题，而是消费问题、生活成本问题，粮食消费只是诸多消费中的一种。

旧时言柴米的珍贵，有"大旱才知柴比桂，荒年始信米如珠"①。

**省柴锅不滚，省米又添人。**

【解说】

还是说粮食珍贵，但这句话的意思是事与愿违，或者缩手缩脚办不了大事。说起柴，得提劈柴，有的柴特别地膔，一斧子下去，卡住了，得先把斧子敲下来，于是有这么一句：不想柴开，只要斧子脱。②

**吃要夫妻二个，做要三十二个。**

【解说】

在农业社会，口粮是重要问题，本句意思是吃起饭来希望人少，"宁添一斗，莫添一口"（《增广贤文》，潜地也称为："宁可锅边添一斗，莫让家中添一口""一子之母余衣，三子之母忍饥"③，过往社会由于避孕措施缺乏，人们还是情愿或不情愿地生了很多孩子），做起事来希望人多。

---

① 王章豹. 桐城谚语集锦［M］. 合肥工业大学出版社，2015：152.
② 王章豹. 桐城谚语集锦［M］. 合肥工业大学出版社，2015：205.
③ 杨普根，黄德邻，汪传碧，张扬，郑劲松主编. 潜山县民间文学集成. 潜山县文化局编印，1991：19.

### 夫妻没有隔夜仇，搔搔脚掌又一头。①

【解说】

讲的是夫妻之间的真情实感，若是有情夫妻，吵架拌嘴，当天晚上就会和好，在一头睡；若是记恨，则夫妻路途走不远。

### 少年夫妻老来伴

【解说】

所谓老伴，就是这个意思；少年夫妻恩爱，老来相伴不寂寥。那种单纯以利益计算聚在一起的夫妻，很难在老来成为相知相爱的伴侣。少年的夫妻，桐城话作"男是菖蒲女是艾，年年端午在一块"。相知相伴，彼此协助，这是夫妻生活的根本。满堂儿女，抵不到半路夫妻。② 后文《十二月寡妇歌》里有"满堂儿女都也有，抵不到丈夫的脚后跟"。

### 财要自挣，儿要自生。

【解说】

钱要自己挣，靠借的话，你还是要还的；靠骗靠抢的话，你是要犯法的；所以想从别人那里巧取豪夺，那是不行的。儿子呢要靠自己生，抱养的儿子往往不孝顺，一旦认了亲生父母，就有可能感情迁移。

关于"儿要自生"，桐城话作："条子要自己纺，儿子要自己养。"③

### 财是死宝，人是活宝。

【解说】

财是死宝，金玉满堂，莫之能守（《老子》，第九章），谁也不能把它守住；"千年田地八百主，哪个钉下万年桩"，也是这个意思。而唯有人是生生不息的，而且人才是真正的宝，也唯有人才能留住宝。这句话有那么一点"以人为本"的意思。西方有个哲人，名叫普罗泰戈拉，他也有这么一句名言："人是万物的尺度。"

话源于这么一个故事：

一个财主和一个穷人对话：

财主："我家有个好方桌，每方都用金子踮脚。"

① 杨普根，黄德邻，汪传碧，张扬，郑劲松主编．潜山县民间文学集成．潜山县文化局编印，1991：18.
② 王章豹．桐城谚语集锦［M］．合肥工业大学出版社，2015：112，113.
③ 王章豹．桐城谚语集锦［M］．合肥工业大学出版社，2015：149.

穷人："我家也有个好桌子，能跑的桌子。"

原来穷人让自己的四个儿子抱着桌子脚移动。

## 吃着碗里，望着锅里。

【解说】

比喻贪得无厌，或曰得寸进尺。

## 端着人家碗，要受人家管。

【解说】

言旧时手工业者卖工过日子，吃人家饭，受人家管，生意也是不好做的。

## 大懒偷小懒，小懒偷羊屁眼。

【解说】

有的说法是："大懒使小懒，小懒使门槛，门槛使锅铲，锅铲没使处，放着就不管……"[1]；有的说法是："大懒差小懒，小懒差门槛"或"大懒使小懒，小懒翻白眼"[2]。意思是偷懒，相互推诿，最后事情没人干。怀宁小吏港有这样的说法："三勤带一懒，纵懒也不懒；三懒带一勤，纵勤也不勤。"这偷懒一来是人心的倾向，二来环境也有作用，周围人一懒，然后大家都懒。

## 穿不穿，看身上；吃不吃，看脸上。

【解说】

《增广贤文》说："入门休问荣枯事，观看容颜便得知。"这句话的意思是从一个人的脸色和穿着判断这个人的生活水平。

对比改革开放前后，从之前的"统一蓝"到"五彩斑斓"，差别特别明显。同样在城市里，正式的市民和外来的农民工在着装上也有明显的差别，后者大多从事着粗重的体力劳动。有人称这种外来农民工为"新工人阶级"。

## 割着头、换着颈。

【解说】

比喻两人关系甚好，形影不离，推心置腹。虽然《增广贤文》说"久住令人贱，频来亲也疏"，有这种老友，各自成家之后依然在对方那里一住就是一两

① 杨清舜. 大懒使小懒［EB/OL］. 都市时报. 2014-4-16. http：//times. clzg. cn/html/2014-04/16/content_ 421103. htm

② 王章豹. 桐城谚语集锦［M］. 合肥工业大学出版社，2015：173.

个星期的。

**积谷防饥，养儿防老①。**

【解说】

或谓"积谷防歉，养儿防老"。养老制度的思想体现，这种制度和意识导致了严重的性别歧视。现代国家养老制度以及房产制度一定程度上遏制了这种歧视；但是财富继承制度还是在一定程度上激发富人养儿子。

**老莫入广，少莫入川②。**

【解说】

这句话体现着一定的保守思想，但也有一定道理：旧时两广地区属于岭南，有瘴热，故老人需回避；川地自古多美女，少年去了容易花心。

**蠢妻傲儿，无法可治。**

【解说】

父子恩，夫妇顺，这是中国古人理解的父子和夫妇关系要点。倘若子负父恩，父亲有什么办法呢？倘若妻子一味跟丈夫对着干甚至想加害丈夫，丈夫有什么办法呢？无法可治，不是说没有法律条例调节这些现象，而是说即使付诸法律，当事人也很无奈。

自古儿傲父、妻管严的案例并不鲜见，所以中国古老的刑法里有一种叫"亲权处分"：就是官员在审判时非常尊重父母的处罚意见，将亲权视为第一等意见，而古代刑法是要将"不孝"视为重罪、加以处罚的。夫对妻，就是一个"休权"。黄梅戏经典《罗帕记》里面讲的就是一个书生因误信管家的话，以为自己妻子与管家偷情而怒将妻子（妻子当时有孕在身）赶出家门，并送休书到妻子娘家的案例。

**弟兄归弟兄，财物要分明。**

【解说】

在小吏港方言中，说法是："亲归亲，财物要分明；亲兄弟，明算账。"这是世俗社会对弟兄之间的经济关系的规定。《增广贤文》："人亲财不亲，财利要

---

① 杨普根，黄德邻，汪传碧，张扬，郑劲松主编．潜山县民间文学集成．潜山县文化局编印，1991：16.

② 杨普根，黄德邻，汪传碧，张扬，郑劲松主编．潜山县民间文学集成．潜山县文化局编印，1991：16.

分清。"桐城方言："至亲归至亲，财物要分清；笑脸兄弟明算账。"①

**分家如拆户，拆户如两家，不如临时家。**

【解说】

这是世俗社会对弟兄之间关系的描述。在多子的家庭，待子年长后需分家，就会分出户头，分出户头之后每户就要单独承担礼节方面的责任，这时由于弟兄之间开始独立核算，两个新家庭可能在公共事务上斤斤计较，生怕吃亏，这种矛盾使得弟兄家"不如临时家"，因为临时家（指非亲非故之邻居）之间没有新旧老账的麻烦。《增广贤文》中"是亲不是亲，非亲却是亲"就是这种"不如临时家"的情况。这些问题在独生子女这一代是不会碰到的，那么在新二胎与他们的哥姐之间将来是否会遇到呢？

关于临时家，其实就是城里这种陌生人关系，是不讲感情的。桐城话讲："各人吃饭各人饱，各人生死各人了"②，说的就是这种各人对各人自己负责、享受的情形。

各人对各人负责，往往又造成对公共利益的漠不关心，"公塘塘漏，公牛牛瘦，公个老娘，一把骨头"或"共屋漏，共牛瘦，公共堂心鸡屎臭"③，是这种情形的生动体现。

**好儿不吃分家饭，好女不穿嫁子衣。**④

【解说】

两句都是指作为儿女的要有求发展的勇气和志气，不能局限于分家时的粮食或者嫁妆财产。"分家三年不见天，忙得裤子大路穿（或手拎袜子沿路穿）"⑤，旧时刚开始分家，对于年轻的小夫妻而言，生活压力是很大的。

**儿女待娘老扁担长，娘老待儿女路般长。**

【解说】

也作："娘疼儿路样长，儿疼娘扁担量"。⑥ 意思大抵是古诗"谁言寸草心，报得三春晖"所表达的，父母对儿女是绝对的，而后者对前者是相对的。

---

① 王章豹. 桐城谚语集锦 [M]. 合肥工业大学出版社，2015：250.
② 王章豹. 桐城谚语集锦 [M]. 合肥工业大学出版社，2015：144.
③ 王章豹. 桐城谚语集锦 [M]. 合肥工业大学出版社，2015：174，58.
④ 杨普根，黄德邻，汪传碧，张扬，郑劲松主编. 潜山县民间文学集成. 潜山县文化局编印，1991：9.
⑤ 王章豹. 桐城谚语集锦 [M]. 合肥工业大学出版社，2015：215.
⑥ 王章豹. 桐城谚语集锦 [M]. 合肥工业大学出版社，2015：122.

　　就拿现代社会来说吧，父母老人退休后还必须担负起替儿女带孩子的重任，这就是所谓的"路样长"，没有尽头，没有止境。而到了父母需要儿女照料的时候，儿女又要上班维持家庭，又要照顾自己的儿女，这时老人能够得到多少尽心的照顾，自然是相对的了。

　　至于没有儿女的孤老，得不到儿女的关爱，桐城话："只有树上挂死猫，没有树上挂孤老。"① 说的是，孤老在旧社会中被族人或同生产组的人安葬。这是人道。

### 搞着一罢着（搞着罢了）

【解说】

形容不通道理，胡闹搅局。多为大人对小孩的责骂。

### 一人难敌十人智②

【解说】

指人多出的主意多，如果能凝聚起来，就能办大事。相反的情形是，人多离心力就越大，谓为"一人心里没有计，三人肚里唱台戏"③，人多，意见就多，就容易发生分歧，就像戏曲中角色矛盾一样。

### 人是英雄财是胆④

【解说】

财大气粗。有钱人才敢下赌注。有钱的人比没钱的人更加冒险。

### 软的怕硬的，硬的怕不要命的。⑤

【解说】

比喻遇上亡命之徒，谁都有点胆怯。也有的在这句话中间加上"硬的怕横的，横的怕不要命的"。

---

① 王章豹. 桐城谚语集锦［M］. 合肥工业大学出版社，2015：125.

② 杨普根，黄德邻，汪传碧，张扬，郑劲松主编. 潜山县民间文学集成. 潜山县文化局编印，1991：10.

③ 杨普根，黄德邻，汪传碧，张扬，郑劲松主编. 潜山县民间文学集成. 潜山县文化局编印，1991：12.

④ 杨普根，黄德邻，汪传碧，张扬，郑劲松主编. 潜山县民间文学集成. 潜山县文化局编印，1991：10.

⑤ 杨普根，黄德邻，汪传碧，张扬，郑劲松主编. 潜山县民间文学集成. 潜山县文化局编印，1991：10.

**不到黄河心不死，不见棺材不掉泪。**[①]

【解说】

比喻死心塌地地在错误道路上越走越远，该语是贬义，是批评人的。

**人在世上练，刀在石上磨。**

【解说】

比喻人生要敢于、勇于、勤于在世上磨炼自己的入世能力和经验，要勇于闯荡。多为鼓励语。这种对生活和生命的坦然，还见于"宁在世上挨，不在土里埋"[②]，都是对生命过程的怡然享受的心态，这种心态可谓至福。

**该应**

【解说】

独立使用的评论语，"理该如此""值此报应"的意思。某人横行乡下，被抓入牢中，乡人评论道："该应的。"

**稻怕秋后虫，人怕老来穷。**

【解说】

奉劝人要防老，为老来留条路。现在有了养老保障，不再主要依靠亲子养老；过去人们按照养子防老的秩序来安排，年轻的时候尽力帮孩子，指望老来孩子尽力赡养自己。这条秩序在市场经济条件下并不可靠，因为孩子有孩子的压力和事情，指望他们防老实在只有名分，所以可靠办法还是建立起完善、公平、合理的养老保障制度。

**情愿作人家蹲缸板，**
**不作人家的前后晚。**[③]

【解说】

对女子的奉劝，奉劝莫嫁作人家的后妻，这里面可能涉及丈夫与前妻所生子、前妻所生子与自己所生子之间复杂的情感和财产关系，所以不建议。现代社会财产分割法律清晰，这种忌讳可能有所降低，现实中这种新人做第二任妻子的情况还是比较多见的。这句话也反映出旧时女性的不自由。

---

① 杨普根，黄德邻，汪传碧，张扬，郑劲松主编．潜山县民间文学集成．潜山县文化局编印，1991：10.

② 王章豹．桐城谚语集锦［M］．合肥工业大学出版社，2015：146.

③ 前后晚：前后，偏义，取"后"；晚，继母，后娘。

**十件褂子抵不到一件袄子，**
**十个爷爷抵不到一个老子。**

【解说】

亲情厚薄，隔代差远。此句指父母对儿女的养育深情是无法替代的。类似的说法是"十层纱抵不到一层花"。桐城话里有个类似的说法"再好的篱笆不如墙，再好的婆婆不如娘。"① 还有句式上类似的说法"三斤仔姜抵不上一斤老姜"，说的是"姜是老的辣"，还比如"干柴不如湿竹，干爷不如亲叔"②。

**天上星多月不明，地上人多啃草根，**
**塘里鱼多搞浑着水，家中人多搞昏着经。**③

【解说】

描述的是旧时大家族的状况。这种状况我们在古典小说《金瓶梅》和《红楼梦》中也能读出。各种关系，钩心斗角，可谓步步惊心、环环相扣。

**等我家还年，又没有着月亮。**

【解说】

自我嘲弄语。言自己已经丧失了机遇。关于还年，它是皖南地区的一种过年习俗，当地人制作一些传统的菜肴用来祭祀，以此来感谢上天及神灵的保佑并祈祷来年风调雨顺。

**腊月做不富，正月戏不穷。**

【解说】

自我安慰语。旧时农民劳作一年，决定把寒冷的腊月和正月作为自己休息的时段，只干些小事情，不做大的安排和工程。这是一种休养生息的观念。另外这个时候，从农时上讲也确实没有什么大事可干。

**抬头求人，不如低头求土。**

【解说】

桐城话作："笑脸求人不如黑脸求土。"④ 意思还是，求天不如求人，求人不

---

① 王章豹. 桐城谚语集锦［M］. 合肥工业大学出版社，2015：224.
② 王章豹. 桐城谚语集锦［M］. 合肥工业大学出版社，2015：219，47.
③ 昏着经：头脑发昏，手慌脚乱，无法指挥。
④ 王章豹. 桐城谚语集锦［M］. 合肥工业大学出版社，2015：149.

如求己，不能坐、等、靠。这句话反映旧时民间劳动人民的自立观和志气。

此语的反面是，"在人屋檐下，不得不低头"①，意思是在人家的屋檐下（在人家权力范围内求事情干），不得不低头。

### 野花进房，家败人亡。

【解说】

民间禁忌。认为外来夫妇不准在家同房，包括女儿女婿在内，如果同房可能导致主人家家运破败。其依据何在，尚不得而知。

这句话似乎也可以理解为家里男人在家里与别的女人发生婚外情，致使家败人亡，这可能就是桐城话"野鸡上床，家破人亡"② 所指的。

### 河里无鱼虾子贵③

【解说】

义同"山中无老虎，猴子当霸王"。最强的竞争对手倒下了，次强的选手就上去了。

### 大鱼吃小鱼，小鱼吃鳑鲏。④

【解说】

比喻社会中优胜劣汰、以强凌弱的情况。

### 鱼帮水，水帮鱼⑤。

【解说】

比喻社会中相互协作的情况。比如大石头还要小石头衬，或大石头还要小石头假脚。⑥

---

① 杨普根，黄德邻，汪传碧，张扬，郑劲松主编．潜山县民间文学集成．潜山县文化局编印，1991：12.

② 王章豹．桐城谚语集锦［M］．合肥工业大学出版社，2015：136.

③ 杨普根，黄德邻，汪传碧，张扬，郑劲松主编．潜山县民间文学集成．潜山县文化局编印，1991：7.

④ 鳑鲏，又称四方皮、镜鱼、彩圆儿，为小型淡水鱼；在方言中此处应该指比"小鱼"还小的河湖浮游生物。

⑤ 杨普根，黄德邻，汪传碧，张扬，郑劲松主编．潜山县民间文学集成．潜山县文化局编印，1991：7.

⑥ 衬，帮衬，托着；假脚，刨土围垄掩盖或在根的周围加厚土层，使根不暴露出来。这里用小石头假着大石头，使大石头不塌下来。

讲①着好听，听着好过。

【解说】

讽刺语。最深的承诺是用最少的言语做出的（乔治·查普曼，英国16—17世纪诗人和剧作家），此语讽刺某人只说不做，喜标榜。义基本同："吃灯草灰，放轻巧屁。"

另一种情形是，人出于自尊和虚荣，喜欢听好话，听到好话就兴奋，就下意识地打开心扉准备接纳别人的意见，这就是人们乐于听马屁的原因，所谓：

"千臭万臭，马屁不臭；千错万错，马屁不错。"

还有一种情形是互相捧场和关照："世上人情说不尽，花花轿子人抬人。"②

豆腐多了尽是水，空话多了无人听③。

【解说】

讽刺语。讽刺空谈、空话。相反的情形，话虽然不多，却暖人心：

"雨不大，湿衣裳；话不多，暖心肠。"④

坛口扎得住，人口扎不住。⑤

【解说】

义同"纸包不住火"。劝人要注意话语传播，防人泄露机密。《千字文》："易輶攸畏，属耳垣墙。"说话要谨慎小心，要防止隔壁有耳。在熟人社会里，好事不出门，坏事传千里；在今天信息社会，话语传播更是一日千里，所谓："话不长脚，千里有闻。"⑥

石磙压不死人，舌头（底下）压死人。

【解说】

劝诫语。叫人担心舆论对人的贬低作用。在过去那种紧密型社会共同体中，如果一个人不被承认，那么他或她就可能走投无路，俗语说"抬不起头"，或者"走投无路，磕头念咒"。黄梅戏电影《小辞店》里面也有这么一句话："露水的

---

① 讲：方言读 gang 3。

② 王章豹. 桐城谚语集锦［M］. 合肥工业大学出版社，2015：187，63，44.

③ 杨普根，黄德邻，汪传碧，张扬，郑劲松主编. 潜山县民间文学集成. 潜山县文化局编印，1991：2.

④ 王章豹. 桐城谚语集锦［M］. 合肥工业大学出版社，2015：46.

⑤ 杨普根，黄德邻，汪传碧，张扬，郑劲松主编. 潜山县民间文学集成. 潜山县文化局编印，1991：7.

⑥ 王章豹. 桐城谚语集锦［M］. 合肥工业大学出版社，2015：226.

夫妻做不久，舌头底下压死人。"

关于石磙，桐城话还有：

石磙撑门撑不住，筷子撑门撑得稳（意思是事物要用得恰到好处）；

泥巴塘里压石磙，越压越深。

石磙也有发热的时候（石板也有翻身日、牛屎都有发泡的时候、瓦片也有翻身日，乌龟也有出头时）。

石磙漂起来，冬瓜沉下去（比喻有人暴发起来，而自身衰落；妒忌或瞧不起别人暴发或走时、走狗屎运，可以说"想吃屎，就有狗衔到踏板上来"①）。

## 一白遮三丑②

【解说】

世间对女色的评价如此，若生得白，则增色十分。

## 人靠衣装，佛靠金装③。

【解说】

强调社会化过程中衣装的服饰意义。想一想，菩萨不是泥塑就是木雕，若无金装，还是菩萨吗？人也一样，在扮演一定社会角色的过程中需要服饰的遮掩；试看那些贪官一旦被调查处理审判，就露出原形，丑陋不堪。

## 山上有直树，世上无直人。

【解说】

感叹语。世上人都是"逢人只说三分话，不可全抛一片心"（《增广贤文》），或是做事表面光明正大，其实暗自为自己打算盘。

## 宁死做官的老子，莫死叫花的娘。

【解说】

这句话说的是在子女成长过程中，母亲对于儿女的作用要甚于父亲。

在世俗社会中，倘若母亲先逝去，父亲再娶，父亲的疏忽和后母的偏心会让当事小孩不幸。当然先死老子后死娘，娘如果再婚，在新家庭中未必取得地位，一旦

---

① 王章豹. 桐城谚语集锦［M］. 合肥工业大学出版社，2015：186，149，231，147，211，181，183.

② 杨普根，黄德邻，汪传碧，张扬，郑劲松主编. 潜山县民间文学集成. 潜山县文化局编印，1991：7.

③ 杨普根，黄德邻，汪传碧，张扬，郑劲松主编. 潜山县民间文学集成. 潜山县文化局编印，1991：16.

取得地位，她可能会偏袒自己的过去的子女；如果不能取得地位，自己过去的子女也一样会受到继父的歧视，甚至被逼送走或卖掉为奴。所谓"亲娘亲老子，晚娘晚大大"①，亲的和晚的还是区别着（方言讲"e 2 着"，不可同日而语）。

**笑脏不笑补，笑贫不笑娼。**

【解说】

前半句，衣服可以是破的，但要洗得干干净净的，不让人觉得邋遢，不让人觉得家里水也没有，桐城话作"笑破不笑补"②。

同样，嘲笑一个人，你可以说她穷，这是大众普遍的生活状态，没有什么道德上的瑕疵；但如果一个人，入了青楼，千万别去嘲笑她，因为这个道德上的瑕疵其实她自己也是知道的，再嘲笑就会进一步伤害她的自尊，挫败她的人格。小说《张玉良传》和黄梅戏《风尘女画家》中讲述了潘张玉良因为曾经卖身青楼而遭到世人嘲笑，未能在国内获得承认，而只能漂泊海外，这个故事大抵诠释了这句俚语。

**小伢跟小伢好，贼跟扒手好。**

【解说】

物以类聚，人以群分。桐城话"小伢讲口，屁事没有"，小伢发生口角但不会记仇；牙齿跟舌头好，"三么两还要打打搞"（牙齿跟舌头也有打架的时候）③，双方关系再好，也会发生一点小矛盾和摩擦。

**念书的望着先生死，看牛的望着牛发瘟。**

【解说】

谓当事人因为厌烦和受压抑，而希望对象早点终结的心态。

**贼人胆下虚④**

【解说】

做贼心虚。有的贼正因为如此，怕人识破，会丧心病狂，一下沦为抢劫或故意伤害或杀人。

---

① 王章豹. 桐城谚语集锦［M］. 合肥工业大学出版社，2015：122.
② 王章豹. 桐城谚语集锦［M］. 合肥工业大学出版社，2015：141，311.
③ 王章豹. 桐城谚语集锦［M］. 合肥工业大学出版社，2015：222. 小伢，方言一般读作 nga qing ga 220。
④ 杨普根，黄德邻，汪传碧，张扬，郑劲松主编. 潜山县民间文学集成. 潜山县文化局编印，1991：7.

说起盗贼，据山东《鱼台县志》记载，有这么一个故事：

当地在清朝乾隆年间有一位仁义乡绅，名叫贾琚，他乐善好施，每逢年关，偷窃就时有发生。他每逢这个时候，就叮嘱家人要早早睡觉，若听到响声，不要点灯大呼小叫；某晚，他借着月光看到有人翻墙入室，偷了粮食，背着粮食想逾墙而走，但是由于身体负重，想翻又翻不过去，正进退两难。贾琚看着不忍，走到墙下，托着那人一只脚，用力一送。然后，听到墙外边那人伏地磕了三个响头，泣声道别。①

当然今天的职业惯盗与往日家贫揭不开锅的盗贼是两种情况。

## 远贼必有近脚②

【解说】

远方的来贼必有内探。桐城话："狗叫不会白，不是鬼来就是贼。"③

## 知羞不知足，知足不知羞

【解说】

桐城话作"人知羞不知足，畜生知足不知羞"④，其实人类早期，也没有产生性别羞耻和禁忌。《圣经》上说，耶和华创造了亚当和夏娃之后，"人要离开父母，与妻子连合，二人成为一体。当时夫妻二人赤身裸体并不羞耻"⑤；但是这个时候人们生产简单，还没有多少剩余产品，所以过着平均的生活，也就容易知足。而进入文明状态，人类有了性别羞耻和禁忌，但是随着剩余产品的增多和阶级的出现，人们开始觊觎权力和奢侈的生活，而不知足。

这种对比关系今天看来还是很有意思的，人类为什么不能同时做到知羞和知足呢？

## 天上无雷不下雨，地上无媒不成婚。

【解说】

主要说媒人的重要性，现今自由恋爱时代，介绍人已经不再如前重要。

当然若从婚姻说出去，人际相互介绍、以取得信任依然在办事方面发挥很重

---

① 刘东华. 仁义乡绅［N］. 新周报，2016，15（17）.

② 杨普根，黄德邻，汪传碧，张扬，郑劲松主编. 潜山县民间文学集成. 潜山县文化局编印，1991：7.

③ 王章豹. 桐城谚语集锦［M］. 合肥工业大学出版社，2015：153.

④ 王章豹. 桐城谚语集锦［M］. 合肥工业大学出版社，2015：140.

⑤ 圣经［M］. 中国基督教三自爱国会和中国基督教协会出版发行.

要的作用。

**新娘进了房，媒人撂一旁。**

【解说】

旧时婚姻必是经过"媒妁之言"的，此语说结婚后新人慢慢对媒妁的轻视。这也很自然。此语一般由媒人嘴里说出，以表达不满。

**新亲亲滴滴，老亲丢上壁。**

【解说】

此语与"疏识"同。说的是亲戚关系的新陈代谢。新亲当然要重视，老亲随着老人的去世，就慢慢丢掉了，正所谓："一代亲，二代疏，三代丢。"

**新做瓦屋三年响，新接媳妇三年讲。**

【解说】

旧时新媳妇进门，婆婆满心欢喜，因为孩子娶了亲，终身大事终于成功；但是日子久了，生活有摩擦了，矛盾便来了；婆婆禁不住，就开始在公共聊天中评论起媳妇来，当然媳妇们也一样，家庭内部矛盾逐渐成为回避不了的、公开的聊天话题。

**杨配杨，柳配柳，**
**破粪箕，配笆斗①，**
**旧条把，配扫帚。**
**扁锅遇到扁锅盖，**
**弯刀就用瓢切菜②。**

【解说】

物以类聚，人以群分。夫妻配偶，也一样，说要互补，也要"沆瀣一气"，也有点"志同道合"的氛围。若能如歌中相配，天下无怨妇，天下无独男。

相配的俚语还有：

金花配银花，葫芦配冬瓜。

俊配俊，丑配丑，簸箕配扫帚。

---

① 笆斗：柳条、竹篾等编成的一种容器，底为半球形，形状像斗。潜地俗称船笋或挽笋。
② 末句意思是如果刀口是弯的，就用瓢做砧板，照样可以切菜。

旧时也有女人难嫁出去的情况：雪天易晴，老女难嫁。①

**不怕不识货，就怕货比货②。**

【解说】

这个是购物经验，也可以比喻人事，言人与人干活的差异，行事风格的差异。在教授和演艺的行当，好戏能把人唱醉，孬戏能把人唱睡。③

**一门不到一门黑④**

【解说】

宁漏千户，不冇一家。⑤ 一门不到，就歧视了哪家。所谓"黑"，就是歧视了。在一个礼节社会中，人情差事，必须面面俱到，你来我往，不能断头。这可以给人自由，也可能给人束缚。在松散型的共同体中，礼节往来可能就比较随意了，但是这种共同体不牢固。

桐城话作："一样不制一样缺，一门不到一门黑。"⑥ 王章豹认为这是"不干一行，不知道其中的奥秘"的意思，也有道理。

**近水识鱼性，近山知鸟音。**

【解说】

干一行，吃一行的饭，多多少少知道这个行里的东西，规范、规矩或者门道。此语出自《增广贤文》。

**穷生冤仇，闲招是非⑦。**

【解说】

一个人穷了，如果道德把持不住，为了糊口或者出人头地，就可能会走上邪路，偷拿抢要，甚至走向黑社会。另外，穷了，为了争夺资源，也容易疏于礼节，生出怨隙。

---

① 王章豹. 桐城谚语集锦［M］. 合肥工业大学出版社，2015：227，112，212.

② 杨普根，黄德邻，汪传碧，张扬，郑劲松主编. 潜山县民间文学集成. 潜山县文化局编印，1991：5.

③ 王章豹. 桐城谚语集锦［M］. 合肥工业大学出版社，2015：197.

④ 杨普根，黄德邻，汪传碧，张扬，郑劲松主编. 潜山县民间文学集成. 潜山县文化局编印，1991：5.

⑤ 王章豹. 桐城谚语集锦［M］. 合肥工业大学出版社，2015：42.

⑥ 王章豹. 桐城谚语集锦［M］. 合肥工业大学出版社，2015：42，212.

⑦ 杨普根，黄德邻，汪传碧，张扬，郑劲松主编. 潜山县民间文学集成. 潜山县文化局编印，1991：6.

一个人如果有了大量剩余时间，又有钱，而又没有什么兴趣爱好，又精力剩余，就容易拉帮结伙，成为街头混混，吃喝嫖赌抽，五毒俱全。

类似的还有一种说法是，"心闲思淫欲，饥饿起歹心""吃了野果花了心，喝了水酒淡了情"[①]。

## 无风不起浪，无钉不挂网。[②]

【解说】

指事出有因。这种因果关系的表述，还如："河长滩多，路长弯多""（日长事多）夜长梦多，舌长事多。"[③]

## 人不死，债不烂。[④]

【解说】

债随人转，只要不死，债都存在。

## 家不和，外人欺[⑤]。

【解说】

强调家庭和睦的重要性。尤其是旧时家族社会中，若是家庭内部成员不统一，四分五裂，势必导致外族欺侮，而不能克服。

## 头顶锅儿卖，人情大似债。[⑥]

【解说】

在农业社会中，人情是最大的政治。不通人情，寸步难行。这句话的意思是，顶锅过日子，必须先把人情顶起来，没有人际交往，将无法立足于社会。

---

① 杨普根，黄德邻，汪传碧，张扬，郑劲松主编．潜山县民间文学集成．潜山县文化局编印，1991：11.

② 杨普根，黄德邻，汪传碧，张扬，郑劲松主编．潜山县民间文学集成．潜山县文化局编印，1991：5.

③ 王章豹．桐城谚语集锦［M］．合肥工业大学出版社，2015：207，153.

④ 杨普根，黄德邻，汪传碧，张扬，郑劲松主编．潜山县民间文学集成．潜山县文化局编印，1991：7.

⑤ 杨普根，黄德邻，汪传碧，张扬，郑劲松主编．潜山县民间文学集成．潜山县文化局编印，1991：10.

⑥ 杨普根，黄德邻，汪传碧，张扬，郑劲松主编．潜山县民间文学集成．潜山县文化局编印，1991：13.

**人争一口气，佛争一炷香。**[1]

【解说】

指人的自尊性。正常情况下，每个人都有自己的自尊，尤其不能在言语和礼节上进行交往上的伤害。有时因为一句话或某种行为可能同时伤害多人：一竹篙子揽着一船人，触犯众怒；一根荷叶，扯得满塘转，拔出萝卜带着泥，牵扯到诸多利益。也有相反的情形，一人的力量根本无法撼动或改变整个局面，即一只鸭子搅不浑一塘水，摛石头砸不破天。[2]

**千斤不为多，四两不为少。**

【解说】

论多少，关键看用心和行动。

传说潜地有个姓林的小伙，家中老母病重，不闻不问，却去给菩萨烧香，当地有威望的长老直言指出，孝敬土菩萨不如孝敬家中的活菩萨。醍醐灌顶，小伙从此收敛用心，更加上心地对待家中老母。

还有一个传说是：

两个人去给菩萨上香，一个是财主，雇人挑了一担香油（菜籽油），一个是穷人，只用手拎着点香油；当家师论心不论迹，同时笑纳。为何？千斤不为多，四两不为少。

---

① 杨普根，黄德邻，汪传碧，张扬，郑劲松主编．潜山县民间文学集成．潜山县文化局编印，1991：15.

② 王章豹．桐城谚语集锦［M］．合肥工业大学出版社，2015：150，184，223，227.

# 第九篇　养　教

抚养和教育子女自古是人类的一项重要活动，这方面的俚语包含三个方面的内容：一是对小孩成长规律的总结；二是对教育小孩规律的总结；三是要对小孩树立和教导的道德和规矩（社会性规范）的总结。古皖大地至今流传的大量这方面的俚语为我们参悟古皖人民的生活教育状态提供了参考：在生活中教育，在教育中生活，生活和教育没有分离，高度融合，是旧时乡民生活教育的本质特征。

## 没讲

【解说】

大人对小孩或者对他人无奈时使用的语气词。意思是怎么讲都无用，无药可治或者无法可教。亦可指"很棒"，如夸奖某人"算没讲"，尽心尽力。

## 雷打头

【解说】

大人对小孩的告诫语，要敬畏。譬如小孩吃饭将米粒到处乱撒，家长可以告诫他："这是雷打头的事情。"天柱山上有个雷打石（图9-1）。

《增广贤文》中"人间私语，天闻若雷；暗室亏心，神目如电""万事劝人休瞒昧，举头三尺有神明"都是说人上面有个神管着、看着。现代人强调自律。

## 生成了相，浣成了酱。[①]

【解说】

桐城语"呕成的酱，生成的相"[②]，指小孩的品相和酱一样，一旦晒成就难以改变，十条牛都拉不回。多为对小孩生长发育情况的不满而又

图9-1　天柱山雷打石

---

① 浣：方言读 wo 4，本意水婉曲貌或泥着物，此处的意思是使熟豆密闭不透风发酵成酱。

② 王章豹. 桐城谚语集锦［M］. 合肥：合肥工业大学出版社，2015：148.

无奈。

类似的句子有"屎巴只有狗吃，羊吃鲢胡子""是猫就贪腥""江山易改，本性难移"，这都是先天之性。

所以幼儿早教一个原则就是，顺其自然，顺从孩子的天性，耐心等待孩子的自我发育，不能死管、死逼、死打击。所谓"要成龙，自成龙，管成龙，一滴脓"；"好，一条龙，不好，一撮脓"；"一捧三刁，一逼三孬"；"小伢靠哄，大佬人靠捧"；"泥鳅兴捧，小伢兴哄"①。

**子孙啼，子板**

【解说】

指小孩娇滴滴的，弄不好就啼哭、好生气。子板，也指小孩身体柔弱，容易生病。子，或子孙，这里指嫩生。义同"娇姑"。

**出门一把锁，进门一盏灯；**
**灯一看着我，我一看②着灯。**

【解说】

这是对单身汉孤零零的生活的描述。奉劝人要结婚生子，"年轻的时候床上无尿骚，老来无后梢""早养儿子早得福"。桐城话，老婆是个宝，驮债都要找③。这些奉劝在今天晚婚时代依然有些道理，因为生育太晚或不生育，对于人口生产和代际传递都是不利的。

此语亦存于宿松民歌《单身歌》（之一），如图9-2所示④。

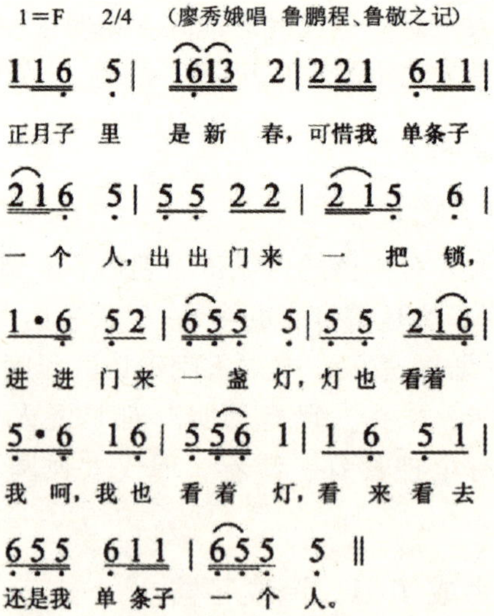

此语亦见于山歌《养女跟着读书郎》，其中表达养女（童养媳）对外出读书的男人的思念。原文如下：

图9-2 望江民歌《单身歌》（之一）

① 王章豹. 桐城谚语集锦［M］. 合肥工业大学出版社，2015：220，23，197.
② 看：方言读ci1，或另有字，"眦"与之音近，然而"眦"的意思是扬眉而望，睁大眼睛看。
③ 王章豹. 桐城谚语集锦［M］. 合肥工业大学出版社，2015：112.
④ 王秋贵. 黄梅戏与安庆民歌［J］. 黄梅戏艺术，2009（02）.

养女跟着读书郎，
日日夜夜守空房。
出门一把锁，进门一盏灯，
灯一看着我，我一看着灯。
养女跟着庄稼郎，洗手洗脚同上床。①

末句的意思是，养女抱怨自己找个读书郎还不如找个庄稼汉一起过日子，免得这相思之苦。

### 歪歪的窑出好货

【解说】

有的人家，父亲是个忠厚之人，母亲是个勤劳之人，偏偏这种没有特权或特殊优势的人家，养出的孩子聪敏伶俐、自立自理，动手动脑都麻利。这就印证着窑匠师傅的一句话，"歪歪的窑出好货"，其实这窑歪得好。诸位且看，每年优秀学子中都有贫寒子弟，就是明证。潜地也有这样的俚语："好窑出好货，巧女要好娘。"② 可以这样说，窑不管歪不歪，但一定要好。

### 同年工

【解说】

出生在同一年的小孩或大人。同年不同运，扮演着不同社会角色，家境或教育环境的不同、品性的不同导致命运的差异。

### 蚕要剔，伢要洗。③

【解说】

蚕每天要从桑叶中挑出来，换上新桑叶；小孩每天要擦洗屁股。

### 周岁伢，奶算茶。

【解说】

周岁内的婴儿每天要喝大量的奶。这种按照小伢的岁数来表述其发育的节奏的句子还有：

---

① 林斗山搜集．杨普根，黄德邻，汪传碧，张扬，郑劲松主编．潜山县民间文学集成．潜山县文化局编印，1991：89.

② 杨普根，黄德邻，汪传碧，张扬，郑劲松主编．潜山县民间文学集成．潜山县文化局编印，1991：19.

③ 剔：方言读 ti 3，把好的从坏的当中挑选出来，或者将某物从另物中拎取出来。

七坐八爬，九月出或发牙；

小伢岁半，摸坛摸罐；

三翻六坐九爬爬，过了十月喊大大。

三岁四岁模糊记事，五岁六岁学着做事。①

## 无病就是福

【解说】

健康是福，这一点常被健康的人忽视；健康的人常常追求这幸福、那幸福，一旦健康没了，才发现健康才是最好的幸福。

## 多衣多寒，无衣保平安。

【解说】

讲穿衣与养生。衣服不是穿得越多越好，关键要得体得宜，透气爽汗。除了秋冻春捂的道理，即使在三九严寒，穿适量的衣服，保持多活动，也足以保证不感冒。穿多了，行动不便，行动少又引发身体更加寒冷，寒冷又要求添加更多衣服，这就形成一个恶性循环。另外捂热，一脱衣容易惊风，闲（方言读 han 3，闭）着汗。

旧社会人们穿衣普遍不多，在潜山，三九上身一般穿夹袄，下身只穿两条单裤，脚上还穿着草鞋，袜子还是露大洞的或是带补丁的，今天人们想都不敢想。这是由于旧时人们活动多，走路干活身体发热；若是歇下来，人们可以烤火或烘火，维持身体不受寒袭。

关于烘火，有一句："脱衣烘火（或作六月天烘火），饶人不过。"比喻多此一举，义同"打伞戴斗笠"。②

## 病从口中入，寒从脚下生。③

【解说】

养生语，提醒注意卫生，后半句提醒不要冻脚。类似的句子还有"水从源生，病从口入""凉头暖脚，不用吃药"。

---

① 王章豹．桐城谚语集锦［M］．合肥工业大学出版社，2015：122，123，124.
② 王章豹．桐城谚语集锦［M］．合肥工业大学出版社，2015：183，315.
③ 杨普根，黄德邻，汪传碧，张扬，郑劲松主编．潜山县民间文学集成．潜山县文化局编印，1991：19.

**饭后一杯茶，郎中饿着爬。**[①]

【解说】

讲饭后饮茶，促进消化。

**有钱吃药，无钱泡脚。**

【解说】

奉劝语。也被称作："富人吃补药，穷人泡泡脚""睡前洗个脚，胜似催眠药。"其实泡脚不拘何人，如乾隆皇帝在位 60 年，活了 89 岁，归功于他的养生。他的养生之道归结为两句话："晨起三百步，晚间一盆汤。"这个"汤"就是热水，就是泡脚。

秋冬春季泡脚，是一种很好的养生方式，用适当温度的水泡脚，既可以促进血液循环，还可以解乏去困。有人认为：

春天洗脚，升阳固脱；夏季洗脚，暑湿可除；

秋天洗脚，肺润肠濡；冬天洗脚，丹田温灼。[②]

**跑出一身汗，小病不用看。**

【解说】

快走、小跑、跑步都是很好的健身方式，出出汗，刺激、调节身体功能，对于身体有好处。

**男不可百日无姜，女不可百日无艾。**

【解说】

多吃生姜对男人有好处；多用艾灸对女人有好处。还有一个说法是："冬吃萝卜夏吃姜，不用医生开处方。"[③]

**萝卜菜上着街，皮皮个郎中站过开。**[④]

【解说】

言萝卜菜是一味健身的好菜。

---

① 杨普根，黄德邻，汪传碧，张扬，郑劲松主编．潜山县民间文学集成．潜山县文化局编印，1991：19.

② 浔蜜．乾隆帝酷爱"晚间一盆汤"［N］．新周报，2014，37（12）．

③ 杨普根，黄德邻，汪传碧，张扬，郑劲松主编．潜山县民间文学集成．潜山县文化局编印，1991：20.

④ 杨普根，黄德邻，汪传碧，张扬，郑劲松主编．潜山县民间文学集成．潜山县文化局编印，1991：20.

**斤鸡马蹄鳖，养神又补血①。**

【解说】

斤把重的鸡、马蹄大的鳖，是营养最佳时期，吃了能养神。

**晃晃、打摇晃②**

【解说】

父母于两端分别抱住小孩的手脚，摇晃。一种小孩喜欢的亲子游戏，这种游戏有一定危险：如果大人用力过松，极易导致小孩坠落摔伤。

**吃来吃去大米饭，穿来穿去老布衣。**

【解说】

奉劝语，奉劝大家穿粗布、饮淡食。现代生活也从反面证明了粗布老衣、粗茶淡饭对养生的好处，为什么呢？粗布老衣，使人行动方便，透气通汗；粗茶淡饭，中低营养，有利于消化，不利于形成现代所谓的"富贵病"——高血糖、高血脂、高血压。

**酒盅虽小淹死人**

【解说】

奉劝少或不喝酒。关于烟酒的危害，桐城话也有一些相关的论述，大家一并参考：

酒头茶尾。

酒随量，饭随饱。

闲茶闷酒糊涂烟。

抽烟喝酒，伤体减寿。

喝酒不醉，喝它爬屁。

酒多误事，烟多伤神。

酒能了事，酒能生事。

喝酒不喝醉，喝醉要现世。

狠酒我不喝，狠人我不沾。

酒情深似海，色胆大如天。

酒醉英雄汉，饭胀死饭桶。

---

① 杨普根，黄德邻，汪传碧，张扬，郑劲松主编. 潜山县民间文学集成. 潜山县文化局编印，1991：20.

② 晃：方言读 kuang 1.

无菜寡酒，但要多喝一盅。

渴时一滴如甘露，醉后添杯不如无。

老坟葬在水窟凼，下人个个是酒仙。

酒足饭饱光阴短，忍饥挨饿日子长。

酒是糯米做，喝多着不好过；想往大路上走，偏要往草棵里踩。

酒色财气四道墙，人人都在墙内藏。若能参透其中味，不活百岁命也长。①

## 富莫丢猪，穷莫丢书。

【解说】

奉劝语，奉劝大家养猪和读书。猪，在农业社会是重要的动物蛋白补充来源；读书，在旧时进可以为官留名，退可以修身达理，《增广贤文》里有很多劝读书的句子，如：

买田买地，不如买书。

积金千两，不如多买经书。

万般皆下品，唯有读书高。

欲昌和顺须为善，要振家声在读书。

有田不耕仓廪虚，有书不读子孙愚；仓廪虚兮岁月乏，子孙愚兮礼义疏。

劝君莫将油炒菜，留与儿孙夜读书；书中自有千钟粟，书中自有颜如玉。

关于读书，潜山还有一句俚语："三代不读书，说话作牛吽。"

## 惯儿不孝，惯狗钻灶②。

【解说】

奉劝语，奉劝大家不能惯养孩子、溺爱孩子或一味迁就孩子。孩子虽然性本善，但毕竟幼小，不知是非对错，这些标准需要大人一一教导，训练成习惯，方可一以贯之。惯儿有两大不利：一是通过包办束缚了孩子自我能力的形成；二是该言明是非、给予纠正时，错过教育时机，从而对孩子形成误导。

《了凡四训》里记载了一个故事，讲的是：

明朝中期一个宰相，叫吕文懿公，告老还乡，人人景仰，唯独一个乡人，醉酒后大骂他，他当时不为所动，对手下人说，一个醉汉，莫与之计较。过了些年，这个人犯了死罪被送入大牢，吕文懿公听说，开始后悔，说："当年我要是

---

① 王章豹. 桐城谚语集锦［M］. 合肥工业大学出版社，2015：134–136. 现世，方言指出丑、丢脸；爬屁，指没有用。不好过，难受，不舒服或生病。

② 惯：溺爱。

和他计较，送公家责治，或许可以小惩而大戒，我当年只想存心于厚，没想到养成其恶，到了这个地步。"这是一乡之内的施教，遑论一家之内，父子之间，严明施教，不可懈怠。①

关于"惯"，潜地还有"惯到头上做窝"的说法，意思是惯得不得了。桐城话"惯儿不孝，盈田出瘪稻"，理想的情况："儿不嫌母丑，狗不嫌家贫。"②

**有伢的是冤家，无伢的是仙家。**

【解说】

感叹语，意思是养孩子如果不好好教育的话，弄不好会养个冤家（敌人或者仇人）出来，跟你做对头；没有养孩子的倒落个一身轻松。这里也可能是自嘲，意思是小孩子不懂事，搅得父母生活很累，未必真的到了分裂地步。

**跟好学好，跟坏学坏。**

【解说】

告诫语，告诫小孩子要跟好学好，不能跟坏学坏。

另一种说法是"跟好学好，跟叫花子学讨"③，意思都是强调交友的重要性。

还有一种说法是，"结交需胜己，似我不如无"④，体现着人要往高处走的道理。

**跟人家学，大萝卜。**

【解说】

告诫语，告诫小孩子要有自己的想法和思想，不能一味亦步亦趋，跟着别人屁股后面模仿。桐城话作："跟人学，吃萝卜；跟人家讲，烂屁眼。"宋朝张舜民有首《百舌》诗，说一种画眉叫声宛转动听，反复变化如百鸟之音，可是它"学尽百禽语，终无自己声。深山乔木底，缄口过平生"。这首诗也是讽刺人不会创造，只会模仿，终无特色。"⑤

---

① （明）袁了凡. 了凡四训 [M]. 北京：新世界出版社，2004：92-193.

② 王章豹. 桐城谚语集锦 [M]. 合肥工业大学出版社，2015：20. 盈田，非常肥沃的田，稻子生长过密，反而容易招虫灾。

③ 杨普根，黄德邻，汪传碧，张扬，郑劲松主编. 潜山县民间文学集成. 潜山县文化局编印，1991：11.

④ 杨普根，黄德邻，汪传碧，张扬，郑劲松主编. 潜山县民间文学集成. 潜山县文化局编印，1991：13.

⑤ 王章豹. 桐城谚语集锦 [M]. 合肥工业大学出版社，2015：58. 大萝卜，在方言中转音为 da lao po 435。

## 一正压三邪[①]

【解说】

鼓励语，鼓励人们要树立正气，相信正气压倒邪气。若丧失这个信仰，那就邪气当道了。

## 正人先正己[②]

【解说】

告诫要想教导别人，自己必须先做到，否则就没有说服力。身教胜于言教。

## 出头的椽子先烂[③]

【解说】

奉劝语，或谓"出林的笋子先折断"[④]，孤着时事。劝人少出头、莫出头。椽子出头，没封檐。做屋不封檐，一丢两三年[⑤]，比喻干活要一鼓作气。

## 可吃过头饭，莫讲过头话。[⑥]

【解说】

劝人中庸，莫说过头的话，给自己留条后路。

## 不吃苦中苦，不觉甜中甜。[⑦]

【解说】

奉劝语。劝人敢于吃苦，敢于拼搏，然后获得成功的喜悦和甜蜜。贪生怕死、好吃懒做，不可能有所收获。

---

① 杨普根，黄德邻，汪传碧，张扬，郑劲松主编．潜山县民间文学集成．潜山县文化局编印，1991：4.

② 杨普根，黄德邻，汪传碧，张扬，郑劲松主编．潜山县民间文学集成．潜山县文化局编印，1991：9.

③ 杨普根，黄德邻，汪传碧，张扬，郑劲松主编．潜山县民间文学集成．潜山县文化局编印，1991：6.

④ 王章豹．桐城谚语集锦［M］．合肥工业大学出版社，2015：152.

⑤ 王章豹．桐城谚语集锦［M］．合肥工业大学出版社，2015：160.

⑥ 杨普根，黄德邻，汪传碧，张扬，郑劲松主编．潜山县民间文学集成．潜山县文化局编印，1991：10.

⑦ 杨普根，黄德邻，汪传碧，张扬，郑劲松主编．潜山县民间文学集成．潜山县文化局编印，1991：9.

**勤耕苦作般般有，好吃懒做样样无。**①

【解说】

奉劝语。农业社会，除了耕作无出路。现在商业社会，这种价值观在很大程度上已经被替换为巧做，抓住机遇赚钱。扎根死做的人，已经不多见。

**人要做着吃，鸡要啄着吃。**②

【解说】

奉劝语。这句话颇具哲学意义，人的生存本质就是通过劳作来获得对自我的证明。不通过劳作，不通过艰辛的探索，人很难获得人生的意义。

**只有冻死的苍蝇，没有冻死的蜜蜂。**③

【解说】

意思是只有勤劳才是立世之本。

**一勤无难事，一懒生百邪。**④

【解说】

奉劝语。这句话从品性的角度分析勤劳对于立德的好处。诸葛亮说，静以修身，俭以养德。这句话说，勤以养德。类似的俚语还有："忠厚传世远，勤俭治家昌。"⑤

勤和懒，与环境也有一定的关系："两勤夹一懒，要懒也不懒；两懒夹一勤，要勤也不勤。"⑥

**刀不磨生锈，水不流发臭。**⑦

【解说】

奉劝语。劝人时刻要砥砺自己，不断学习和提高思想觉悟。所谓"流水不腐，户枢不蠹"。

① 杨普根，黄德邻，汪传碧，张扬，郑劲松主编．潜山县民间文学集成．潜山县文化局编印，1991：9.

② 杨普根，黄德邻，汪传碧，张扬，郑劲松主编．潜山县民间文学集成．潜山县文化局编印，1991：9.

③ 苍蝇，方言读 cang ni 10.

④ 杨普根，黄德邻，汪传碧，张扬，郑劲松主编．潜山县民间文学集成．潜山县文化局编印，1991：9.

⑤ 杨普根，黄德邻，汪传碧，张扬，郑劲松主编．潜山县民间文学集成．潜山县文化局编印，1991：9.

⑥ 王章豹．桐城谚语集锦［M］．合肥工业大学出版社，2015：42.

⑦ 杨普根，黄德邻，汪传碧，张扬，郑劲松主编．潜山县民间文学集成．潜山县文化局编印，1991：11.

**穷莫失志，富莫癫狂。**①

【解说】

奉劝语。劝人要树立志气，哪怕是富人，也不能逞强猖狂，注意收敛养德。

**威武不屈节，名利不贪心。**②

【解说】

奉劝语。在威武面前，不要低三下四，苟且度过；在名利面前，要经得起考验，不能得寸进尺，欲壑难填。

**打铁先得自身硬，打猎先得自身静。**③

【解说】

奉劝语。自身的内因是事情的根本原因。前半句在今天社会比较流行，习近平总书记曾用这句话说明从严治党的重要性。

**有理走遍天下，无理寸步难行。**④

【解说】

告诫语，告诫小孩子讲道理、懂道理，不能逞强恃弱。类似的句子如："一时之胜赋于力，千载之胜赋于理。"⑤

**学好千日不多，学坏一日有余。**

【解说】

告诫语，告诫小孩子要跟好学好，不能跟坏学坏。也就是勿以善小而不为，勿以恶小而为之。

《增广贤文》："百年成之不足，一旦坏之有余。"

---

① 杨普根，黄德邻，汪传碧，张扬，郑劲松主编．潜山县民间文学集成．潜山县文化局编印，1991：9.
② 杨普根，黄德邻，汪传碧，张扬，郑劲松主编．潜山县民间文学集成．潜山县文化局编印，1991：9.
③ 杨普根，黄德邻，汪传碧，张扬，郑劲松主编．潜山县民间文学集成．潜山县文化局编印，1991：9.
④ 杨普根，黄德邻，汪传碧，张扬，郑劲松主编．潜山县民间文学集成．潜山县文化局编印，1991：4.
⑤ 杨普根，黄德邻，汪传碧，张扬，郑劲松主编．潜山县民间文学集成．潜山县文化局编印，1991：4.

潜地还有一种说法："积德千日，败名一时。"①

坚持砥砺自己的品德，持之以恒，方可为功。

**大大妈妈莫着急，年年爬起来一年级。**

【解说】

旧时对学习落后的孩子的玩笑语。有的孩子由于不能及时适应小学学习或者本身智商跟不上学习要求，常常在一年级就卡壳，留级下去，所以就出现了高龄一年级生的现象。但是现在学制上好像不允许小学留级。总体看，旧时学校教育对学习落后的学生还是比较宽容的。

**活到老，学到老，还有三分未学到②。**

【解说】

奉劝勤于学习。学习，持续学习，终身学习，是人类与其他动物的重要区别。人类较于其他动物，先天地有很多局限，但是这种局限性通过学习获得了弥补，而且取得了其他动物所达不到的程度。它具有智能以及学习的智能。另一种说法是，"活到老，学到老，临死还有三桩没学到。"③

**只有状元学生，没有状元先生。**

【解说】

奉劝要谦虚。尤其是做学问这一行，谦虚是最重要的，不光现成知识是学不完的，而且还有很多神秘的未知领域。就是学习方法，也有很多要完善的地方。

**小伢身上三把火，老人身上棉絮裹。**

【解说】

形容小孩身上火气重，不能太焐热，容易出湿疹。老人则相反。完全根据老人来给小孩穿衣，会出问题。中医认为，婴幼儿为纯阳之体，最宜清凉，无烦益火，也就是说，小儿生长发育旺盛，其阳气当发，生机蓬勃，与体内属阴的物质相比，处于相对优势；在发病过程中，易患热病，阴津易伤，在治疗上不宜使用温阳药物。

---

① 杨普根，黄德邻，汪传碧，张扬，郑劲松主编. 潜山县民间文学集成. 潜山县文化局编印，1991：9.

② 杨普根，黄德邻，汪传碧，张扬，郑劲松主编. 潜山县民间文学集成. 潜山县文化局编印，1991：6.

③ 杨普根，黄德邻，汪传碧，张扬，郑劲松主编. 潜山县民间文学集成. 潜山县文化局编印，1991：11.

**伢多不长卵，人多不洗碗。**

【解说】

指家庭成员众多，相互指望，家务事效率低下。义同："多个菩萨多路香"，桐城话作"多尊菩萨多缕香"①。

**伢亲个哭大的，葫芦茄子吊大的。**②

【解说】

指养育小孩不能事事时时第一时间回应，从而娇宠了孩子，要逐渐给大人留一点时间处理家务。旧时，只愁不养，不愁不长③；现代社会，独生子女由于没有玩伴，父母或老人付出的时间还是要多一些。

**伢有大日，事无了时。**

【解说】

前半句安慰语。安慰带孩子很辛苦的父母，虽然孩子带起来很辛苦，但是孩子终将长大、终有脱离父母怀抱的时候。后半句感叹人生的事情和牵挂（对孩子的牵挂）没有了结的时候。

**伢要打，马要鞭，不打不鞭自翻天。**

【解说】

在幼儿教育过程中有必要采取一定的惩戒，以树立权威。

**桑树苗子从小拐④，三岁伢子从小管。**

【解说】

"子不教，父之过；教不严，师之惰。"三字经这开篇几句话很有道理，教子贵在早期树立规矩，持久践行，养成后天习惯。桑树枝条在幼时有很大的可塑性，等长大了，再也拐不动了。

相反的说法是，打骂无用，这样说："棍子难治患者病，打骂难改儿女心。"⑤

① 王章豹.桐城谚语集锦［M］.合肥工业大学出版社，2015：215.
② 伢亲：小娃或小娃们，读作 nga qin 20。"个"或为"家"，相当于"们"，为语气助词。
③ 王章豹.桐城谚语集锦［M］.合肥工业大学出版社，2015：125.
④ 拐：折弯，定型，读作 nou 4。
⑤ 杨普根，黄德邻，汪传碧，张扬，郑劲松主编.潜山县民间文学集成.潜山县文化局编印，1991：19.

**船上不用力，岸上攮断腰。**①

**【解说】**

说明一个道理：助人者，需被助者自助。自己不抓紧，靠别人扶持，是不会起根本作用的。或者说，生孩的不鼓劲，抱腰的鼓劲也没用；娶亲的不急，抬轿子的急（或谓：皇帝不急太监急）②。

**世上只有船就岸，没有岸就船。**③

**【解说】**

奉劝语。做事要分清楚求人、还是等人求，前者就是船就岸，后者就是岸等船来就。此句意思是没有岸就船的情况，即让等人求者去求人。

**只要船头站得稳，不怕四面浪来颠。**④

**【解说】**

鼓励只要身子正，不怕影子歪。站稳脚跟，方可迎接各种挑战。

**宁挑千斤担，不驮四两伢。**⑤

**【解说】**

此句还是诉说养育婴儿的痛苦和不自由，小婴孩非常黏人。

**里小穿针，大来穿新（金）。**

**【解说】**

指对小孩穷养，从小养成艰苦朴素的习惯，长大方可吃苦耐劳。潜地另一种说法是："小时穿褊，长大穿线。"⑥

**穷养儿子富养女**

**【解说】**

此语可能受到某些传统偏见的影响，传统的观点可能认为，男孩子需要

---

① 杨普根，黄德邻，汪传碧，张扬，郑劲松主编．潜山县民间文学集成．潜山县文化局编印，1991：8. 攮，nang 3，却，用力推。

② 王章豹．桐城谚语集锦［M］．合肥工业大学出版社，2015：230，180.

③ 杨普根，黄德邻，汪传碧，张扬，郑劲松主编．潜山县民间文学集成．潜山县文化局编印，1991：8.

④ 杨普根，黄德邻，汪传碧，张扬，郑劲松主编．潜山县民间文学集成．潜山县文化局编印，1991：3.

⑤ 驮：抱或扛。

⑥ 褊，bian 3，狭小的紧身衣服。旧时贫困家庭不能及时给孩子添置衣物，故常穿小衣。

闯荡，故需从小磨砺坚强性格；而女孩多望培养成大家闺秀，窈窕淑女，故需尽力满足她的各种个性需求，从而养成挑剔、雕琢、管家的风格。或谓："男伢要泡，女伢要嬲"（男孩子不能太老实本分，不能太直，女孩不能太文静朴素）。

旧时也有相反的说法，桐城话"孬养女儿痴看猪"[①]，意思是对女孩不要太关注去养，迟早是要嫁人的；看猪也一样，不要太用心，到年底就杀了。

### 石头冷冰冰，小伢疼人心。

【解说】

对比说明小孩的可爱，疼大人的心。

### 养儿如还债

【解说】

传统社会男孩必须担负起养家糊口的重任，在男孩起步早期，需要父母垫付大量的资金，如建房、娶亲。现代社会不同的是，对于一个从农村走向城市的女孩，她的起步也是需要父母付出很多的。

### 要好祖上好，要饱早上饱。

【解说】

说明世俗社会的传统思想是，上一代对下一代要有庇护和荫护。这个很容易滋生家族腐败（有权势者把好的工作机会留给自己的子女或亲戚）。

### 一代只管到一代

【解说】

这句话所表达的观念正好和上面相反，即各代管各代，所谓茅草屋，年年盖，一代只管到一代（或草屋年年盖，一代管一代[②]）。所以，"莫把真心空计较，儿孙自有儿孙福"（《增广贤文》）"儿孙自有儿孙福，莫为儿孙做远忧"（元代关汉卿《包待制三勘蝴蝶梦》楔子）。潜地还有一种说法："儿孙自有儿孙福，莫为儿孙当马牛。"[③]

---

① 王章豹. 桐城谚语集锦［M］. 合肥工业大学出版社，2015：179.
② 王章豹. 桐城谚语集锦［M］. 合肥工业大学出版社，2015：142.
③ 杨普根，黄德邻，汪传碧，张扬，郑劲松主编. 潜山县民间文学集成. 潜山县文化局编印，1991：6.

**做酒不望酸，养儿不望哑。**①

【解说】

这句话在桐城作：种稻不望漂，生儿不望孬；或者生儿不望哑，吊酒不望酸。② 意思都是儿女已至此等不尽如人意境地，做父母的也无可奈何。过去多生，这种畸形儿或残疾儿的出生概率高，大家也习以为常；现代优生，提前检查，但依然有"漏网之鱼"，一旦出现，对于家庭的拖累就很大，让人在精神上更加无可奈何，顿觉生命无法承受之重。

**十个指头有长短，**
**山高树木有高低，**
**一个哪抵到一个？**

【解说】

安慰语。自家孩子不如人家孩子，或自家孩子之间有区别，智力情商气质有差异，这也是自然常态，我们无法改变。一般教育学强调因材施教，就是根据这个来的。桐城话作："十个指头有长短，荷花开出有高低（或一树果子有甜酸）。"③

**一家之计在于和，一生之计在于勤。**④

【解说】

此语强调"和""勤"这两种价值的重要。一家人和气，幸福感强；一生勤快，竞争力强。

**力小挑倒山，力大挑倒人。**

【解说】

此语说，做人要学会留一手，干活办事要留有余地，否则可能伤力伤身。君不见很多加班族累倒在办公室里或家里或往办公室的路上。相反，那些坚信"身体是革命的本钱"，相信"留得青山在，不怕没柴烧"的人，办事悠着做，细水长流，水静则深，愚公移山，做长远计。

---

① 哑：方言读 nga 3。
② 王章豹．桐城谚语集锦［M］．合肥工业大学出版社，2015：125.
③ 王章豹．桐城谚语集锦［M］．合肥工业大学出版社，2015：231.
④ 杨普根，黄德邻，汪传碧，张扬，郑劲松主编．潜山县民间文学集成．潜山县文化局编印，1991：7.

桐城话作"大担挑倒人，小担挑倒山""挑断苗担是狠人，挑断扁担是死人"。①

**乱搞乱发财。**

【解说】

激励语。发财的人大多不守常规，多有奇异之才，逾矩任意。

**算计不通，做死着都不中。**

【解说】

反讽语。强调要精明算账，怎么实惠、怎么节约时间或成本怎么做。此语亦作"算计不通，穿夏布褂子过冬"② 或"算计不通，捉小猪过冬"③。

也有反过来的情形，表面上装糊涂，不斤斤计较，但是其实是发财的道路："明里来，暗里去，闷头闷脑大发财。"④。

或谓："酽汤盆里（或淘米汤里）洗澡，尽做糊涂事；酽汤洗头⑤，糊涂到顶。"

**一双脚不能踏两只船，一只手只能捉一只鳖。**⑥

【解说】

劝告语。意思主张不能分心多头，无以照顾过来。

**千桩事有头，万桩事有尾。**⑦

【解说】

劝告语。意思主张办事要有始有终，大抵有不能虎头蛇尾之意。

---

① 王章豹. 桐城谚语集锦［M］. 合肥工业大学出版社，2015：215，221. 苗担，两头带尖的硬木扁担，和竹制的扁担相区别，潜山话作 cong gao 11。

② 杨普根，黄德邻，汪传碧，张扬，郑劲松主编. 潜山县民间文学集成. 潜山县文化局编印，1991：17。

③ 王章豹. 桐城谚语集锦［M］. 合肥工业大学出版社，2015：182。

④ 王章豹. 桐城谚语集锦［M］. 合肥工业大学出版社，2015：146。

⑤ 王章豹. 桐城谚语集锦［M］. 合肥工业大学出版社，2015：314. 酽（yan 4，或转为 yin 3，本义酒醋味道浓厚）汤，指煮饭时舀起来的煮米汤，可直接饮用，含有米脂。

⑥ 杨普根，黄德邻，汪传碧，张扬，郑劲松主编. 潜山县民间文学集成. 潜山县文化局编印，1991：4。

⑦ 杨普根，黄德邻，汪传碧，张扬，郑劲松主编. 潜山县民间文学集成. 潜山县文化局编印，1991：4。

百说不如一干，百闻不如一见，百见不如一行。①

【解说】

劝告语。三个"百"，第一个说，干比说好，第二个说，见比听说好；第三个说，行动又比见闻好。落实还是在行动，足见行动之难也！

十里路上无真信，十个奸商无真秤。②

【解说】

劝告语。劝告勿轻信他人。与上面"百闻不如一见"意思相近。义同，上街头说跌一跤，下街头说杀一刀。③ 传言不准矣！

只要心里爱，不怕猪八戒。④

【解说】

激励语。这句简单的话道破了爱的真谛，爱是相互欣赏、相互同情，哪怕是"猪八戒"。亦谓："只要情意好，哪怕滚稻草。"⑤

择偶时弄着不好就是"箩里拣花，越拣越差"（桐城话作："花里拣花，拣来拣去拣个大碴巴或烂碴巴；箩里挑瓜，越挑越花或箩里拣瓜，越拣越差"⑥）。本句俚语则从正面道破爱情的选择需要遵从内心爱的召唤。一个人如果不能发现自己的爱（这种爱和相貌没有关系），他将和爱情失之交臂。这就是现实的爱情。

抬头嫁女，低头寻媳妇。⑦

【解说】

抬头，指骄傲起来，丑女不愁嫁；低头寻媳妇，指耐心调查姑娘情况，免得娶来后不合。旧时婚姻多为父母媒人包办，故有此种劝说语。

---

① 杨普根，黄德邻，汪传碧，张扬，郑劲松主编．潜山县民间文学集成．潜山县文化局编印，1991：5.

② 杨普根，黄德邻，汪传碧，张扬，郑劲松主编．潜山县民间文学集成．潜山县文化局编印，1991：7.

③ 王章豹．桐城谚语集锦［M］．合肥工业大学出版社，2015：193.

④ 戒：读作 gai 2.

⑤ 安庆方言俚语．竹本叟的博客［EB/OL］http：//blog. sina. com. cn/s/blog_ 723285020100r727. html.

⑥ 王章豹．桐城谚语集锦［M］．合肥工业大学出版社，2015：59，179. 碴巴，泥块或土疙瘩。潜山话，瓦碴子，瓦的碎片。如"油菜开花麦打苞，瓦碴泥巴都爬骚"（意指举止轻佻，意近似猫叫号，狗连茎，神仙也有思凡心）。

⑦ 杨普根，黄德邻，汪传碧，张扬，郑劲松主编．潜山县民间文学集成．潜山县文化局编印，1991：18. 寻，方言也读为 qin 2.

## 人劳物牢

【解说】

告诫语。意思是要想东西持久，关键在于人勤于护理和保管。砍刀别伤口，用斧别斫金，用铁防生锈，用木防受潮，住屋防屋漏，屋基防檐水……

类似的说法是"一针不补，十针难缝""小洞不补，大洞吃苦（或一尺五、三尺五）"。①

## 好事多磨②

【解说】

鼓励语。办事难免会遇到挫折，谓之以"好事多磨"，磨，磨难也。

## 天不生无路之人，地不长无根之草。

【解说】

鼓励语。鼓励人在绝境中寻找出路，乐观思想，不要拐不过弯来。类似的，"只有上不去的天，没有过不去的山""山高没有踏板高，浪大总在船底下"③，都是劝慰语。

## 屋要人撑④

【解说】

要想延长屋子的寿命，得人住里面，并经常地维护和修葺；人若不住里面，外漏里霉，很快就不像样子了。

## 命里无福，怪坟怪屋。

【解说】

这句话说的是在农村有的人家运气不好，常常找卜卦的或风水先生看看是不是祖先的坟场或自己所居的屋子有问题，也就是堪舆之诊断。这在一定程度上表现为迷信思想，也谓："穷算命，富烧香，背时倒运找坟山。"⑤

---

① 杨普根，黄德邻，汪传碧，张扬，郑劲松主编．潜山县民间文学集成．潜山县文化局编印，1991：17．王章豹．桐城谚语集锦［M］．合肥工业大学出版社，2015：158.

② 杨普根，黄德邻，汪传碧，张扬，郑劲松主编．潜山县民间文学集成．潜山县文化局编印，1991：4.

③ 王章豹．桐城谚语集锦［M］．合肥工业大学出版社，2015：230，234.

④ 撑：支撑，方言读 ceng 4.

⑤ 王章豹．桐城谚语集锦［M］．合肥工业大学出版社，2015：180.

**命里只有半升米，走遍天下不满升。**

【解说】

桐城方言作"命里只有九角九，跑遍天下不满斗""心比天高，命比纸绡"①。这句话还是讲命定之理。佛教讲性命双修，为人只有修身养性，通过积善去恶，增加自己的福报，以改变命运的定数。

**芝麻大的命，发不起绿豆大的财。**

【解说】

意思与上条相通。芝麻绿豆，也可合用为一个词，在方言中表示很小。"芝麻绿豆大个事"，就是很小的事情的意思。有的人爱挑剔，芝麻绿豆大的事情就不得了，"定死的秤，生好的命"②。

**久病（床前）无孝子**

【解说】

这是说服侍老人。老人病久，长期不能自理，这时再孝顺的儿女都会生烦。这是人情对这种"不孝"的谅解。桐城话作："长病无孝子，长工无六月。"③

**金多成愁，欲多成祸。**

【解说】

劝诫语。人的欲望不能太大，太大的话，往往会起反作用，就像人吃肉吃多了，就会引发很多身体的故障。人的名声、财产、地位到了一定程度都会带来一定麻烦，招惹一定是非，需要用心去处理。

**有钱不买冤家孽**

【解说】

劝诫语。人有了很多的钱，衣食不愁，就容易自我膨胀，播下冤仇。孽，孽缘，坏的际遇。

**黄金易得，知音难觅。**

【解说】

劝诫语。谓知音难得。

① 王章豹. 桐城谚语集锦［M］. 合肥工业大学出版社，2015：146、183. 绡，xiao 1，很薄的意思。
② 王章豹. 桐城谚语集锦［M］. 合肥工业大学出版社，2015：206.
③ 王章豹. 桐城谚语集锦［M］. 合肥工业大学出版社，2015：214.

**家有黄金，外有戥秤。**①

【解说】

意思是自己家里有多少财富，别人是能够估猜到的。所以想瞒富是瞒不住的，这句话体现着传统社会无隐私的特点。

**人心无足，吃鱼想肉。**

【解说】

这是说人的欲望越有越贪的情形，正所谓："人心不足蛇吞象，世事到头螳捕蝉。"②"人心不足蛇吞象，贪心不足吃月亮。"（桐城话）

在潜山野寨地区流传着一个名为"酒泉"的故事：

很久以前野寨西街有一户老头人家，夫妇俩常年为过往路人香客免费供应茶水，他们烧的茶用的是山谷清泉，味道甜美，路人皆爱。尽管日子过得清贫，他们倒也满足。一日仙人韩湘子扮成一个叫花子来到这人家，讨了茶水，吃了饭，还要喝酒，但是老人实在没有钱去买酒，叫花子扔下一葫芦，让他去取些泉水回来，回来一看，竟是美酒。临走，叫花子把葫芦送给老人，让他每天用葫芦可取100斤酒，一边继续给路人添茶，一边卖酒，家中日子必然要好很多。

可是家中老伴慢慢心里想，家中开始有了余财，为何不再发展发展呢？比如开个猪肉店，卖点猪肉，于是养起猪来。

一日，韩湘子化作叫花子，再次来到老头家，客人依旧满满，但是主人再也不把叫花子放在眼里，因为他没钱买酒。当众人夸奖酒的味道好时，在院中喂猪的老伴说："酒有什么用，可惜没有喂猪的酒糟。"韩湘子一听，心想，不得了了，显出原形，口念：

"天高不为高，人心为最高；泉水当酒卖，还说猪无糟。"

然后他把葫芦从后院摄走，然后凌风而去。数日后，当酒卖完了，老头再也找不到葫芦，责怪老伴："为人莫贪心，贪心无好报。"老伴也非常后悔，然而一切已无济于事。③

《增广贤文》记为："白水变酒卖，还嫌猪无糟"。人心最高，山高没有踏板

---

① 杨普根，黄德邻，汪传碧，张扬，郑劲松主编. 潜山县民间文学集成. 安庆：潜山县文化局编印，1991：18.

② （明代）任白山："人心不足蛇吞象，天理难忘獭祭鱼。"参见：梁石，梁栋. 中国古今巧对妙联大观［M］. 中国文联出版公司，1990：147.

③ 钱启贤. 天柱山传说［M］. 北京：中国致公出版社，1996：12-14.

高，浪大总在船底下。① 人总是试图克服不足，去实现自己梦想。这种不足心，成为人前进的动力。

桐城话："吃着干粮无事想，留着干粮想坏着人（吃掉干粮无事想，想起干粮哭一场）。"②

还有两首《不足歌》讲人心不足的厉害：

## 不足歌
### （无名氏）

终日奔波只为饥，方才一饱便思衣。

衣食两般皆俱足，又思娇娥美貌妻。

娶的美妻生下子，又思无田少根基。

门前买下田千顷，又思出门少马骑。

厩里买回千匹马，又思无官被人欺。

做个县官还嫌小，要到朝中挂紫衣。

不足歌，不足歌，人生人生奈若何？

若要世人心满足，除非南柯一梦兮！

## 十不足
### ［明］朱载育

终日奔忙只为饥，才得有食又思衣。

置下绫罗身上穿，抬头又嫌房屋低。

盖下高楼并大厦，床前却少美貌妻。

娇妻美妾都娶下，又虑出门没马骑。

将钱买下高头马，马前马后少跟随。

家人招下数十个，有钱没势被人欺。

一铨铨到知县位，又说官小势位卑。

一攀攀到阁老位，每日思想要登基。

一日南面坐天下，又想神仙来下棋。

洞宾与他把棋下，又问哪是上天梯。

上天梯子未坐下，阎王发牌鬼来催。

若非此人大限到，上到天上还嫌低。

① 王章豹．桐城谚语集锦［M］．合肥工业大学出版社，2015：230.

② 王章豹．桐城谚语集锦［M］．合肥工业大学出版社，2015：152，192.

正所谓，做了皇帝想成仙，成了神仙思凡间。[①]

### 知足常乐，贪心时忧。[②]

【解说】

劝人知足，莫贪心。若贪，心必累。佛教认为人生三大病：贪、嗔、痴。须戒除。

### 寻气如寻病，消气便消灾。[③]

【解说】

气恼生病，气恼招灾。人要戒嗔。君子坦荡荡，小人长戚戚。

### 人怕伤心，树怕伤根。

【解说】

谴责语。谴责对方伤害了自己。伤心，归根到底还是伤了尊严或自尊。根据西方哲学家霍耐特（Axel Hometh）的分析，在现代社会人的尊严至少要分成三个部分：一是自信，表现为肉体的完整性、在爱和友谊关系中受到情感上的关注；二是自尊，表现为社会关系中的完整性，在道德判断和责任能力方面受到认识上的尊重和被赋予权利（义务）；三是自重，表现为社会中的荣誉和尊严，体现为自身的能力和特性能够得到共同体的认可、评价，被团结。

### 有钱难买老来瘦[④]

【解说】

老来精瘦，可以在一定程度上避免肥胖引起的"三高"疾病。但是老来精瘦，并不代表没有其他方面的隐患。总体看，老来瘦，比不瘦要好。但怎样做到老来瘦，除了饮食注意之外，还要坚持运动和劳动，方可实现。

---

[①]　王章豹. 桐城谚语集锦［M］. 合肥工业大学出版社，2015：196.

[②]　杨普根，黄德邻，汪传碧，张扬，郑劲松主编. 潜山县民间文学集成. 潜山县文化局编印，1991：10.

[③]　杨普根，黄德邻，汪传碧，张扬，郑劲松主编. 潜山县民间文学集成. 潜山县文化局编印，1991：10.

[④]　杨普根，黄德邻，汪传碧，张扬，郑劲松主编. 潜山县民间文学集成. 潜山县文化局编印，1991：20.

**宁在世上挨，不愿土里埋。**①

【解说】

奉劝语。好死不如赖活。这种想法不是很高尚，但也很正常，谁不希望自己多活一点舒服日子呢？

**笑一笑，十年少；愁一愁，白了头。**

【解说】

奉劝语。劝人乐观开心，更加有益于健康和青春活力。

**要想胖，吃肮脏。**②

【解说】

也谓"糟吃糟长肉"。现代医学的发展，充分揭露了微生物世界的景象，也给人留下了无菌世界的想象。人们在给小孩选尿布的时候，都选杀菌的尿布。然而传统理念认为，并非越干净越好，肮脏的也可能是健康的，比如现代人终于发现高度纯洁的水，是不利于人体健康的；还有食物，并非越精细越好，现代人又开始找粗粮吃，因为这些食物的表皮或胚芽包含着重要的营养成分。当然，吃肮脏并不等于吃污染，那些被污染的水、空气或食物是绝对不能入口入胃的。

另外人的身体状况一半也是先天性的，"鹭鸶吃鱼三条筋，鹁鸪吃砂胖墩墩"③。

**条条蛇都咬人**

【解说】

这句话的后半句是"水巴蛇不咬人也有点吓人"。

"饭哽人，粥烫人，哪样生务不累人（吃饭饭哽人，吃粥粥烫人）④。"

每个职业都有自己的难处，都有自己的短板。总体来看，一般脑力劳动的优势在于可以逃避身体劳动的单调和无聊，时间自由，但是项目策划、管理、应酬等也让人感觉贫乏；体力劳动的优势在于工作之余人多聚集，在热闹中放松自我，但是在工作时间劳动强度大。

---

① 杨普根，黄德邻，汪传碧，张扬，郑劲松主编. 潜山县民间文学集成. 潜山县文化局编印，1991：20.

② 肮脏，方言读 ang zang1 4。

③ 王章豹. 桐城谚语集锦［M］. 合肥工业大学出版社，2015：228.

④ 王章豹. 桐城谚语集锦［M］. 合肥工业大学出版社，2015：144.

**越有越挣，越缪①越困。**

【解说】

越是富有的人越想着怎么样把自己的财富保值和增值，而无钱的人反正没钱，就不会去考虑这个问题了，只是想着怎么填饱肚子、还完欠债。这个体现了在贫富分化的经济秩序中不同地位的人的心态差异。

**驮债要忍，还债要狠。②**

【解说】

此语主张积极借债，也要积极还债。这是社会信义的表现，人而无信不知其可，人无信不立，千万不能无信。

关于债，桐城话作：

债如雨天背稻草，越背越重；穷似热天直淌汗，越渴越吃盐。

虱多不痒，债多不愁。③

**有得忙，就有得尝。**

【解说】

鼓励通过勤劳来提高生活水平。旧时农村里流行着通过劳作来致富或改善生活的价值观。

类似劝人勤奋劳作的俚语还有：

锄头口上出黄金。

捞鱼摸虾，失落庄稼。

真正用功，一世不穷。

三早抵一工，早上莫放松。

刀不磨生锈，水不流发臭。

宁在家中浇麦，不在人家做客。

别人给一兜，不如自家辛一沟。

阳春三月不做工，寒冬腊月喝北风。

起家犹如针挑土，败家好比浪推沙。

---

① 缪：没有，方言读 miu 3。

② 杨普根，黄德邻，汪传碧，张扬，郑劲松主编．潜山县民间文学集成．潜山县文化局编印，1991：18.

③ 王章豹．桐城谚语集锦［M］．合肥工业大学出版社，2015：224，230.

聚家之子惜粪如金，败家之子用金如粪。①

## 长嘴要吃，生根要肥。

【解说】

过日子必须保证营养。要舍得投入营养，保证健康的需要，反对一味地节衣缩食或劳筋伤骨。旧时农村由于农产量比较低，营养常得不到保证。今天这句话对为了减肥而一味节食的人恐怕也有意义。

## 靠壁长

【解说】

批评舍不得投入营养，不能保证健康的需要，与上语意思相同，都是主张要保证营养。

## 屋檐水，滴滴不差分。

【解说】

屋檐滴水，滴滴都在老位置。上梁不正下梁歪，有其父必有其子，一报还一报。《增广贤文》作："不信但看屋檐水，点点滴滴在旧窝池。"类似的劝诫在道生唱辞中也经常出现。

## 独木不成林，独砖不成墙。②

【解说】

言说与人合作、团队合作的道理。后半句一般不为人知。

## 常将有日思无日，莫把无时当有时。③

【解说】

本意是劝人要算计着过日子，尽量让日子平均点，比如在年轻的时候思考自己未来养老问题；做生意赚到钱时，思考自己可能遭遇到的风险和挑战。其实，不光食物、金钱，还有健康都是一样，健康的时候要注意保持好的习惯，修身养性，韬光养晦，明哲保身，延缓跌进非健康状态。

---

① 杨普根，黄德邻，汪传碧，张扬，郑劲松主编. 潜山县民间文学集成. 潜山县文化局编印，1991：5，17，18.

② 杨普根，黄德邻，汪传碧，张扬，郑劲松主编. 潜山县民间文学集成. 潜山县文化局编印，1991：4.

③ 杨普根，黄德邻，汪传碧，张扬，郑劲松主编. 潜山县民间文学集成. 潜山县文化局编印，1991：4.

**省一省，过个岭；熬一熬，过个桥。**①

【解说】

鼓励在逆境中忍耐和坚持，一定会熬出头来。此语桐城话作：

狠一狠，上道岭；拼一拼，过个冲。

狠一狠，过个岭；熬一熬，过道桥。②

**有心哪怕在天边，无心哪怕在锅边。**③

【解说】

说透人心的重要性。只要一个人有坚定的意志，哪怕是在天边的东西或人，也要去取到或找到；无心，就是没有意志，哪怕在手边，都不会去拿或取。这句话既可以指人与人之间的缘分，也可以指事业。后者与蒲松龄的"蜀之鄙有二僧"故事同理。

**一面见人，一字见人，一言见人。**

【解说】

对人的评价可以从外貌、书写的字、说出的话几个方面来判断。

黄梅戏《靠善升官》由电影《徐九斤升官记》改编而来，讲述吴靠善因为无靠山，脸长胎记而成为阴阳脸，中状元却被大臣参倒，沦为一个偏远地区的县吏，后因妙断一桩抢亲案弃官而去。

古人长期用毛笔，其书法常别具风格，今天写字都用钢笔或圆珠笔或墨水笔了，从书法来判断一个人的个性这一点被大大削弱。

通过说话来判断一个人，这个亘古未变，有人话直冲，有人话委婉玲珑，说话可以充分反映一个人的心智水平和个性特征。

**以小宽大**

【解说】

俗话说，周岁定八十。还有"三岁看小，七岁看老"④。这是以小宽大。说

① 杨普根，黄德邻，汪传碧，张扬，郑劲松主编．潜山县民间文学集成．潜山县文化局编印，1991：7.

② 王章豹．桐城谚语集锦［M］．合肥工业大学出版社，2015：144.

③ 杨普根，黄德邻，汪传碧，张扬，郑劲松主编．潜山县民间文学集成．潜山县文化局编印，1991：5. 看、宽，动词，预测。

④ 杨普根，黄德邻，汪传碧，张扬，郑劲松主编．潜山县民间文学集成．潜山县文化局编印，1991：19.

的是孩子小的时候怎么样，大了也怎么样。

但这是经验之谈，未必准。《世说新语·言语第二》中记载了孔融的一个故事：

孔文举年十岁，随父到洛。时李元礼有盛名，为司隶校尉。诣门者，皆俊才清称及中表亲戚，乃通。文举至门，谓吏曰："我是李府君亲。"既通，前坐。元礼问曰："君与仆有何亲？"

对曰："昔先君仲尼与君先人伯阳有师资之尊，是仆与君奕世为通好也。"元礼及宾客莫不奇之。

太中大夫陈韪后至，人以其语语之，韪曰："小时了了，大未必佳。"文举曰："想君小时，必当了了。"韪大踧踖。

这个地方孔融以孔子曾经向老子（李聃）请教过，来说明自己与李元礼的关系，确实比较妙；陈韪不以为然，用了一句俗语"小时了了，大未必佳"来评价孔融，孔融当场遭到了反讽。

这是话锋的展示，但这句俗语也反映了事情的另外一面，我们不能简单地以小宽大。

### 知子莫若父①

【解说】

指家长如果尽到家教的责任的话，应该最清楚孩子属于什么类型的个性。

### 在生不祭喉，死后祭木头。

【解说】

劝诫语。桐城话作：

在生不祭喉，死后祭木头；砰砰三下响，活人好胀喉。

活时敬一口，强似死后敬一斗。

在生不孝，死后做圈套。

在家敬父母，何用远烧香。

生前不把父母敬，死后何必哭亡灵。②

《增广贤文》云："堂上二老是活佛，何用灵山朝世尊。"

---

① 杨普根，黄德邻，汪传碧，张扬，郑劲松主编. 潜山县民间文学集成. 潜山县文化局编印，1991：19.

② 王章豹. 桐城谚语集锦［M］. 合肥工业大学出版社，2015：150，124，123.

这句话在现在这个老龄化时代颇有意义：一是现在中年一代养老压力特别大；二是现在养老不是单纯有没有吃的问题，关键还有医疗保障、精神抚慰等方面的问题。这里"祭喉"，并不仅仅指提供食物，还要包括烹调好、服侍没有自理能力的老年人。

再说，旧时祭祀时，还要哭丧，在礼仪中不同人哭的泪水的含义恐怕不一样：

儿子哭惊天动地，媳妇哭虚情假意；
女儿哭一脸鼻涕，女婿哭毛狗驴子（即毛驴）放屁。①

### 三代不读书，讲话作牛吽。②

【解说】

劝诫语。要读书，不读书就会变得非常粗俗。所谓："胸藏文墨怀若谷，腹有诗书气自华。"③ 像这种劝人读书的潜地俚语还有，"书到用时方恨少，白首方悔读书迟""积钱不如教子，闲坐不如看书""酒多人癫，书多人贤"。④

### 凡事要好，须问三老。⑤

【解说】

劝告语。办事时要向老人或有经验的人请教。类似的俚语还有："学问学问，一学二问。不学不问，哪来学问。"⑥ 学问、学习都不能闭门造车。

### 空袋子立不起来，半油篓子晃得凶。⑦

【解说】

劝诫语。不能一知半解，却不懂装懂，骄傲自满。类似的俚语还有：

---

① 王章豹. 桐城谚语集锦［M］. 合肥工业大学出版社，2015：120.
② 吽，hong 1，牛叫时的浓重的鼻音。
③ 后半句出自苏轼的《董传留别》。
④ 杨普根，黄德邻，汪传碧，张扬，郑劲松主编. 潜山县民间文学集成. 潜山县文化局编印，1991：11.
⑤ 杨普根，黄德邻，汪传碧，张扬，郑劲松主编. 潜山县民间文学集成. 潜山县文化局编印，1991：11.
⑥ 杨普根，黄德邻，汪传碧，张扬，郑劲松主编. 潜山县民间文学集成. 潜山县文化局编印，1991：11.
⑦ 杨普根，黄德邻，汪传碧，张扬，郑劲松主编. 潜山县民间文学集成. 潜山县文化局编印，1991：11.

水上浮油花，有油也有限。

天不言自高，地不言自厚。

强中更有强中手，莫在人前夸海口。

聪明人有错就改，糊涂人见错就瞒。

不实心，不成事；不虚心，不知事。

虚心者，以十当一；骄傲者，以一当十。

不怕不懂，就怕装懂；不怕不足，就怕满足。①

还有：

强宾不压主。

人上有人，天外有天。

筷子撑门面，石磙顶不住门（指要斯文，以礼待人）。

练武要实心，为人要虚心。②

**忙里偷闲宽怀坐，苦中作乐笑话谈。**③

【解说】

宽慰语。劝人闲下来，多谈谈笑话，忘记身边的忧愁和痛苦。

在潜地水吼镇横冲同心村的入口，有座小亭，亭上有副对联，意思与上同：

为名忙，为利忙，忙里偷闲，经过歇歇；

劳力苦，劳心苦，苦中作乐，坐下谈谈。

**人狂有祸，天燥有雨。**④

【解说】

还是讲"富莫癫狂"的道理。

类似的劝诫语还有"少杯不乱性，忍气免伤财""忍得一时之气，免得百日之忧""忍字头上一把刀，遇事先忍灾祸消"⑤。

---

① 杨普根，黄德邻，汪传碧，张扬，郑劲松主编. 潜山县民间文学集成. 潜山县文化局编印，1991：11.

② 杨普根，黄德邻，汪传碧，张扬，郑劲松主编. 潜山县民间文学集成. 潜山县文化局编印，1991：13.

③ 林银川口述。

④ 杨普根，黄德邻，汪传碧，张扬，郑劲松主编. 潜山县民间文学集成. 潜山县文化局编印，1991：10.

⑤ 杨普根，黄德邻，汪传碧，张扬，郑劲松主编. 潜山县民间文学集成. 潜山县文化局编印，1991：9.

还有"遇事要冷，待人要热"①"世上只有第七的，没有第一的""热不占风头，冷不占火炉"②。

还有"急人不经老"③"气多生灾，和多生福"④。

桐城话有"蝴蝶跟着檐老鼠飞，不自量力"⑤。

### 利刀伤体能合，恶语伤人难消。⑥

【解说】

奉劝语。伤害他人自尊的话尽量少说，以免让人家记恨一辈子。原因是，"路走错了可以走回来，话说错了收不回来"，"祸从口出"，所以，"宁伸扶人手，莫张陷人口"⑦。

### 朋友面前不说假，老婆面前不说真。⑧

【解说】

奉劝语。朋友交往要讲信用，不能讲假话，真心交往；老婆由于是天天在一起，有些问题不好直接交代的，要适当地拐点弯，以使对方有接受的余地。

### 人面教子，枕边教妻。⑨

【解说】

奉劝语。一个人可以当着大家的面教育自己的孩子，但是教育自己的妻子只能在私密场合，否则会严重伤害妻的尊严。毕竟，大人不同小孩，大人的自尊心

---

① 杨普根，黄德邻，汪传碧，张扬，郑劲松主编. 潜山县民间文学集成. 潜山县文化局编印，1991：13.
② 杨普根，黄德邻，汪传碧，张扬，郑劲松主编. 潜山县民间文学集成. 潜山县文化局编印，1991：14.
③ 杨普根，黄德邻，汪传碧，张扬，郑劲松主编. 潜山县民间文学集成. 潜山县文化局编印，1991：20.
④ 杨普根，黄德邻，汪传碧，张扬，郑劲松主编. 潜山县民间文学集成. 潜山县文化局编印，1991：21.
⑤ 王章豹. 桐城谚语集锦［M］. 合肥工业大学出版社，2015：305.
⑥ 杨普根，黄德邻，汪传碧，张扬，郑劲松主编. 潜山县民间文学集成. 潜山县文化局编印，1991：14.
⑦ 杨普根，黄德邻，汪传碧，张扬，郑劲松主编. 潜山县民间文学集成. 潜山县文化局编印，1991：14.
⑧ 杨普根，黄德邻，汪传碧，张扬，郑劲松主编. 潜山县民间文学集成. 潜山县文化局编印，1991：14.
⑨ 杨普根，黄德邻，汪传碧，张扬，郑劲松主编. 潜山县民间文学集成. 潜山县文化局编印，1991：19.

理超过小孩，毕竟小孩带着几分天真和"糊涂"。桐城话作："当面教子，背后教妻。"①

**一句话说得人笑，一句话说得人跳。**②

【解说】

奉劝语。劝人要学会说话，说得好，听者心里舒服，心情舒畅；不会说，听者心里受到伤害，气急败坏。有的大人说小孩话，非常幼稚：带肚子奶奶放一屁，脱空伢儿气。③

① 王章豹. 桐城谚语集锦［M］. 合肥工业大学出版社，2015：20.

② 杨普根，黄德邻，汪传碧，张扬，郑劲松主编. 潜山县民间文学集成. 潜山县文化局编印，1991：14.

③ 王章豹. 桐城谚语集锦［M］. 合肥工业大学出版社，2015：188.

# 第十篇 生 死

生死问题是我们人类关心的一个根本哲学问题，即我们从何来、到哪去的问题，而这也与我们能体验到的此世此岸的短暂性紧密相关。

就拿大家熟悉的《增广贤文》为例，里面就记载了很多关于时光流逝、人生易过的条文，比如"古人不见今时月，今月曾经照古人""人见白头嗔，我见白头喜；多少少年亡，不到白头死""人生一世，草生一春""酒债寻常行处有，人生七十古来稀""枯木逢春犹再发，人无两度再少年""死生有命，富贵在天""曾记少年骑竹马，看看又是白头翁""人生一世，如驹过隙""公道世间唯白发，贵人头上不曾饶"等，这些条文读来至今让人倍感亲切，又有道理。在潜山地区我们的先民也从自己人生实践中总结出了一些参透生死的条文，我们将一一介绍。

## 人有几个二十几，牛有几个四六齿。

【解说】

此语奉劝年轻人要加油干事业。此语源于农民和牛贩子对牛的观察，牛在壮年时牙齿是四到六颗，此时最有力拖犁带耙。人在二十几岁的时候，也是精力最充沛的时候。中国科学技术大学少年班有个班训："创业当少年"；《增广贤文》也有这样的说法："三十不豪，四十不富，五十将近寻死路""月到十五光明少，人到中年万事休""黑发不知勤学早，转眼便是白头翁"；总之"少壮不努力，老大徒伤悲"，趁着年轻，人要多干几把。

## 人是混世虫

【解说】

形容人生易逝。

曹操诗：

对酒当歌，人生几何！譬如朝露，去日苦多。

慨当以慷，忧思难忘。何以解忧？唯有杜康。（《短歌行》）

每当世人回望逝去的岁月如流水，怎么不可能发生"人是混世虫"的感叹呢？所以古人说寿夭不贰，人虫为一，道理就在这里，都是时空有限的存在者，人类徒增感慨而已。

《庄子》曾经这样论述：

小知不及大知，小年不及大年。奚以知其然也？朝菌不知晦朔，蟪蛄不知春秋，此小年也。楚之南有冥灵者，以五百岁为春，五百岁为秋；上古有大椿者，以八千岁为春，八千岁为秋，此大年也。而彭祖乃今以久特闻，众人匹之，不亦悲乎！

说的就是从时间上看，同为有生命的有机体，那些朝菌只有不到一天的寿命、蟪蛄（寒蝉）只有不到一年的寿命，人间的长寿者如彭祖有 800 年的寿命，这对于普通人和这些微生物来说，寿命够长的了，可是这又有什么值得炫耀的呢？因为古代还有的大椿、灵树，它们有数千年或数十万年的寿命……

### 百人生百病

【解说】

意思是每个人都可能遭遇到各自难治、将自己磨倒的病。或者说，在非命之外，每个人都会遇到不治之症，或谓"百人致百病"。

### 治得好病，治不好命。

【解说】

病有命外之病和命上之病，命上的病是没有办法治疗的，比如人生遭遇到的各种顽症。

命，就是人生当中遭遇到的必然性，无法摆脱的必然性，如天生的体质、性情、外在的社会制度和法律环境等，以至于人的生死大限。病可以医治，但是命运却没有办法逃脱。治病先治命，治命先治性，但人的性又大部分是天生的，因此又没有办法了。

### 是病治不好，治好不是病。

【解说】

这句话的哲理在于把能不能治好作为非病与病的区分标准，试想，如果一个病能够被医治，那终究不是病；如果一个病不能被治好，那才是真正的病、要命的病。这种病要归入命运了，因为它是难以改变的。

### 阴边不要，阳边不收。

【解说】

指落下了难治的病，但又一时不得死。

**活口：吃得做不得，饿着过不得。**

【解说】

指落下了难治的病，丧失了劳动能力。此语多为老人自我解嘲或自我悲叹语。农业社会中一旦劳力失去劳动能力，意味着他或她丧失了社会意义和价值，故病者常发出这种悲叹。这种状态本身又是人的生存必然。潜地还有"化米袋"的说法，指人老来丧失了劳动能力。

**树老根多，人老话多。**[①]

【解说】

在过去农业社会里，人上了年纪，儿孙满堂，老人由于自身地位的抬高、阅历的丰富容易对儿孙的事情指手画脚，显得话多；也有可能是年纪大了，出于对子孙的关心和不放心，而特别地提出意见；还有一种可能就是精神性的"话痨"，喜欢念穷经。在工业社会里，由于隔代隔居，老人话多不多已经不成为话题了。

关于人老，还有：

人老佝腰，树老焦梢。
人老一年，牛老一条田埂。[②]

**七十不留歇，八十不留餐。**

【解说】

这是说招待老人。老人上了 70 岁，身体难免有些问题，在外住宿可能不恰当；到了 80 岁呢，身体更加虚弱，到人家去吃餐饭都难保证不出问题。两句意思都是人年纪大了，尽量少往别人家里走动或少出门跋涉。

**八十八，九十九，阎王不请自己走。**

【解说】

人到了一定年龄，隐约知道自己的寿命如何。此语表现了说话人的乐观和通透。

---

① 杨普根，黄德邻，汪传碧，张扬，郑劲松主编．潜山县民间文学集成．潜山县文化局编印，1991：14.

② 王章豹．桐城谚语集锦［M］．合肥工业大学出版社，2015：209，75.

### 三十年河东，四十年河西。

【解说】

在小吏港也作"三十年河东变河西，别笑穷人穿破衣"。意思是穷人通过努力奋斗也可能成为富有或有权有势的人，反之富人奢靡堕落也会成为穷人或处境艰难的人。这里借黄河的改道来说明人事的更替和沧桑。通常有这么一个趋势：

一代熬油喝醋，二代宽衣大袖，三代不知来路。[①]

### 千年田地八百主，哪个钉下万年桩?

【解说】

指财富只可用，不可守。其实财富给人的是抽象的占有感，这种抽象感觉其实遮蔽着人对事物的丰富、全面和深刻的占有和享受感，前一种占有感给人带来的是暂时的满足感、一度的虚荣感、持久的虚弱无力感，而后者给人带来的是本质的、有力的、一次即通透的感觉，因此二者具有天壤之别。

### 早上困不暖，老来寿不长。[②]

【解说】

指老来随时都可能死去的状态。这句俚语的妙处在于将早上的短觉与老来的余年相比，读来不觉让人心寒。这句话也奉劝世人，老了就别指望自己能够活到多大的寿数了，该交代的要交代，该放下的要放下，该完成的要抓紧时间去完成。

### 人无千日好，花无百日红。[③]

【解说】

指人生如花一样，不能持久开放，形容人生短暂。

### 贫是青松富是花，人人都想富贵家；
### 寒冬腊月霜雪下，只见青松不见花。

【解说】

人生易逝，浮华难久，贫贱不移，节操当守。奉劝世人保持青松的节操，在世不畏低贱贫困。

---

① 王章豹.桐城谚语集锦［M］.合肥：合肥工业大学出版社，2015：169.
② 困：睡觉，方言也称"困觉"。
③ 杨普根，黄德邻，汪传碧，张扬，郑劲松主编.潜山县民间文学集成.潜山县文化局编印，1991：15.

人生七十古来稀，灯里无油自安支①；
青草怕霜霜怕日，露水能有几多时？

【解说】

一个穷人向一个地主借粮度日，地主说："人生七十古来稀，灯里无油自安支。"

穷人讽刺地主说："青草怕霜霜怕日，露水能有几多时？"

穷人的话与佛教《金刚经》结尾那个偈②中的几个意象有着异曲同工之妙。人和这些东西一样，都是有限的存在物，终究是要回去的，回复到那存在本身当中或整体当中去。"人生一世、草生一春，青草怕霜霜怕日。鸟怕弓箭鱼怕钩，人怕阎王把笔勾（把命抽）。"③（道生唱辞，林竹超提供）

人生易逝，此事最为无奈，唯有顺应。对于人生的福分，像云谷禅师说的，一毫觊觎，一毫将迎，皆当斩绝之矣。

## 一粪箕土伪④着颈

【解说】

言大限将至。此语多为老人的自述或者老人之间的玩笑。比如叹息自己的身体不中用，或者自己干不了什么事情了，或者讽刺别人老了还不考虑自己的大限，舍不得，放不下。

## 过个生日

【解说】

过生日，当然会有好吃的。此语意味着遇到了好事情或待遇。也可反用，表示碰到什么悲惨的遭遇。

## 坟包坐得高

【解说】

珍惜语。大难不死，必有后福。

关于坟包，桐城话讲：既归三尺土，难保百年坟。⑤ 坟包又有什么用呢？

---

① 安支：安放，靠。

② "一切有为法，如梦幻泡影，如露亦如电，应作如是观"或"诸合和所为，如星翳灯幻，露泡梦电云，应作如是观"。参见：金刚经. 心经［M］. 彭文译，注. 长沙：岳麓书社.2013：118，142.

③ 比较桐城话："铜盆撞了铁扫帚，恶人自有恶人磨"，也作"草怕严霜霜怕日，恶人须用恶人磨"。参见王章豹. 桐城谚语集锦［M］. 合肥：合肥工业大学出版社，2015：232.

④ 伪，方言读 wei 3，刨土围垄掩盖或加厚土层。粪箕，农村用来盛装垃圾、粪土的，竹丝制的、一口开放其他三口合围的搬运工具。

⑤ 王章豹. 桐城谚语集锦［M］. 合肥：合肥工业大学出版社，2015：145.

# 第十一篇 仪 式

人类生活离不开一定的仪式，喜事丧事，造房结婚，这些都是家庭生活中重大的节事，需要召集邻里，热闹热闹，相关的仪式就少不了。这些仪式的可贵之处在于为群众的公共生活提供了一定平台，在这些公共生活中，"司仪"吆唱出的韵辞无疑成为对群众进行教化和情感宣泄的宝贵时机。下面我们将对潜山地区流行的仪式、韵辞进行梳理。

## 上 梁 辞

### 上梁辞（一）

捉鸡：

> 手提贤东一只鸡，
> 此鸡不是凡间鸡，
> 王母娘娘报晓鸡，
> 一更二更不乱叫，
> 三更四更不乱鸣，
> 五更正是贤东上梁时。
> 一点点梁头，代代儿孙中诸侯，
> 二点点梁腰，代代儿孙背金袍，
> 三点点梁西，代代儿孙穿朝衣。
> 伸出龙门一把火，金木改为上朝廷。

斟酒：

> 手提贤东一把壶，上达珍珠踏脚城①。
> 上达珍珠界，下达莲花抱酒壶。
> 一点酒祭东，东方甲乙木，代代子孙得福禄；

---

① 珍珠踏脚城：即下文"珍珠界"，铺满珍珠的城市，应为瑶池景象。

二点酒祭南，南方丙丁火，代代子孙登科位；
三点酒祭西，西方庚申金，代代子孙发万金；
四点酒祭北，北方壬癸水，代代子孙皆喜美。
五点酒祭中，中央戊己土，代代子孙出文武。

扣（或撒）粑：

正二月，百草发芽，
三四月，禾苗下种，
五六月，禾苗旺盛，
七八月，收割上场。
磨房有个李三娘，
碓起米来白如雪，
磨出粉来白如霜，
今日做粑好上梁，
自从今日上梁后，
荣华富贵万年长。①

【解说】

这是旧时农家做屋上梁时砖匠的吆辞，吆辞分为两个部分，一是点梁，即砖匠提着公鸡给梁点鸡冠血、提壶斟酒点酒到梁上的过程中所吆的；二是砖匠提着花篮撒米粑时所唱的。可以想象，良辰吉日，大家聚集到屋场，围拢在堂屋前，爆竹响毕，一边听着砖匠的吆辞，一边抢着刚刚出锅的、热腾腾的米粑，这是何等的热闹和尽兴。

这种仪式为什么要发粑呢？古人就是从这"发粑"中取个"发"字。在古皖地区，遇到大事都要发粑，除了做屋要发粑，葬坟也要发粑，都求一个子孙后代代代发的吉祥。

辞中提到"王母娘娘报晓鸡"，这涉及民间对王母娘娘的信仰。王母娘娘的前身是"西王母"，是昆仑神话体系中的一位大神。明清以来，西王母是由西华至妙之气而生，且统领三界女仙，造成现代人的心理中，她慈祥高贵，而且掌管着人间的生死、福祸、生育、降雨、救灾等。她统领女仙，召开蟠桃会，拥有瑶

---

① 本辞由割肚吴传深砖匠提供，胡春生 2012 年搜集。关于砖匠，桐城话"仰瓦盍瓦瓦盖瓦，直砖横砖砖垛砖"。

池仙草，是三界的显赫人物。①

辞中还提到"李三娘"和"磨房"。其中"磨房会"和"磨房产子"的故事情节为：

五代时，刘知远贫苦无依，为李员外收留，并以其女三娘许配为妻。三娘兄嫂甚为不满，时时奚落知远，逼得知远投军太原；与三娘在瓜园分别时，三娘已怀孕三月。知远走后，三娘在家仍受其兄嫂虐待，被逼白天担水浇麻，晚上推磨磨面，受尽了人间疾苦。为了防止李三娘中途歇息，嫂子还专门请人做了一对尖底儿桶。一次，李三娘正在担水浇麻，忽然，从乔龙山窜出两只黑虎来，吓得李三娘魂不附体，丢下木桶就要逃生。可两只黑虎完全没有加害李三娘的意思，径直来到水桶边卧下，蜷起身子，使桶里的水一点也没有洒出。后来，李三娘为了纪念两只黑虎，在乔龙山东麓建成一座虎庙，受用人间香火。一受罪就是十六年，而此时，刘知远已经发迹，她还全然不知。由于常年担水在河里蹚水行走，连河里石头都被李三娘踩平了。

李三娘后产子取名"咬脐郎"（李三娘自己咬脐带而生下他），由窦公抱至太原，交与知远，其兄嫂想逼三娘再嫁，又寄信知远，诈称三娘急病身亡。十六年后，知远立军功任九州安抚使，兵至中原。一日，咬脐郎往郊外行猎，射中一只白兔，追至井台旁，遇见三娘在井边汲水，母子相见，不敢相认。三娘只好咬指写血书，要咬脐郎回营代交知远。知远见血书知三娘未死，易服回家，与三娘在磨房相会，一家团圆……②

捉鸡词在王余芳的版本中是：

贤东赐我一只鸡，此鸡不是凡间鸡，而是皇帝娘娘报晓鸡。
半夜三更不乱啼，来到人间报五更。
贤东听到金鸡啼，已是做屋上梁时。
东家奶奶听到金鸡啼，正是烧茶煮饭时。
学生听到金鸡啼，正是功名在望时。
姑娘听到金鸡啼，已是桃花绣朵时。
金鸡祭梁中，儿孙代代在朝中。
祭到东边金鸡叫，祭到西边凤凰啼。

---

① 卜会玲. 从西王母到王母娘娘的演变［J］. 文学界, 2010（03）.
② 此事在元代被永嘉书会才人编为"白兔记"，它与"荆钗记""杀狗记""拜月亭记"合称为"四大南戏"。

自从今日祭梁后，儿孙代代跳龙门。①

这个版本具有一定的文学性，把家中各种角色听到金鸡啼叫之后好运当头的荣幸表达出来，足以表达金鸡在重要仪式中的神圣性意义。

## 上梁辞（二）

发梁：

> 一朵莲花遍地开，
> 各位居士都请来；
> 鲁班师傅来造屋，
> 十八学士两边排；
> 昨日黄龙地下眠，
> 今日黄龙上天台；
> 左手来扎衣，右脚踏金梯；
> 打扫金銮殿，太岁来登基。

赞梁：

> 伏羲伏羲，天地开张；
> 鲁班造屋，富室贤良。
> 鲁班师傅打马山下过，
> 此树弯弯好做梁：
> 生在乌龙口内，
> 长在八宝山上，
> 根通三省，叶盖九州，
> 八仙驮斧来砍倒，
> 果老剃丫驮出林。
> 蛮工找数十余个，
> 锯工找数十余双；
> 金作马找一对，
> 银作马找一双，

---

① 王余芳口述. 杨普根，黄德邻，汪传碧，张扬，郑劲松主编. 潜山县民间文学集成. 潜山县文化局编印，1991：76.

八抬八托作马上，

脱掉蟒袍换龙袍；

先把五尺量长短，

后把曲尺定短长；

大锯锯着鹦哥叫，

小锯锯着凤凰啼；

大斧子砍着鱼鳞甲，

小斧子砍着白如霜；

长刨子推着龙摆尾，

短刨子推着摆尾龙；

大梁中间弹一线，

手拿朱笔好画梁；

两头雕着龙牙凤榫，

中间画有双凤朝阳；

龙牙凤榫出贵子，

双凤朝阳出状元郎。

自从今日上梁后，

荣华富贵与天长。①

【解说】

这段吆辞是木匠师傅在上梁时的吆辞，从顺序上讲，应该是木匠先吆，砖匠后吆。木匠主要讲述这木梁的木头是如何神奇，是怎么精美地制作出来的，文本涉及木匠的祖师爷鲁班，木匠所使用的工具锯、斧子、刨子、墨斗、五尺、曲尺以及雕刻用的凿子（这些据传说都是鲁班发明的）。文本极尽奉承之能事，用龙凤鱼鳞等意象来比喻梁的神圣和壮美。

文本称各位观客为"居士"，带有佛道意味。居士，在旧时既指出家人对在家信道信佛的人的泛称；亦指古代有德才而隐居不仕或未仕的隐士；同时，这名词还是文人雅士的自称，如李白自称青莲居士，苏轼自称东坡居士。道教人也有"居士"的称谓，佛教传入后，被译入佛经，形容在家修佛的人。文本开始提到"莲花"和"居士"，使得整个吆唱好像进入佛经故事开讲的氛围。

文本提到鲁班，鲁班作为中华民族最具影响的行业信仰神，在历史上实有其

---

① 这两段呼辞由胡春生（1939—）提供。锯：做动词时方言读 gai 2，也作"鐹"，鐹锯必须两个人一起，所以有"生个儿子是鐹匠，一个屙屎一个望"；刨：做名词时方言读 pao 1。

人。在先秦文献中有公输般，由于鲁班在百工方面发明精巧，所以后来传说逐渐对鲁班赋予神力。到了明清，人们更是设立"鲁班庙"或"鲁仙宫"，对鲁班进行祭祀，除了行业的祖师爷，"鲁班"还有保佑信众平安和行业发展的功用。

至于古代学士称号，最早出现在周代，是指读书的贵族子弟，后来演变成官名和有学问的人及文人学者泛称。

唐初开文学馆，以大臣十八人兼学士，讨论文典，号称"十八学士"，又置弘文馆学士，讲论文义，商量政事。唐太宗时命学士起草诏令，无名号。乾封（666—668）后，命文士在翰林院起草诏令，时称为北门学士。开元十三年（725）置集贤院学士，撰集文章，整理经籍。开元二十六年（738）又置翰林学士，掌起草诏令，沿袭至明。

在吆辞文本中，鲁班的"十八学士"显然不是读书人，也不是做官的，而只是学徒而已。既然鲁班已经是神了，所以他的门徒也就不能直接称为"徒弟"了，而要用高大上的"学士"来代替。

黄龙是古代汉族传说中的神兽。按照古籍记载，黄帝及大禹可能都是黄龙的化身①。五行思想体现的五龙②，其中一头是黄龙。黄龙是"四圣兽"③之长。黄龙在古代是皇权象征。吆辞文本中暗示黄龙到皇帝的演变，吆辞把上梁比作皇帝登基，步步高升。

上古时代，华胥国有个叫"华胥氏"的姑娘，到一个叫雷泽的地方去游玩，偶尔看到了一个巨大的脚印，便好奇地踩了一下，于是就有了身孕，怀孕十二年后生下一个儿子，这个儿子有蛇的身体人的脑袋，取名为伏羲。④ 伏羲生日为农历三月十八日。中原地区有在农历三月十八日祭祀伏羲的风俗。

吆辞中"伏羲伏羲，天地开张。鲁班造屋，富室贤良"，袭承的是伏羲女娲开天地、立人类的神话。从山洞中走出后人要有住的场所，所以有鲁班造屋。这可以说是人对房产需求的直接表达。

我们今天为人所熟知的"八仙"，则是道教中的二等八仙，他们分别是铁拐李、汉钟离、张果老、吕洞宾、何仙姑、韩湘子、蓝采和、曹国舅八人，其中七

---

① 《史记·天官书》言："轩辕黄龙体"。《归藏·启筮》说鲧"化为黄龙"。大禹之母是"修巳"，修巳的意思就是一条长蛇。《山海经·海内经》郭注引《启筮》云"鲧死三岁不腐，剖之以吴刀，化为黄龙"。

② 即青龙、赤龙、黄龙、白龙、黑龙，也指远古时代汉族传说的五大部落首领，分别为皇伯、皇仲、皇叔、皇季、皇少。

③ 《礼记·礼运》："麟、凤、龟、龙，谓之四灵。"麟为百兽之长，凤为百禽之长，龟为百介之长，龙为百鳞之长。

④ "雷泽中有雷神，龙身而人头，鼓其腹则雷，在吴西。"（《山海经·海内东经》）"大迹出雷泽，华胥履之，生宓犠。"（司马贞：《补史记三皇本纪》）

男一女，唯一的女仙不必说则是何仙姑。八仙中的八位神仙，均是从凡人得道而成仙，他们中的每个人在凡间都有自己成仙的故事，与道教中众多神仙不同，八仙正是因为有凡间的故事，所以显得更加贴近民众。他们之中身份也各有不同，有将军、皇亲国戚、叫花子、道士等。各种不同的身份，所以八仙也被人认为是象征着"贫富贵贱，男女老少"的形象。而且他们八位神仙性格迥异，即使是作为神仙也还保留着那种所谓的凡间陋习或是性格。这一点使得他们八位神仙更加贴近民众因而从诞生了八仙文化艺术。①

"八仙驮斧来砍倒，果老剃丫驮出林。"这里八仙砍树，为什么让果老来驮，原因恐怕就是果老随和，不那么书生气或正人君子或行为怪异，还有可能就是他的小毛驴可能帮着他驮此大树。

这段上梁呼彩在王余芳版本中是：

> 一朵红花遍地开，鲁班师傅请进来。
> 文武百官都长彩，十八学士两边排。
> 上梁喜逢黄道日，竖柱正遇紫微星。
> 上有紫微高照，下有明烛明亮，
> 前有三牲盟礼，后有金花对字，中有鲁班造屋。
> 今天本是黄道日，踩开黄榜上屋梁。
> 伏羲伏羲，天地开张；
> 栋梁栋梁，听我言章：
> 生在何处？长在何方？
> 生在乌龙嘴内，
> 长在八宝紫金山岗，
> 鲁班师傅骑马山下过，一见此树好做梁。
> 就请名将来拔起，一肩驮到九龙岗，
> 二肩驮到九龙府，三肩驮到做马上。
> 鲁班师傅忙把尺来量，量量东头有得出，量量西头有得长。
> 大锯锯着蜜蜂叫，
> 小锯锯着亮堂堂；
> 南京的木匠找一对，
> 北京的木匠找一双；
> 墨斗拉得恩格叫，
> 曲尺一量好上方。

---

① 吴绍斌，孙海英. 试谈中国八仙与日本七福神的文化信仰异同［J］. 剑南文学，2013（10）.

大小铁凿排成行，一路圆凿鱼鳞甲，一路扁凿向发光。
大斧子砍得龙眨眼，小斧子砍得响沧沧。
长刨子推得龙戏水，短刨子推得闪发光。
自从今日上梁后，荣华富贵与天长。

砖匠呼：

小小泥刀八寸长，手拿金线做金墙。
东边造起摇钱树，西边造起聚宝盆。
前幢造起金银库，后幢造起积谷仓。
金银库里仓仓满，继谷仓里万年粮。
自从今日上梁后，荣华富贵与天长。①

将王余芳版本和胡春生版本进行比较，我们发现它们各有取舍，也有可能是他们记忆各有误差。总体地看，木匠呼辞都具有把制作木梁的过程神话化和神圣化。可见旧时，人们信奉和津津乐道于此，还是表明人们生活在神话思维的影子下。

# 结 婚 辞

## 退轿神

轿神轿神，随喜来临；
车来暂住，马到暂停；
夫妇好合，如鼓瑟琴；
天长地久，日升月恒。
有劳轿神听从头，
恰是织女会②牵牛。
子子孙孙登高楼，
荣华富贵永千秋。

---

① 徐义松搜集．杨普根，黄德邻，汪传碧，张扬，郑劲松主编．潜山县民间文学集成．潜山县文化局编印，1991：74~75.
② 会，约会，会见．张维成搜集．杨普根，黄德邻，汪传碧，张扬，郑劲松主编．潜山县民间文学集成．潜山县文化局编印，1991：73.

### 传毡①

一步踏金街，二步有花开；
三步花结果，四步进房来。
走进房来看四方，
四根柱子顶屋梁。
左边摆了箱和笼，
右边摆了笼和箱。
中间摆张象牙床，
象牙床上红罗帐；
红罗帐内枕鸳鸯。
鸳鸯成对，凤凰成双；
好男生五个，好女生一双。

### 对拜②

良辰吉日，天地开张；
婚姻配合，做对成双。
先拜天地，后拜祖先；
夫妻交拜，转入洞房。

### 挑绣③

一揭丝巾拂面，二瞧月貌花容；
三多五福双献，四季如意财兴；
五子登科在望，六邻和睦相亲；
七子团圆荣幸，八仙过海神通；
九世同堂公义，十全十美完人。
今看洞房花烛，转眼人上之人。

---

① 传毡：又称"传袋"，中国汉族婚俗礼仪之一，新妇临门，男家以袋铺地，使新妇行其上进门。新妇走过的袋，又迅速传到前面铺在地上，叫传袋。袋与"代"谐音，取传宗接代的吉兆。
② 新娘进堂轩，由两个儿孙满堂女长辈，扶牵着新娘，呼之。
③ 新娘头戴红绸绣彩，坐床厅上，挑绣者手执杆秤，走上前赞曰："小小杆秤不分长，挑现美貌新娘。"此挑绣辞和对拜辞由横冲下河老人余锡中口述，余六旺记载．杨普根，黄德邻，汪传碧，张扬，郑劲松主编．潜山县民间文学集成．潜山县文化局编印，1991：76.

## 梳头

一梳梳到头，两梳梳到尾，
三梳梳到白发与齐眉。

一梳梳到头，富贵不用愁；
二梳梳到头，无病又无忧；
三梳梳到头，多子又多寿；

再梳梳到尾，举案又齐眉；
二梳梳到尾，比翼共双飞；
三梳梳到尾，永结同心佩；
有头有尾，富富贵贵。

## 牵床

牵床牵床，儿孙满堂；
先养学生，后养姑娘；
被子四个角，儿女几方桌。
被子四角亲，先养儿子后养孙。
被子四角齐，夫妇到老都齐眉。①

## 撒帐

一撒公婆千百岁，二撒夫妻日月长。
三撒田地千百亩，四撒金银满了仓。
五撒五男并二女，六撒六畜满了庄。
七撒七子团圆早，八撒八仙飘海塘。
九撒九九同居同到老，
十撒十全十美不寻常。②

———————

① 该辞2015年夏由林梅香老人提供。辞的后续部分老人已经失忆。估计最常用的就是这么几句话，因为牵床不可能耗时太长，不然新娘就站着受不了了。被子：方言读 pi ku 10；亲：此处做形容词，亲密，不离弃。在桐城地区，该牵床辞为："铺床铺床，四拐（四个角）到堂，先养儿子，后养姑娘。"差别是第三句到底是先养"儿子"还是"学生"。笔者认为大抵古代女孩是不读书的，所以"学生"也就暗含着是"儿子"。

② 张维成搜集．潜山县民间文学集成．潜山县文化局编印，1991：74.

## 吃菜

一口甜甜，公婆上前。
二口甜甜，夫妻团圆。
三口甜甜，五男二女。
四口甜甜，七子团圆。①

## 三朝洗儿

先洗头，作王侯；
后洗腰，一辈要比一辈高；
洗洗蛋，做知县；
洗洗沟，做知州。②

【解说】

这几段辞基本包含着传统婚仪中要说的好话。既然是好话，当然会不尽合理的，只是出于一种美好的愿望说出来的，不必去较真。比如多次出现"五男二女"，这个是不能推广的，真若那样，人口性别比例严重失调。关键的意思还是美好和幸福。人的现实生活是充满各种风险和挑战的，我们生活的幸福更多的是寄托在一种希望和憧憬之中。相信所有经过这种婚仪、接受这种祝福的新人，心里都装着满满的喜悦和激动。

所有祝福中，有这么几个要素：一是健康、长寿、少生病；二是富贵；三是多生；四是团圆，不分离。这些仪式中的好话，就是为了说好话而说好话，让当事人心里快活一下，只是憧憬和期待，至于实现，就各由天命去了。

# 祭 奠 辞③

这部分唱词主要是在祭奠仪式上由道生用悲切的经调进行吟唱，内容充满了佛教对人生的悲叹以及对儒家孝道的奉劝，可谓是佛儒融合的典范。本部分唱词未经特别注明，即为王启松提供。需要注意的是不同版本之间唱词会有差别，这是由于传抄或记忆的失误导致的。读者阅读时自己鉴别。

---

① 陈猛枝口述．参见：潜山县民间文学集成．潜山县文化局编印，1991：77.
② 张维成搜集．参见：潜山县民间文学集成．潜山县文化局编印，1991：77.
③ 本辞未经特别说明，由王启松提供、胡昌生记录。

焚香：

初焚香，初当召请。

春景百花开，杏李蝶徘徊。
富贵命安排（或作"劝君休恋财"）。
可惜光阴空过了，千秋万载不回来。

夏景日渐长，荷花出水香，
有钱难买好时光。
初夏炎天三伏暑，小船撑出响呛呛。

秋景菊花黄，家家造酒酿，
空中蝴蝶成行。
果老两万七千岁，颜回四八少年亡。

冬景雪花飞，白雪掩门扉，
家家做暖围。
孟姜女子寒衣送，万里长城哭夫归（或作"包骨归"）。

二焚香，二当召请。

暑往寒来冬复春，世上新人撵旧人。
蝴蝶梦中家万里，杜鹃枝上月三更。

暑往寒来春复夏，江南旧隐是谁家？
三点五点眼前雨，一支两支棺前花。

暑往寒来夏复秋，任将白骨葬荒丘。
水远山遥家何在，望乡台上泪双流。

暑往寒来秋复冬，风光不与四时同。
甜甜苦苦都是命，万万千千总是空。

三年前，自去世，木兰花开又重修。
如今修炼人何在，老鼠玩枝空白头。

水满池塘日前雨，花落庭前昨夜风。
今朝不问明日事，人争闲气一场空。

三焚香，三当召请。

亡人堂前一盏灯，灯灯盏盏照亡魂。
亡人吃下银灯酒，一去岔发乡不回程。

亡人面前一炉香，香灯渺渺放毫光。
亡人吃下辞乡酒，永别家乡永别家乡。

暑往寒来冬复春，一朝天子一朝臣。
长江后浪催前浪，世上新人赶旧人。

暑往寒来春复夏，瘦影求名未回家。
多少贤妇受烦恼，一朝荣华夕阳下。

暑往寒来夏复秋，果老两万七千零。
古人不见今人月，今月何曾照古人。

暑往寒来秋复冬，堆金积玉有何功。
撒手空挣归冥路，流芳百世纸真容。

人生似草绿油油，一度光阴几时休。
草死叶落根还在，可怜人死不回头。

孤雁年年去，时有转回来。
人到这条路，哪有一人回？

花怕狂风又怕雨，人怕阎王勾魂来。
花开花谢又复开，人死何曾转回来。

君不见初三初四峨眉月，要到十五十六圆。
月到十五光明少，人到中年万事休。

日月好似两只船，起在东山落西山。
一只船儿催人老，一只船儿撵少年。

日月好似两盏灯，一盏昏来一盏明。
一盏照开天堂路，一盏照开地狱门。

昨日无事去了东，十树花开九树空。
桃树开花还结果，可怜人死影无踪。

今日无事去了西，一边竹子一边梅。
梅花落在竹叶上，好似冬天下雪时。

一对鸳鸯往前飞，一个高来一个低。
高高低低何处去，声声叫道好孤悲。

儿女恩深终有别，夫妻义重也分离。
人生好似同林鸟，大限到来各自飞。

接亡一程又一程，今天不再又成人。
三魂七魄①梦中去，儿女号啕哭不醒。

地府有个望乡台，望见家中哭哀哀。
看见家中儿和媳，多多烧纸花钱财。

天上亮不过紫微星，地府黑不过五阎君。
阎王注定三更死，断不留人到五更。

【解说】

这几段是给亡人斟酒之后燃香时所唱的，可以看出仪式的规模。焚香辞主要应四时景来嗟叹人生苦短以及亡人对地府的初探，所以包含着"接亡"的主题。亡人"初到地府"，可想而知是非常孤独的，需要法师"穿越"去接他（她）。

在这个"二焚香"的环节，开始出现"四季轮回"的咏叹调，这个程式在后面还会出现，意思大体相通，只是个别字改动了一下而已。在整个祭奠辞中，这个咏叹调的反复出现，目的还是为了抒发离别的痛苦、哀叹人生的苦短以及在世追求的幻化。在林竹超提供的版本中，这个二焚香环节的"四季轮回"咏叹调是这个样子：

暑往寒来冬复春，一朝天子一朝臣。
山中虽有千年树，世上难逢百岁人。

暑往寒来春复夏，荣华富贵莫宽夸。
得道神仙人有几，红莲变做白莲花。②

暑往寒来夏复秋，夕阳桥下水东流。
将军战马今何在，野草黄花遍地秋。

---

① 魂魄：据《左传》郑国子产，生者由肉和灵构成，肉对应人的外形和形体中的气，灵对应人的魂和魄。人初生即有魄，而后随着身体里的气的壮大，人有了感情、思维和意志，这里称为魂。魄为阴性，魂为阳性。生人死后，魂魄会逐渐消散，而突然死亡者，魂魄则聚为"厉鬼"。旧时做法事的目的即招魂入西天佛国。

② 红莲变白莲，谓未发生根本改变。也可理解为红莲子发芽、长大、开出白莲花，谓生命的成长过程。

暑往寒来秋复冬，劝人行善莫行凶。
古今多少刚强汉，尽在南柯一梦中。

## 奠酒：

初奠酒，叹亡人，
此去见阎王，
苦楚难当，
眼中流泪落汪汪。
上告阎君慈悲主，
求判生方。（末句重复）

二奠酒，叹亡人，
一去影无踪，
何日地相逢，
除非纸上画真容。
要求难交接，
除非梦中再相逢。（末句重复）

三奠酒，叹亡人，
瓜子土里埋，
青枝绿叶黄花开。
瓜子受尽千般苦，
苦尽甜来。（末句重复）

再奠酒，叹亡人，
珊瑚打月影横斜，
纸糊似船难过海，
竹篮打水枉劳动。

奠酒毕，柱纸烧，
亡灵听法在今宵。
双手拍开生死路，
翻身跳出鬼门关。

【解说】

祭奠辞是旧时农家老人去世时邀请职业道生或道士为老人亡魂诵经送行、超度时的唱辞。如何看待这些祭奠辞，如何对这些辞进行理性而科学的判断，是现今社会学者和文化学者面临的一个问题。笔者认为，我们要一分为二地看这些旧社会留下来的韵辞：毫无疑问这些唱辞中，包含着旧的宗教信仰，特别是对冥国的设想，这些“彼岸世界”“冥国审判”在实证意义上是根本无可证的，因而是虚拟的；另一方面，这些唱辞中包含着我国传统文化中的精髓部分，就是对人生苦短的嗟叹，对世俗名利的追求的淡化，对伦理道德，特别是孝道的维护，用生命终了的天理审判来弥补世俗法律制度审判的不足等，具有深厚的哲理。这些哲理，在当代社会，尤其是在实证主义和实用主义甚嚣尘上的背景下，能够弥补或矫正我们对人生、对社会和对世界看法的偏颇。

另外，从文学的角度看，这些唱辞是旧时职业道生集体创作并不断加工和想象的，文辞优美，韵律讲究，娓娓动听，扣人心弦；既阳春白雪，又不失通俗易懂；既化入了历史事实，又通过排比、反复等修辞手法强化了道德说理、抒发亲人的伤痛，还通过模拟亡人逝去的路径和心态来劝说世人如何修身处世。

从唱辞的仪式部分讲，唱辞坚持了我国先民对伏羲的信仰，就像前面木匠、砖匠和地师的吆辞中对“伏羲”的恳求出场一样，这个唱辞中也有对“伏羲”的恳请，比如：“伏羲，天皇地禄，几番生死而能回，古来多少英雄汉，彼此都做了黄泉客。”不同的是，前者中伏羲是开张天地的大功臣；而后者中伏羲是见证人的生死和世间沧桑的见证者。

不过，纵览整个唱辞的仪式部分，佛教信仰是占主流的，尤其是对冥路阎君的信仰，对太上尊的信仰，对上帝（玉皇大帝）的信仰，对佛祖如来的信仰，对慈悲观音的信仰，而且通过大量的文学想象，这些信仰附着着大量的如此世般的细节，这个我们下面就可以看到。

这“三奠酒”是开科后给亡人斟三杯酒时所唱的。从内容上讲，包含三个部分，一个是对亡人的祝福，如“求判生方”“苦尽甜来”，一个是对亡人离开此世的嗟叹，如两个“除非”：“除非纸上画真容”“除非梦中再相逢”；还有一个就是对亡人的“命令”：“亡灵听法在今宵。双手拍开生死路，翻身跳出鬼门关”，意思是，今天晚上我们为你做法事，你得认真听着，借助我们的法事，进行罪过的忏悔，这样你才好被超度入天堂界，而非入地狱。严明的冥国审判，仍然包含着超生的机会，这无疑是对亡者一个告慰，既包含着人对法的屈服，又包含着人对宽恕的请求。

最后解释下“柱纸”：这两个都是香礼，烧香就是烧这两样。

柱子其实是布帛，上等的用丝绸的帛，制作精美；柱子的目的是上面书写谁祭奠谁，是用来表彰的，宣明某某来祭奠了，相当于追悼会上的花圈。布帛一般在仪式的终了、大家散伙前烧掉，因为这时无需告知谁来祭奠了。

　　纸，通常是竹子做的纸，这个古老工艺和陶瓷工艺一样，早已被列为物质文化遗产。纸上面不要写谁祭奠谁，是匿名的。纸，代表钱；多烧纸的意思是，但愿亡者在冥国有钱花。

　　所以说，这个仪式依然包含着中国人实用主义的处世态度。

　　这个棺前奠酒在林竹超提供的版本中是这样的，从内容上看，都是亡人辞谢此世：

> 初奠酒，棺前一炉香，
> 香烟十方，
> 香烟缥缈散十方。
> 亡人吃下辞香酒，
> 永不回乡。（末句重复）

> 二奠酒，棺前两盏灯，
> 灯放光明。
> 灯灯盏盏照亡人。
> 亡人吃下辞灯酒，
> 去不回头。（末句重复）

> 三奠酒，棺前一棵花，
> 花发枝芽。
> 花开花谢浪淘沙。
> 亡人吃下辞花酒，
> 早登仙家。（末句重复）

或者：

> 初奠酒，梦华胥，
> 一梦华胥，
> 华胥梦里梦华胥。
> 华胥见华胥梦，
> 一梦华胥。①

> 二奠酒，梦黄粱，
> 一梦黄粱，

---

① 一梦华胥：一场梦幻，出自《列子·黄帝》："［黄帝］昼寝而梦，游于华胥氏之国。华胥氏之国在弇州之西，台州之北，不知斯齐国几千万里，盖非舟车足力之所及，神游而已。"

黄粱梦里梦黄粱。
黄粱见黄粱梦，
一梦黄粱。

三奠酒，梦周庄，
一梦周庄，
周庄梦里梦周庄。
周庄见周庄梦，
一梦周庄。

初奠酒，叹年老，
空苦孤怜，
空在阳间过一生。
死后不知何处去，
云雾沉沉。

二奠酒，叹年青，
为何短命，
仓仓促促到幽冥。
为子为孙都为尽，
空手回程。

三奠酒，在棺前，
度人升天，
棺前鼓乐喧闹天。
今将法事超度你，
度亡升天。

初奠酒，世道与天涯。
世事如麻。
功名利禄莫宽夸。
得道仙人能有几，
浪里淘沙。

二奠酒，丢棒打月明，
水面磨针。
菜篮提水枉劳心。
纸糊船儿难过海，

丧尽残生。

三奠酒，孝子把香焚，
祝告亡魂。
三魂七魄来闪临。
奠上亡魂三杯酒，
醉上天庭。

## 奠酒〔女〕：

堪叹卖花娘，美貌无双，
一年一度发阳关。
四十铁锤未打死，尸骨埋在后花墙。

堪叹祝九娘，女扮男装，
孔圣堂上学文章。
路过山伯结为友，同学攻书三年似同窗。

堪叹孙二娘，武艺刚强，
十字路口开酒行。
遇到武松来打虎，酒店大闹又一场。

堪叹李三娘，打发在磨房，
黑夜挨磨到天光。
磨磨生下咬脐郎，受尽折磨和凄凉。

堪叹黄氏娘，恳①念金刚，
惊动地府五阎王。
对得金刚无差错，金童玉女送还阳。

堪叹刘氏娘，起心不良，
打狗开张罪难当。
不是孝子来超度，怎样蓬莱到天堂。

堪叹何仙姑，不配凡夫，
相与变化妙书无。

---

① 恳，读音 ku 3，意思是发自内心的苦苦哀求或劝告。

男女能修长生而不老，早早超度三界上天都。

堪叹苦孟姜，结拜范郎，
千山万水送衣裳。
哭倒长城千万里，可怜抱骨转回乡。

堪叹灵牌四方角，上写姓名在中央。
灵前摆着茶和酒，怎见亡人托口尝？

初奠酒，堪叹青年人，
空度光阴，空到阳间走一程。
做婆做媳都不像，珠泪汪汪。

二奠酒，堪叹佳人，
聪明伶俐，百般针线爱坏人。
留下许多美好景，好不伤心。

三奠酒，堪叹光阴，
一去不回程，两眼流泪落纷纷。
今生不得重相会，除非来生。

初奠酒，堪叹佳人，
年纪轻轻，收拾打扮赏观音。
指望夫妻同到老，谁知半路两离分。

二奠酒，堪叹娇姑，
闺中爱丈夫，犹如越国女西施。
生前人间多快乐，谁知今日命归无。

三奠酒，堪叹娇娥，
身穿绫罗，胜似月里姣嫦娥。
纵然皇亲并国女，到时也得见阎罗。

再奠酒，堪叹娇娘，
伶俐无双，前日烧了离别香。
梦中飞在烟台上，南来孤雁不成行。

二奠酒，堪叹姣佳，
珠泪抛洒，十指尖尖似藕牙。

牛头马面来相请，即见阎衙。

三奠酒，堪叹杏香，
盖世聪明，绣花绣朵样样能。
绣出蛟龙龙显身，可叹今生。

天生男女不周全，男男女女试一番。
男荣女贵不上下，贫穷富贵两难全。

也有忠孝节烈女，也有女将掌兵权。
恩女都有能回路，难觅长生不老丹。

杨门女将好英雄，打破天门几千重。
古来多少裙钗女，进入香华一梦中。

夸什么福禄和善恶，谈什么金玉而满堂，
讲什么文章而盖世，言什么富贵而久长。

【解说】

这几段是专门给女亡人斟酒时所唱的，专注于对历史上一些"有名"的典型女性的事迹和命运进行梳理，像"卖花娘""祝九娘""孙二娘""李三娘""黄氏娘""刘氏娘"，还有何仙姑。这里既有我们大家熟知的梁山伯与祝英台的故事，有李三娘磨房产子的故事，有孙二娘与菜园子张青在孟州道十字坡开酒店卖人肉的故事，有孟姜女千里寻夫哭倒长城的故事，还有一些我们不怎么熟知的故事，如卖花娘发配阳关遭毒害，黄氏娘苦念金刚而还阳，何仙姑不配凡夫，刘氏娘起心不良等。

这些案例的主题是，无论女子遭遇如何，是好是歹，是善是恶，是贵是贱，是有武功还是有节烈，是会针线还是不会做婆娘，都面临着死亡这一宿命。

关于刘氏娘，查起来可能是网传的浙江绍兴嵊州的一个典故：

明朝有个女子叫刁刘氏，刁刘氏本家姓刘，名素娥，故又称刘氏。其夫姓刁，名南楼，是襄阳城里的大财主，人称刁朝奉。封建时代男尊女卑，女人嫁人后，习惯上要在原姓前加上夫家的姓。因此，刘氏成为刁南楼的正室后，就被称为"刁刘氏"或"刘氏娘娘"。

这刘氏娘娘容貌美艳，有才艺，却生性风流，刻薄淫毒，一副蛇蝎心肠。对刁妾王氏，她心怀嫉恨，花样百出，百般刁难；对丈夫刁南楼，又嫌其容貌丑陋，不懂风情，心生嫌隙。刁南楼与进京赶考的毛龙、唐云卿相逢，三人说得投机，遂结拜为兄弟。

刁刘氏勾引唐公子不成，即趁三人同游扬州之机，与风流倜傥的秀才王文勾搭成奸，不慎被刁妾王氏撞见。刁刘氏在馒头中暗置砒霜，欲害王氏。不料刁南楼正好回家，误食毒馒头，当即命丧黄泉，做了冤鬼。

刁刘氏消灭罪证，掩盖真相，嫁祸王氏，又横行无忌，继续与王文幽欢。毛龙考中状元，巡按湖广，途经襄阳，欲访义兄，没想到刁南楼已经作古。毛龙吊孝，发现疑点，经暗访明察，终将刁刘氏与王文正法。行刑之日，刁刘氏被剥光衣服骑木驴游街，历唱当日谋夫经过，劝世人勿可效尤。

八叹：

叹亡人，生前排，亡人来到望乡台。
望乡台上双流泪，望见家中哭哀哀。

叹亡人，好心焦，亡人来到奈何桥。
桥上花幡来接引，桥下血水浪滔滔。

叹亡人，心又惊，亡人一见好伤心。
善恶到头终有报，孽镜台前照分明。

叹亡人，好惊惶，亡人来到卖茶庄。
阴司哪有茶来卖，此茶就是迷魂汤。

叹亡人，心里惊，亡人来到地狱门。
披枷戴锁多受苦，眼中流泪落纷纷。

叹亡人，好悲伤，亡人一见实凄凉。
黑暗不知家中事，举手不知是他乡。

叹亡人，莫奈何，亡人来到滚油锅。
上面滚油纷纷落，下面血水成了河。

叹亡人，冷清清，莫在阳间做恶人。
善者金童来接引，恶者打入地狱门。

【解说】

这几段主要是叹息亡人在阴间遭遇到的厄运。创作者设想了这么几个环节或地方：望乡台—奈何桥—孽镜台—卖茶庄—地狱门—滚油锅，也就是说，亡人到此，如果不经过超度的话，很有可能打入地狱，永远黑暗，"黑暗不知家中事，举手不知是他乡"、油锅煎煮、披枷戴锁。

这是宗教中常有的劝说手法：以"凄怖"之境劝人弃恶从善，信教守规。

礼佛文（一）：

　　荣华富贵少思想，孝士衷心理当然。
　　欲想孝士门下利，修斋作七度亡魂。

　　天留风雨佛留经，人留儿孙草留根。
　　天留风雨生万物，佛留真经度亡魂。
　　人留儿孙传后代，草留枯根又复生。

　　有心栽花花不发，无心插柳柳成荫。
　　花还在，柳成荫，不见栽花插柳人。

　　昔日王子去求仙，出往丹山八九天。
　　埋在山上方七日，回来世上几千年。

　　叹亡人，生金排，亡人来到望乡台。
　　望见家中儿和媳，多多烧纸化钱财。

　　叹亡人，心莫焦，亡人来到奈何桥。
　　善人桥上金童引，恶人水面毒蛇拖。

　　叹亡人，莫伤心，亡人来到地狱门。
　　披枷戴锁多受苦，何不阳间把善行。

　　叹亡人，好苦情，来到阴间苦伶仃。
　　黑暗不知家乡处，举目全无六亲人。

　　叹亡人，好凄惨，亡人来到破钱关。
　　阳间破钱无用处，阴司破钱罪多端。

　　叹亡人，莫奈何，亡人来到滚油锅。
　　上面滚①油纷纷落，下面血水漏成河。

　　叹亡人，心胆战，亡人来到尖刀山。
　　尖刀山上拼剪术，尖刀山下苦不堪。

　　叹亡人，莫心忧，潇潇洒洒度春秋。
　　任你金银贯百斗，难免荒丘土一丘。

---

① 滚，滚烫。

叹亡人，正好修，莫在红尘浪里游。
多少英雄与好汉，弃恶向善发心修。

叹亡人，到幽冥，善恶判官把秤称。
善人只有四两重，恶人足有几千斤。

天上亮不过紫微星，地府黑不过五阎君。
阎王注定三更死，断不留人到五更。

君不见，有圆还有缺，无古亦无今。
月逢三十夜，不照锦乾坤。

山崩不顾千年树，船开哪顾岸上人。
亡人不顾家中事，阎王不顾老少人。

双双莺鸟过江来，鸟为食来人为财。
蜜蜂为的贪花死，山伯只为祝英台。

西施貌美今何在，貂蝉风流影无踪。
武后监朝自称帝，到头俱是一场空。①

【解说】

礼佛礼佛，还是劝人行善信佛。劝人行善信佛，首先必须从亡者的坚决和在阴间遭遇的苦情出发。直接劝，很难劝，从生的短暂和无情来劝，让人颇容易接受，"追求永恒"必须超脱生的短暂，生既然短暂，行善自然是必要的，何苦为名、利、权、色而害生呢？

词中的"尖刀山""破钱关""奈何桥""望乡台"都是作者的文学想象，目的是为了词更加蜿蜒曲折、生动形象，有点现在"编剧"的味道。

## 礼佛文（二）：

一炷清香谢返魂，诸天诸地远遥闻。
此香上达青华界，奏请东公做度人。

灵幡飘荡本圣宫，幡动风飞神锡宫。
幡本无因魂魄合，魂随魄合偶相逢。

冥冥失却前程雾，雾了方知彻底知。

---

① 林竹超提供。

又是灵幡飘荡去，花幡变做主人翁。
……
自从亡者抛别人世，恩情骨肉总成空。
叶落不返树，水流岂还源。

黄泉不问尊卑者，无常哪问老少人。
虽然老少不同寿，奈何生死则一平。

叹年高八百之彭祖，三十二岁之颜回。
叹年高之麻姑，二十四岁之红娘。

秋唧唧，夜黄昏，一片青山野火焚。
白骨霜坟谁为主，黄泉路上鬼成群。

一寸光阴一寸金，寸金难买寸光阴。
黄金失落还可找，光阴失去无可寻。

人生七十古来稀，未注生来注死时。
阎王注定三更死，绝不留人到五更。

人生七十古来稀，暑往寒来大限至。
不信但看天边月，正好月圆又落西。

人生七十古来稀，光阴似箭赛马跑。
任你金银千万两，哪买黄泉路一条。

古天古地古乾坤，古今日月古今明。
古人说话般般在，单单不见古时人。

枯木逢春花又开，人死不曾转回来。
大限到来留不住，看来都是命安排。①

【解说】

这篇礼佛文节选不是把亡人在赴阴途中的险恶告诉人们，然后劝人们信佛行善，而是提出一些规劝，对人生的短暂进行感叹，其中"古天古地古乾坤，古今日月古今明。古人说话般般在，单单不见古时人"颇具有历史沧桑和空明感。

本节选比较具有哲理的句子是开始的开场白，把灵幡和魂魄的相互寄寓的关

---

① 林竹超提供。

系点明：没有灵的幡，只能是花幡；有灵的花幡为灵幡；就在风飞幡动的飘荡之声中，魂魄随缘耦合，化成种种生态；而一旦魂飞魄散，就只剩下孤零零的花幡，无任何意义可言，而开场说的就是这种魂飞魄散后的孤寂。

类似的句子在祭文中还常见，如：

> 灵幡飘动本因风，风动幡飞送西空。幡若风来魂魄赴，魂随幡引上南宫。
> 灵幡飘荡本无风，风动幡飞瞬息中。幡本无风魂魄附，魂随幡引上南宫。
> 灵幡飘动本因全，风动幡飞到黄泉。幡飞无心莫自合，魂随魄合偶相连。
> 明明知知从前喜，悟了方知彻底空。若是灵幡漂荡去，花幡便是主人翁。

无非是借幡招魂，借风送魂。

## 绕棺咏叹调：

> 人生在世莫忧愁，平平稳稳度春秋。
> 任你金银贯百斗，难免荒山土一丘。
>
> 人生好似一把弓，朝朝暮暮在世中。
> 有朝一日弓弦断，两手空空有何功。
>
> 人生好似一阵风，吹来刮去影无踪。
> 几多亲朋生前好，黄泉路上不相逢。
>
> 人生棋局时时新，车马仕象炮来频。
> 卒子不走回头路，人生一去不回程。
>
> 人生好似一清泉，流来流去几十年。
> 水流长江归大海，日出东山又一天。
>
> 人生好似采花蜂，朝采西来暮采东。
> 采得百花成蜜果，双眼一闭两手空。
>
> 山中百草绿油油，一度光阴几时休。
> 春秋四季常年转，可惜人去不回头。
>
> 朝也忙来暮也忙，只想金银买田庄。
> 劳碌奔波人一世，物在房空人却亡。
>
> 昨日还是烧香客，今朝却做受香人。
> 黄泉路上无老少，青史书中谁留名。

生前得病久卧床，买药寻医觅妙方。

指望病愈人如旧，谁知终日见阎王。

【解说】

这几段又被称作劝世文，带有强烈的人生苦短的意味。这中间有五个比喻，把弓、蜜蜂、阵风、棋局、清泉，说的都是人生给人留下的无常和短暂之感。

"朝也忙来暮也忙，只想金银买田庄。"这显然说的是古时中国人投资的方式就是买地出租；改革开放以来，人们的投资方式多了，有开办工厂办实业的；有投资买房，主要靠城市建设过程中房价上涨套利的；有投资基金，坐吃红利的。买地也罢，买房也罢，买基金也罢，都是逐利积累资本，但资本终究是物，人一旦成为逐利的"动物"或机器，其结局必然是"劳碌奔波人一世，物在房空人却亡"。这其实是一个悲剧性后果。推论是，人生除了忙碌、逐利，还可以潇洒一番，艺术一把，疯癫一次，享受一程。

若以几十年为一日，"昨日还是烧香客，今朝却做受香人"其实是芸芸众生的真实写照；生死无情，隔层薄纸，无论老少，无论贵贱，无论善恶。"黄泉路上无老少，青史书中谁留名"讲的是那些刻意要"建功立业""建德立名"的人，看看青史，就会明白，自己其实是多么渺小，恐怕也是"雁过无痕空留恋，花落无声独拭泪"。

此处林竹超版本为：

法席广安排，佛门大展开。花幡引亡童子送，极乐界上无挂碍。

一朵莲花遍地开，亡者身入到棺材。大限到来留不住，算来都是命安排。

梦中甘露时常洒，手中杨柳不计秋。上保斋林生活彩，奈何长做度人舟。

一点二点水，能洒世间人。三声四声号，说法度亡魂。

慈尊玉相何难言，星斗火星灿金莲。金莲正超亡人养生会，乘龙驾雾上青天。

慈尊玉相何难求，身披绿叶自转休。五色祥云生足下，九头狮子下凡间。

救苦慈人好圣贤，威威道道成紫金莲。千江有水千江月，万里无云万里天。

救苦慈人身穿青，手捧一本救亡经。度亡经上无别字，字字句句度亡魂。

救苦慈人身穿黄，手捧一玺救亡章。度亡章上无别字，字字句句度亡魂。

救苦慈人坐莲台，宝瓶杨柳洒三灾。也洒八难①并五苦②，归出来兮归出来。

---

① 八难：在地狱难、在饿鬼难、在畜生难、在长寿天难、在边地之郁单越难、盲聋喑哑难、世智辩聪难、生在佛前佛后难。

② 五苦：指生老病死苦、爱别离苦、怨憎会苦、求不得苦、五蕴盛苦。

劳碌奔波一世人，东西南北走一程。　昨日还是烧香人，于今便做受香人。
亡人得病卧牙床，请了医生点了方。　珊瑚玛瑙难医病，山伯英台同归阴。
山中百草绿悠悠，一度光阴几时休。　春去冬来常年转，人到中年万事休。

暑往寒来冬复春，世上新人赶旧人。　蝴蝶梦中家万里，杜鹃枝上月三更。
暑往寒来春复夏，江南旧隐是谁家。　三点五点檐前雨，一棵两棵棺前花。
暑往寒来夏复秋，任将白骨葬荒丘。　水远山遥家何在，望乡台上泪双流。
暑往寒来秋复冬，春光哪比四时同。　甜甜苦苦都是命，万万千千都是空。

朝也忙来暮也忙，忙些金钱买田庄。　生前想尽千般计，死后空落手一双。
人生好比一阵风，吹来吹去影无踪。　风来风去哪有影，黄泉路上不相逢。
人生好比一清泉，流来流去几十年。　水流长江归大海，日出东山又一天。
人生好比一盘棋，车马仕象炮来推。　卒子不走回头路，一去悠悠永不回。
人生好比一把弓，朝朝暮暮在手中。　有朝一日弓弦断，两手空空有何功。
人生好似采花蜂，朝采西来暮采东。　采得百花成蜜果，死后也是一场空。
人生好比一座桥，金桥银桥奈何桥。　金桥度过唐天子，银桥度过地藏王。
人生好比两盏灯，一盏昏来一盏明。　明灯照开天堂路，昏灯照破地狱门。
人生好比两只船①，起在东山落西山。　一只船儿催人老，一只船儿赶少年。

　　显然林竹超的版本咏叹的内容十足，一个是寒来暑往咏叹，一个是人生好比咏叹。前者，以四季轮回为依托，以家为追问对象，模拟亡人的口吻，追问当年辛苦经营的"家"在何处，以谓家空，同时令听经的人顿悟，家之难守。后者可谓"人生八喻"，主题还是人生苦短，人生本来虚空，人的主观意志在自然面前的渺小和卑微。

　　从文学手法上来讲，这两个咏叹调不乏佳句，读者可以用心体会。

## 四时景：

春景好时光，难见朝阳，
百花开放暖洋洋。
对对彩蝶空中舞，双双燕子绕画梁。

夏景好时光，天气初长，
插田打麦一起忙。
野外榴花红似火，采莲船在水中央。

---

① 船：日月谓也。

秋景雁成行，九月重阳，
桂子花开十里香。
蟋蟀"知了"轻轻叫，蝙蝠低飞在屋旁。

冬景好时光，万木凋伤，
满山落叶响呛呛。
寒冬腊月风割肉，雪花近腊乱飞扬。

【解说】

"四时景"是诵经仪式中经常出现的咏叹形式，譬如上面在"初焚香"的环节，就出现了一个"四时景"，不过那个"四时景"是以"花"为咏叹对象，春景百花开，夏日荷花出，秋景菊花黄，冬日雪花飞，每个季节以一种花开为引子，说明光阴易逝和已逝。这几段四时景同样展现了旧时文人在创作时的才华，既通俗易懂，又以四季轮换说明人生无常，看从春暖"百花开放暖洋洋"到夏日"插田打麦一起忙"，到秋日"桂子花开十里香"，再到"满山落叶响呛呛"，用一个字概括，就是"暖—火—香—伤"，人生不也是这样的节奏吗？

林竹超版本基本与上相同，如下：

叹春景，好时光，百花开放，
满园桃李争芬芳。
对对彩蝶花间舞，双双燕子绕画梁。
奉上亡者初杯酒，兰草花香，青兰花香。

叹夏景，好时光，日子正长，
南仓大麦一起黄。
野外榴花似火焰，春吹柳絮满池塘。
奉上亡者二杯酒，藕莲花香，藕丝花香。

叹秋景，好时光，天气渐凉，
风送丹桂十里香。
蟋蟀堂上吱喳叫，蝙蝠翩翩夜飞翔。
奉上亡者三杯酒，黄菊花香，白菊花香。

叹冬景，好时光，草木枯黄，
满山红叶响呛呛。
寒冷凛逼风割肉，大雪纷飞舞飘扬。
奉上亡者再杯酒，蜡梅花香，雪梅花香。

胜日寻芳泗水滨，桃红柳翠绿茵茵。

等闲识得东风面，一度春风躜①少年。

暑期烈日热阳阳，野间闻到藕花香。
娃鼓喧天荧光闪，何曾留住夏风光。

梧桐叶落一张张，燕鸟高飞往南方。
黄金时代丰收乐，转眼秋风阵阵凉。

朔风吹生路盖霜，枯黄草木带红妆。
天寒地冻鸟归宿，年复一年冬景伤。

## 叹十字：

初奠酒，叹一字，
一字中间加一竖，便成十。
十字头上加一撇，千辛万苦。

二奠酒，叹二字，
二字中间加一竖，便成土。
土字脚下加一么，一去不返。

三奠酒，叹三字，
三字中间加一竖，便成王。
王字右边加一点，玉不成双。

一字写来一横长，秦王横追楚霸王。
九里山上遭埋伏，逼死霸王在乌江。

二字写来有一双，刘秀起兵在南阳。
铫期马武双救驾，二十八宿闯宜阳。

三字写来三横长，三国出了关云长。
过了五关斩六将，鼓擂三通斩蔡阳。

四字写来腹内空，唐朝出了尉迟恭。
柳枝远远来画押，回朝封他吴国公。

五字写来占五方，花国走出李三娘。

---

① 躜，zuan 1，践踏。

县官做的刘知远，磨房生下咬脐郎。

六字写来绿茵茵，杨家六郎去带兵。
阵前救下杨宗保，打破天门穆桂英。

七字写来有一弯，崇祯皇帝上煤山。
上了煤山十字路，可怜一命丧黄泉。

八字写来两边排，山伯路遇祝英台。
同学读书三年整，不知英台是裙钗。

九字写来有一勾，隋炀皇帝下扬州。
一心贪玩花来采，万里江山一回丢。

十字写来正中心，目连挑水救母亲。
挑水来到家门口，两肩皮绽血淋淋。

十字写完一周元，炉内焚香化纸钱。
金童玉女来接引，接引亡灵上西天。

暑往寒来冬复春，人生好似一阵风。
昨日是个烧香客，今朝做了受香人。

暑往寒来春复夏，人生好似浪淘沙。
纵然皇帝并国女，无常一到不认他。

暑往寒来夏复秋，洛阳桥下水长流。
昭君战马今何在，野地荷花遍地愁。

暑往寒来秋复冬，人生好似采花蜂。
春景花残无处采，到头辛苦一场空。

【解说】

这里包含一个"十字叹"和一个"暑往寒来"咏叹调。这个"十字叹"完全是借传统的拆字游戏或拆白道字来引出自己的观点，颇有修辞意味，给人一种历史沧桑的感觉。

这十字写来，引出的传说或史实分别有霸王兵败、刘秀起兵、关羽过关、尉迟恭战匈奴、李三娘磨房产子、杨家将抗辽、崇祯自尽、梁祝共读、隋炀帝丢国、目连救母。其中直接涉及悲剧和死亡的有"霸王兵败、崇祯自尽、隋炀帝丢国"，其他的事情倒也都引为美谈，但也都是过眼云烟。后面这个"暑往寒来"咏叹调是点题的，

"暑往寒来冬复春，人生好似一阵风。昨日是个烧香客，今朝做了受香人"。

林竹超提供的版本为：

一字写来一横长，武松打虎景阳冈。
武松本是英雄汉，梁山寨上保宋江。

二字写来二横长，诡计多端诸葛亮。
草船借箭东风计，火烧赤壁转回乡。

三字写来三横长，桃园结义刘关张。
刘备关羽今何在，张飞周仓见阎王。

四字写来腹内空，唐朝出了尉迟恭。
偷任①爱柳来鉴押，回朝封他吴国公。

五字写来占五方，花园月下李三娘。
并州做官刘知远，磨房生下咬脐郎。

六字写来绿茵茵，杨家出了六郎君。
阵前救驾杨宗保，打破天门穆桂英。

七字写来反脚巧，仁贵武艺如天高。
单枪匹马来救主，唐朝忠臣美名标。

八字写来两边排，山伯访友祝英台。
杭州结拜梁山伯，未曾识破女裙钗。

九字写来有一勾，隋炀皇帝下扬州。
一心要把群花采，万里江山一旦丢。

十字写来好孤恓，古人留言传高低。
孝心感动天和地，谁人思想念阿弥。

民间口头流传的"十字歌"（非用于祭祀，而只是用于书文或传唱）版本为：

一字写来一横长，好个当初楚霸王。
三分天下还嫌少，烈马逼死在乌江。

二字写成一条河，杨家有个老令婆。
百岁征西去挂帅，龙头拐杖手中捉。

---

① "偷任"可能为"秦王"（李世民）的笔误。"爱柳"可能是"爱材"的笔误。旧时经文都是手抄，很容易出现这种形误或音误的情况。

三字写成节节高，三国英雄算马超。
大战张飞三百合，万马军中捉曹操。

四字写成四方方，四郎失落在番邦。
四郎番邦招驸马，三关探母转回乡。

五字一笔在中央，武松打虎景阳冈。
鸳鸯楼上杀西门，血溅双凤美名扬。

六字写成两脚摊，六郎把守在三关。
杨门斩子杨宗保，多亏五郎下了山。

七字写成把脚翘，宋朝清官算老包。
虎头铡上斩包勉，棍打仁宗犯天条。

八字写成两条脚，牛郎织女配夫妻。
二人做下亏心事，天河隔断两分离。

九字写成秤钩平，岳飞父子是忠臣。
家住雪山清河口，死在洛阳风波城。

写到十字把笔丢，隋炀皇帝下扬州。
冰打雪花伤天理，万里江山一旦丢。①

这些版本的共同点是都结合着汉字数字的书写，起兴，然后结合一些历史英雄人物的传说或故事，进行抒怀或者感叹，给人一种历史如烟的感觉；有得甚至表达说者的人情立场，或褒扬，或讽刺，或轻刺，如说包公斩子、炀帝下扬州、牛郎织女之间的"亏心事"。

几个版本有不少故事使用是雷同的，如梁山伯与祝英台的传说、汉楚争霸的故事，不同的是，在祭礼中的吟唱，会穿插一些对佛教的宣扬。可见，在祭礼中，佛教叙事和民间的传说叙事已经走到了一起。

# 十二月叹（一）：

叹亡人，莫心焦，时逢正月闹元宵。
一家大小都不见，哭断肝肠泪淘淘。

叹亡人，好心忧，花谢时节总难留。
少年夫妻江湖走，红粉佳人白了头。

---

① 李再望搜集．参见：潜山县民间文学集成．潜山县文化局编印，1991：108-109.

叹亡人，愁莫深，春光三月正清明。
流泪眼观流泪眼，断肠人送断肠人。

叹亡人，四月天，富贵贫穷难两全。
人生有酒当须敬，金银不带到黄泉。

叹亡人，莫惊慌，年年五月是端阳。
灵前摆着茶和酒，不见亡人把口尝。

叹亡人，过半年，时逢六月是炎天。
朝思暮想空费力，要想重逢难上难。

叹亡人，勿彷徨，七月梧桐落叶黄。
桐叶落在心台上，不见人归好悲伤。

叹亡人，勿要愁，月轮八月是中秋。
天上月光明如镜，人间一去不回头。

叹亡人，近重阳，九月遍野菊花黄。
黄花开放人未返，见情怎么得悲伤。

叹亡人，十月来，无边落木戚哀哀。
家中儿女情难舍，梦中常返家中来。

叹亡人，立冬天，十一月风袭在台前。
朔风带雪飘万里，人间忠孝不能全。

叹亡人，不再来，腊月梅共雪花开。
仗此今宵功得力，早登九品上莲台。

【解说】

这个"十二月叹亡"内容主要还是放在祭奠的起始阶段，诉说亡人离开亲人和家乡的苦楚和难过，去了就不复返了，这种诀别确实是非常痛苦的，所以诵经人在诵经的开始阶段要充分地把这种伤离别的痛苦感情借助亡人的口吻抒发出来。

林竹超提供的版本和上面差不多，但是添加了"十六空"的内容，无非嗟叹人生在大限到来之时，在世的美好与功劳、恩情与友谊、财富与地位俱化为虚无。这里还没有对信佛的奉劝，只是揭示出人生的这个真实性，使人惊愕：

叹亡人，心莫焦，时逢正月闹元宵。

恩爱儿媳情难舍，肝肠哭断几千条。

叹亡人，莫忧愁，花朝二月龙抬头。
少年弟子江湖老，红粉佳人白了头。

叹亡人，真苦情，时逢三月正清明。
家家坟前飘白纸，也有荒郊冷清清。

叹亡人，四月天，富贵荣华总不全。
人生有酒当须醉，一滴何曾到九泉。

叹亡人，莫要忙，时逢五月是端阳。
棺前摆着茶和酒，哪见亡人把口尝。

叹亡人，真可怜，时逢六月是炎天。
朝思暮想空流泪，日月如梭赶少年。

叹亡人，莫要忙，七月梧桐落叶黄。
魂魄落在瑶台上，南北孤雁哪成双。

叹亡人，勿要忧，时逢八月是中秋。
月到十五光明少，人到中年万事休。

叹亡人，莫要忙，九月菊花满园香。
阳间行善人人好，因此作恶罪难当。

叹亡人，莫要焦，十月天气冷风飘。
恩爱骨肉情难舍，一声哭啼似火烧。

叹亡人，泪抛梭，十一月风霜雨雪多。
亲朋好友情难舍，受尽凄凉怎奈何。

叹亡人，到年边，花开花放又一年。
花开花放梅花月，人到死后转少年。

春夏秋冬四季天，风华日月不等闲。
人生易老天不老，白头怎能转少年？

天也空来地也空，人生渺茫在其中。
开辟天地今何在，人死不曾转会来。

田也空来地也空，换了多少主人翁。
千年天地八百主，卅年河西又河东。

生也空来死也空，生死不离三界①中。
生如百花逢春好，死如黄叶落秋风。

夫也空来妻也空，恩情义重有何用？
夫妻本是同林鸟，大限到来各西东。

金也空来银也空，死后不曾在手中。
空手来了空手去，万贯家财一场空。

儿也空来女也空，儿女本是同母公。
儿孙本是催命鬼，满堂儿女一场空。

朋也空来友也空，来来往往有何功。
今生得意今生了，再修来世再相逢。

生生死死死死生，生死由命哪由人。
若是世上人不死，黄泉路上无鬼魂。

春景桃花隔岸红，夏景荷叶满池中。
秋风丹桂香千里，冬雪寒梅伴老松。

末句再叙述四季景色，与中间的"春夏秋冬四季天，风华日月不等闲"以及十二月叹扣起来，形成完整的统一体。

在这个版本中，也有些佳句，如"少年弟子江湖老，红粉佳人白了头"，还如"生如百花逢春好，死如黄叶落秋风"，三月里，人面桃花相映红，青春红润耀眼；而到了秋风扫落叶之时，摧枯拉朽，可知人的生理衰老以及死亡是难以避免的。

## 十二月叹（二）：

叹替身，莫心焦，时逢正月闹元宵。
崇祯本是明朝主，梅花树下把身抛。

叹替身，莫忧愁，花朝二月龙抬头。
张飞本是猛虎将，酒醉晕迷断了头。

叹替身，心莫惊，时逢三月是清明。

---

① 佛教将众生世间的生灭流转变化，按其欲念和色欲存在的程度而分为欲界、色界、无色界三种，统称为三界，又称为苦界，或苦海。居住在"欲界"的众生，从下往上，又可分为地狱、饿鬼、畜生、人、阿修罗、天人六种，"色界"与"无色界"的众生均属于天人道，统称为"六道"。

之推①乃是忠良士，艳阳春月火烧身。

叹替身，心莫慌，时逢四月夏日长。
杨家忠将保宋主，马蹈成泥把身亡②。

叹替身，心莫慌，时逢五月是端阳。
屈原乃是忠良将，汨罗江上见无常。

叹替身，莫留恋，时逢六月是炎天。
纣王无道昏庸主，楼柴烈火③别世间。

叹替身，莫忧愁，时逢七月是立秋。
周瑜才干通天下，孔明气他命被收。

叹替身，莫忧愁，时逢八月是中秋。
貂蝉本是风流女，月下斩影④命归幽。

叹替身，到重阳，生死则一不平常。
西施貌美今何在，东施效颦在何方。

叹替身，速登程，十月怀胎小阳春。
生儿育女传后代，一命呜呼见阎君。

叹替身，及早修，寒冰凛凇水断流。
若是修行错过了，永落苦境堕迷途。

叹替身，腊月天，去岁祭祖好过年。
挣脱苦海冤孽路，逍遥登上极乐天。⑤

【解说】

这个"十二月叹"是对着亡者的灵牌吟唱的，所谓替身，就是灵牌。多

---

① 介之推，又名介子推，后人尊为介子，春秋时期晋国（今山西介休市）人。因"割股奉君"，隐居"不言禄"，后晋文公求人心切，火烧绵山，之推抱树而死，不肯出山。晋文公重耳深为愧疚，将改绵山为介山，并立庙祭祀，由此产生了"寒食节"（清明节前一天）。

② 据《杨家将演义》，血染金沙滩一节，杨家七子被辽兵冲散，各自为战，结果"大郎替主把命丧；二郎无力而阵亡；三郎马踏入泥浆；四郎失落在辽邦；五郎一怒当和尚；六郎只身见高堂；七郎乱箭透心凉"。

③ 据《封神演义》，商纣于摘星楼自焚。

④ 关于貂蝉之死，据昆剧《斩貂》：关羽深夜传唤貂蝉入帐，拔剑痛斩美人于灯下。

⑤ 林竹超提供。

是劝慰之语，意思大体是亡者莫伤心，莫忧愁，历史上那些英雄美女、志士猛将、明君昏主都做了鬼，而且死法各有不同，那么您还有什么值得嗟叹的呢?

到了这个叹，那种悲伤和难舍已经被释放，剩下的是对死的无聊。

十二月叹（三）：

　　堪叹正月绿梅开，亡者教人哭哀哉。
　　崇祯本是明朝主，梅花树下把身遮。

　　堪叹二月杏花纷，山林春色动人心。
　　貂蝉本是风流女，月下斩骨命归阴。

　　堪叹三月桃花红，人死一去影无踪。
　　孔子三千徒弟众，阎王不问富与穷。

　　堪叹四月咏牡丹，月移花影上枝干。
　　伯夷叔齐真贤子，饿死首阳不回还。

　　堪叹五月石榴红，亡人阴府路相同。
　　刘晏本是忠臣相，贵妃害他实难容。

　　堪叹六月赤莲芳，纷纷佳人哭断肠。
　　霸王江山今犹在，韩信害死在乌江。

　　堪叹七月渡桴槎，水渺一色慈丹霞。
　　过了五关斩六将，关公寿辰丧身家。

　　堪叹八月桂花香，慈舵普度千蓬湖。
　　光阴似箭催人老，彭祖八百世间无。

　　堪叹九月菊花黄，飘飘阴风是可伤。
　　颜回虽然知命死，还有三朝十五人。

　　堪叹十月青桑红，点点血泪染衣裳。
　　孔明妙计有差错，魏延一命丧黄泉。

　　堪叹十一月雪花飞，超度亡人上九重。
　　张良也怕阎王请，纵有妙计也朦胧。

　　堪叹腊月朔霜天，天去花边大雪飞。

佛言转返朝阳路，雪拥蓝关马不前。

修善青松恶似花，青松俊俏不如花。
有朝一日容霜打，只见青松不见花。

海东燕子海西来，鸟为食亡人为财。
蜜蜂只为贪花死，山伯只为祝英台。

水也愁来山也愁，水愁东海不回头。
山愁只怕樵夫砍，山山水水各有忧。

风吹白发是银条，树老心空怕风摇。
彭祖年高八百岁，也有无常路一条。

昔日周公怕阎王，莫定家乡再久长。
指望犀灵把寿算，谁知一名见阎王。

只见世上人吃狗，死在荒丘狗吃人。
阎王公平心正直，冤冤相报无差错。

世上男女多美貌，贫穷富贵少思量。
只图生前多快乐，哪管死后罪难当。

恨天怨地骂风雨，欺神灭像棒道僧。
杀生害命贪口味，翻斋灭素灭善心。

谋人产业为家业，奸盗邪淫惩风能。
孝顺之心全不顾，礼义廉耻不在心。

贫穷富贵分善恶，武昌一道见分明。
善者来到阴司府，金童玉女扶你行。

恶者来到阴司府，一身罪孽怎脱身。
千般苦罪受不尽，悔过当初不善心。

展开生死簿，善恶写分明。
恶人归地府，善者上天庭。

【解说】

这个叹更多的是奉劝，奉劝世人要行善修行，不可作恶。比如："修善青松恶似花，青松俊俏不如花。有朝一日容霜打，只见青松不见花。"这种"增广贤文"体的对世道的体悟，在今天看来也是十分深刻的，它说的是天道的"以万物为刍狗"，天道对荣华富贵的最后收拾和终极审判。这种句子读后既给人启发，又大快人心。

十五对联：

五福堂添子女泪，
三多庭念父母恩。

风吹麻衣增孝感，
雪舞蓝天动哀思。

仗道修因莫说九泉无地狱，
诚心报本须知一念有天堂。

神威有感双凤云中扶辇至，
圣德无私六鳌海上驾车来。

九级莲台闻经受忏登仙境，
十王殿上赏善罚恶判亡魂。

东极慈悲大放祥光以接引，
南丹真老指开云路以超升。

一炷香焚直透云端迎圣驾，
三通波鼓顿令天上降金銮。

教演玉阳援幽魂而登紫府，
修炼水火度亡灵即赴朱陵。

东宫救苦擢拔椿魂登道岸，
西汉垂科资度祖魄赴蓬莱。

打破关头看青牛骑来骑去，
摆开门面任白鹤飞上飞下。

历尽辛酸，苦生难死登仙境，
重行祭礼，飞魂飘魄绕灵堂。

玉旨下青都符使匆匆传信去，
金书开黄祥云霭霭度亡来。

道德五千言唤醒浮生无数梦，
真经卅六部度尽幽关许多魂。

东极慈尊沛法事于酆都超凡入圣，
西河萨祖扇东风于岱狱度魂成仙。

慈爱厚宠，义重情深，仅少怀胎十月。
子宜尽孝，感恩报德，亦应泣泪三年。

【解说】

这十五幅对联为道生在祭祀仪式中所用，还比较工整。有一定的文学性。

## 十月怀胎：

道日重光照，岙①冥两沾光。
金牙喧天响，敲开地狱门。

为人莫做妇女身，朝朝暮暮受苦刑。
生男生女都是罪，血水泼地罪不轻。

世界大来无地火，阳间亲来是母亲。
生天的父，养身的母，十月怀胎娘受苦。

正月怀胎正月正，好似露水洒花芯。
露水洒在花芯上，不知怀胎真不真。

二月怀胎在娘身，犹如百草发芽生。
胎儿本是浮萍草，不知生根不生根。

三月怀胎三月三，三餐茶饭并两餐。
两餐茶饭都难吃，只想酸梅嘴里唧②。

四月怀胎夏未深，躺在床上懒起身。
蓬头散发无心理，腿酸脚软步难行。

五月怀胎定儿身，七孔八节长成人。
是男是女娘欢喜，只盼早日离娘身。

---

① 岙，同“幽”，读音 you 1。
② 唧，同“衔”。

六月怀胎是炎天，烧柴煮饭好可怜。
锅台前后三百里，走路犹如上高山。

七月怀胎正立秋，腹中好似挂葫芦。
八幅罗裙难遮丑，走在人前好不害羞。

八月怀胎桂花黄，五谷登场乱忙忙。
手拿箩筐来盛谷，千辛万苦难为娘。

九月怀胎在娘身，为娘远路不能行。
心想回家看父母，又怕孩儿路上生。

十月怀胎血临盆，娘等孩儿早出生。
阎王面前隔张纸，好比阴间走一程。

一大苦来期满临，打发娇儿来降生。
抬头叫天天不应，低头叫地地无门。

口内咬着青丝发，双脚蹬开地狱门。
一阵疼来真难忍，孩儿下地哭一声。

厨房烧盆香艾水，双手端到房中心。
为娘伸手试一把，只怕水热烫儿身。

洗了几盆香艾水，几盆血水染盆中。
是男是女娘抱起，红罗袄内好安身。

非是为娘诉苦情，为人要报养育恩。
不信但看屋檐水，点点滴滴不差分。

二大苦来不可言，孩儿时刻在身边。
娘为孩儿愿受苦，娘为孩儿愿受煎。

一天吃娘三遍乳，三天吃娘九遍浆。
此乳不是长流水，此浆不是水煮浆。

小来吃娘身上血，娘到老来脸皮黄。
不是为娘抚养大，哪有儿身五尺长。

睡到五更交半夜，孩儿啼哭着了慌。
以为孩儿肚内饥，谁知屎尿湿衣裳。

右边湿了右边睡，右边湿在娘身上。
不怕娘身衣衫湿，只为孩儿能安康。

三大苦来实难言，走路托儿走在前。
幼小之时吃娘奶，长大之时用父钱。

一怕孩儿身上冷，二怕孩儿肚内饥。
三怕孩儿被水烫，四怕孩儿上高梯。

五怕孩儿犯关煞，六怕孩儿水边戏。
七怕孩儿远方走，八怕孩儿被人欺。

一周两岁娘怀抱，三周四岁离娘身。
五周六岁贪玩耍，七周八岁读书文。

九周十岁身长大，十一十二长成人。
十三十四方知事，十五十六要讨亲。

养子不知娘辛苦，养女方知报娘恩。
父母有恩报不尽，父母一生为儿身。

许子还真送了子，许孙还真送了孙。
沧海变田田变海，山林成路路成林。

为人真当要孝敬，不孝父母为何人。
种田指望收成好，养儿须报父母恩。

鸦有反哺之仁义，羊有跪母之恩情。
为人不把父母孝，枉在人间走一程。

这是一篇劝儿经，男男女女孝双亲。
有朝一日分别后，除非纸上画真容。

浇奠酒，花钱财，家中儿媳哭哀哀。
自从今日成永诀，早晚焚香报恩来。

【解说】

这几段是专门给女亡人斟酒时所唱的，专门阐述作为女人的不易，"为人莫做妇女身，朝朝暮暮受苦刑"，进而劝世人尽量对父母双方行孝道，"为人真当要孝敬，不孝父母为何人。种田指望收成好，养儿须报父母恩"。所以，有人把这段唱辞又称为"劝孝文"，在对女逝者的祭奠过程中加进去。

这段文字开始诉说女人十月怀胎的艰辛，基本上还是符合对怀胎过程的科学研究结果，从萌芽，到成形，到能动，到分娩。然后诉说分娩后的"三大苦"：一是"分娩之苦"，二是哺乳和屎尿之苦，三是托儿养育之苦。然后诉说养儿的"八怕"，以及长大后的继续担心成家立业等，反映出的个人的社会化过程给家庭尤其是父母带来的沉重压力，这一点确实区别于其他社会化程度比较低的动物。

文字的末尾引用了两个经典类比来总结劝孝，一个是乌鸦反哺母亲，另一个是小羊跪着喝母乳。这种类比方法是儒家经典的论证方法，人至少不能不如这些动物。

当然古代这种养儿防老的思想，"种田指望收成好，养儿须报父母恩"，也存在过于功利化的问题，从而给子女添加了一定的压力，这种压力如果超过自由的程度，就会给子女带来伤害，这是现代人必须明白的一个道理。

林竹超版本为：

世间大，母的恩情海样深。
父是天来母是地，养儿要报养育恩。

为人莫做女人身，血水泼地罪不轻。
生男生女都是罪，血湖地狱不容情。

父的恩情还好报，时时难报娘的恩。
十月怀胎娘辛苦，修斋作七报德恩。

正月怀胎正月正，好似露水洒花芯。
露水洒在花芯上，不知生根可生根。

二月怀胎在娘身，犹如百草发芽生。
胎儿本是灵芝草，不知长成可长成。

三月怀胎三月三，三餐茶饭并两餐。
思想东园桃子吃，又想西园梅子尝。

四月怀胎在娘身，睡在高床懒起身。
蓬头散发都不管，手酸脚软步难行。

五月怀胎分男女，七孔八窍长成人。
是男是女早下地，免得为娘受苦情。

六月怀胎三伏天，烧茶煮饭难近前。
房中扫地身难转，走路犹如上高山。

七月怀胎正立秋，犹如腰中挂葫芦。
八幅罗裙难遮盖，走在人前哪知羞。

八月怀胎桂花黄，五谷丰登乱忙忙。
心想送茶田边去，又怕孩儿奔①断肠。

九月怀胎菊花香，抬头容易低头难。
浑身上下如山重，千辛万苦娘承担。

十月怀胎正当生，为娘路远不能行。
心想回家看父母，又怕孩儿路上生。

一大苦来期满临，打发娇儿来投生。
抬头叫天天不应，低头叫地地无门。

口内咬着青丝发，双脚跪在地埃尘。
阎王面前隔张纸，犹比阴司走一程。

恩爱丈夫心不忍，洗手烧香许神明。
一许灵山朝佛祖，二许南海观世音。

三许长幡并宝盖，四许香灯谢神恩。
百般神明都许尽，孩儿房中哭几声。

送子娘娘来送子，催生娘娘来催生。
三支宝香炉内焚，祝告虚空过往神。

厨房烧盆香艾水，将盆端到房中心。
为娘伸手试一把，总怕水热烫儿身。

洗了几盆香艾水，包了几层旧衣巾。
是男是女娘抱起，红罗帐内好安身。

这是为娘诉真情，养儿要报父母恩。
不信但看屋檐水，点点落地不差分。

二大苦来不可言，走路把孩放在前。
一家老幼都行善，保佑孩儿福寿全。

一天吃娘三遍乳，三天吃娘九遍浆。
此乳不是长流水，此浆不是米煎汤。

---

① 奔，ben 4，使劲地挣断。

口口吃的娘身上血，因此为娘脸皮黄。
不是为娘抚养大，哪有身材五尺长。

睡到五更交半夜，儿女啼哭着一惊。
指望儿女饥饿了，谁知屎尿湿儿身。

右边湿了右边睡，右边湿在睡娘身。
湿了只有老娘睡，为儿哪知这苦情。

寒冬凛逼湿屎尿，若无太阳火烘烤。
不怕自己的皮肉烂，只要孩儿娘安身。

三大苦来实难言，孩儿时刻在身边。
幼小之时吃娘乳，长大又要用父钱。

一怕孩儿身上冷，二怕孩儿肚内饥。
三怕孩儿犯关箭，四怕孩儿水边戏。

五怕孩儿远方走，六怕孩儿上高梯。
七怕孩儿遭聋哑，八怕孩儿被人欺。

一周两岁娘怀滚，三周四岁离娘身。
五周六岁贪玩耍，七周八岁攻书文。

九周十岁身长大，十一十二长成人。
十三十四方知事，十五十六要娶亲。

母亲托人把亲娶，难找孩儿对相人。
东部成来西不就，为娘背后扶持人。

娶了亲事忘记母，把母丢在九霄云。
为人不把父母孝，枉在人间走一程。

当家才知柴米贵，养儿方知父母恩。
男不孝父当碓硙，女不孝公婆应抽筋。

　　林竹超版本的特长是将难产许菩萨的细节勾画得充分。其他细节上的差异可以理解为记忆的误差或道生的自由发挥（长期吟唱，可能会导致脱口而出）。

　　"十月怀胎"在民间还有其他的版本，兹举例如下：
　　程元香版本：

正月怀胎正月正，好似露水洒花芯。

露水洒在花芯上，不知生根不生根。

二月怀胎是花朝，娘的肚子长血包。
这个包不像寻常的包，只见它长不见它消。

三月怀胎三月三，娘在房内错思量。
又想东园桃子吃，又想西园李子尝。

四月怀胎插田忙，插秧割麦两头忙。
家中又要娘煮饭，外面又要娘帮忙。

五月怀胎分男女，是男是女两边分。
要是男儿右边动，要是女儿左边行。

六月怀胎三伏天，烧柴担水娘上前。
锅台前后三百里，平地走路如高山。

七月怀胎七月七，娘在房中心里急。
珍馐美味不想吃，只想娇儿早下地。

八月怀胎八月半，娘在房中暗计算。
左一算来右一算，算来算去还有一月整。

九月怀胎是重阳，娘心想回家看爹娘。
娘本当一日回家住，又恐娇儿坐路旁。

十月怀胎正当生，儿在肚内要翻身。
娇儿下地哭一声，长大要报父母恩。①

这个版本基本模拟了儿娘在怀孕期间的心路历程，从担忧、到害喜、到操劳家务，急于生下，欲探亲而不能。和上面一个版本一样，都说到了传统农村女性背负着沉重的家务劳动，如"锅台前后三百里，平地走路如高山"，砍柴、割麦、挑水、洗衣等，这些活都得自己干。所以，旧时农村女性是非常坚强的。相比旧时，今天女性怀孕期间的痛苦要小得多，一般都能得到长辈的照顾，但是今天女性面临的烦恼是要工作，产假时间短，生育风险增大（如畸形儿、落胎）的问题。

宋高焰版本：

正月怀胎如露水，无头无影未成真。

---

① 参见：潜山县民间文学集成．潜山县文化局编印，1991：90-91.

老母房中暗思想，不知孩儿假和真。

二月怀胎思于青，百木花开满山林。
好似芙蓉花上彩，犹如百草萌芽春。

三月怀胎日子长，茶饭不思面皮黄。
心想东邻桃子吃，又想西邻李子尝。

四月怀胎夏日长，送子娘娘送儿郎。
家里忙忙蚕又老，外面忙忙黍也黄。

五月怀胎在娘身，七孔八节长成人。
老母房中暗思忖，不知是男是女身。
男儿分在左边去，女儿分在右边行。

六月怀胎是炎天，煎茶度水母可怜。
老娘受下千般罪，灶前灶后受煎熬。

七月怀胎是到立秋，好似架上吊葫芦。
八幅罗裙难紧带，连娘带子一双身。

八月怀胎在娘房，五谷寨上乱纷纷。
堂前扫地身难转，手酸脚软步难行。

九月怀胎在娘身，东遛西趄不敢行。
心想回家看父母，又怕孩儿路上生。

十月怀胎儿临生，老母房中身动筋。
上身痛得汗淋淋，中身痛得不想生。

抬头叫天天不应，地头叫地地无门。
一口咬着青丝发，性命交给阎王君。
可怜与阎王隔张纸，犹如阴司走一程。

夫郎一见心难忍，堂前烧香许愿心。
堂前愿心未许定，孩儿下地哭几声。
孩子你还不走下地，一家大小放宽心。

左边湿来右边水，又怕孩儿得症病。
一周二三掐指算，又怕孩儿犯灾星。

一周二三在娘怀里抱，三五七岁送入学堂门。
一十二三亲事定，一十七八一房人。

非是为娘诉苦情，为人要报养育恩。

　　不信但看屋檐水，点点滴滴不差分。①

　　这个版本的特点是，形式上改变了传统的"正月正""七月七"这样的叠词，略讲母亲在孩子出生之后的操心，总体描绘了一位母亲生子的形象，而且比较符合实际。旧时，由于农村医疗条件比较差，生子是对母亲和小生命的一大挑战，难产而死的不在少数，所以说"一口咬着青丝发，性命交给阎王君，可怜与阎王隔张纸，犹如阴司走一程"。旧时生产有这么几种情形，一是自生，自己剪脐带，把剪子放在灯上烧一烧；二是请村中的接生婆。现代的剖腹产术和消毒措施大大降低了生育风险。

　　总之，十月怀胎是佛教唱词或者从中衍化出的，主要是告诫为人要尽孝道，不能忘记母恩。

**吊童养媳：**

　　天上打鼓四门开，花脚女子来投胎。

　　一岁两岁喝娘奶，三岁四岁离娘身。
　　五岁六岁身长大，九岁十岁嫁婆家。

　　婆家妯娌多，轮流烧饭过。
　　手拿金盆来打米，问声婆家打几多。

　　昨日有人三升半，今朝无人两升多。
　　外面十人盛十碗，家中十人无得盛。

　　手拿棍子就来打，身上打得血淋淋。
　　十个指头都打损，头上达成乱麻林。

　　轻巧巧，巧轻轻，偷偷走进水中心。
　　昨日叔爹来看水，看见我的阴魂着一惊。

　　快些把信到学生，叫声学生来查人。
　　一家大小十九个，单单不见我一人。

　　快快把信到花江，花江来了九百人。
　　来的四百乱厮打，来的五百是读书人。

---

① 徐义松搜集．杨普根，黄德邻，汪传碧，张扬，郑劲松主编．潜山县民间文学集成．潜山县文化局编印，1991：91–92．

金打棺材银打盖，还扎花屋上云庭。
十间花屋都扎尽，峃间花屋妹坐灵。

妹坐花屋西天上，闹闹哄哄鼓乐闻。
谁教人间婆歹毒，黄花莫进养家门。①

【解说】

这里是对因婆家折磨而死的童养媳的悼亡辞。辞的内容是个故事，讲述童养媳早早地被送到婆家"服役"，最终因无人身自由保障而被折磨致死，至此，娘家人也没办法，可见古代"嫁出去的女人——泼出去的水"对女人的伤害多么严重，此种悲剧不一而数。

在潜山地区有民歌，一方面控诉旧社会封建伦理的扭曲，另一方面歌颂新社会的婚姻自由政策好，如《童养媳》和《苦媳妇叹苦情》。

### 童养媳

童养媳，童养媳，
真正苦伤心；
吃冷饭，穿破衣，
做些苦事情。
公婆打骂不留情。
眼泪汪汪肚里吞。
还有那，
小丈夫常常欺负人。

五零年，我政府颁布了婚姻法，
从此后，男和女婚姻自当家。
任何人包办都不行，
自找对象恩爱情。
区政府来登记就结婚。②

### 苦媳妇叹苦情

苦媳妇叹一声，自叹自苦情。
叹一声苦媳妇，妇命不如人。

---

① 林华荣提供，胡昰生回忆，笔者稍作改动。
② 陈猛枝口述．杨普根，黄德邻，汪传碧，张扬，郑劲松主编．潜山县民间文学集成．安庆：潜山县文化局编印，1991：96.

天亮爬起来，放猪带挑粪，
大嫂嫂还骂我又拙又笨。

清早起得早，炉柴把锅烧。
享福的婆奶奶还在睡觉①。

水烧二面滚，冰糖泡点心，
送到那婆奶奶牙床面前。

吃过早饭后，奶奶要出门，
叫声童养媳送上路程。

家中的事情，样样都做好，
大嫂嫂还说我唠叨。

大嫂嫂穿得好，事情做得少。
还要在婆奶奶面前讨好。

大嫂嫂睡被条，苦媳妇睡稻草，
童养媳还不如家中的犬猫。
同时做媳妇，为什么不平均，
可怜我眼流泪望不到路程。

越想越懊糟，越想越伤悲，
童养媳苦命人何必受罪。

怨声我的爹，怨声我的娘，
为什么把女儿抱给人家养。

幸福解放了，苦媳妇翻了身，
到如今我才敢把冤来伸。

恶劣的家庭，坚决我不蹲，
我心想嫁一个劳动英雄。

努力来生产，遍地是黄金，
不愁吃不愁穿还不求人。

感谢共产党、感谢毛主席，

---

① 睡觉，方言读"kun gao 42"。石良谟搜集. 杨普根，黄德邻，汪传碧，张扬，郑劲松主编. 潜山县民间文学集成. 安庆：潜山县文化局编印，1991：97–98.

建立了男和女自由婚姻。

因此，可以说，无论是民歌还是在祭祀唱辞中，都渗透和包含着对旧社会不平等的"人吃人"的恶劣制度的控诉。

## 十叹无常：

叹无常，叹无常，
一叹无常好凄凉。
为名苦，为利忙，
费尽心机命不长。

争名名上死，夺利利中亡。
碌碌名上客，临危失主张。

一气断，四大僵，
双空手见阎工。
孽镜台前双流泪，
孤魂榜上自悲伤。

劝贤良，就灵光，
及早修行躲无常。

叹无常，叹无常，
二叹无常好凄凉。
妻恋夫，儿恋娘，
耗散精神命不长。

爱河埋秀女，苦海丧才郎。
恩爱千里客，临危失主张。

断了气，不回乡，
哪管儿孙哭断肠。
空留枯骨葬荒土，
抛丢娇娥守空房。

劝贤良，学修藏，
斩断红尘躲无常。

叹无常，叹无常，

三叹无常好凄凉。
贪美酒，恋花香，
挫伤元气命不长。

酒色销枯骨，香醺浸断肠。
花三酒四客（花街酒肆客），临危失主张。

闭了口，难起床，
花不迷人酒不尝。
（或作：缠魂鬼，惹祸汤，
多少英雄酒色伤。）
枯骨欠下风流债，
气绝难吞送命汤。

劝贤良，学妙方，
看破虚华躲无常。

叹无常，叹无常，
四叹无常好凄凉。
贪暴富，逞刚强，
费尽心机命不长。

谋财终惹祸，逞气定遭殃。
豪富英雄客，临危失主张。

财也丢，气也伤，
空在阎浮①闹一场。
谁把金银通冥府，
自留罪孽见阎王。

劝贤良，逞刚强，
忏悔无道躲无常。

叹无常，叹无常，
五叹无常好凄凉。

---

① 阎浮：又称剡浮洲、阎浮洲、赡部洲、谵浮洲，略称阎浮，乃盛产阎浮树之国土。又出产阎浮檀金，故又有胜金州、好金土之译名。即此世此举。

贪口腹，充皮囊，
残害生灵命不长。

刀头流血水，舌本适美汤。
杀生害命客，临危失主张。

杀生命，补尸腔，
四生①转变任分张。
改头换面还宿债，
脱骨丢尸到处藏。

劝贤良，吞原浆，
烧炼金丹躲无常。

叹无常，叹无常，
六叹无常好凄凉。
好穿摆，恋衣裳，
搬运精神命不长。

装模空打扮，本色自流芳。
楚楚衣裳客，临危失主张。

服满柜，衣满箱，
棺小何曾件件装。
但求往生灵山国，
哪管骷髅葬路旁。

劝贤良，炼纯汤，
出现金花躲无常。

叹无常，叹无常，
七叹无常好凄凉。
谋产业，造华堂，
劳碌奔波命不长。

肥田夸美产，大厦爱雕梁。

① 四生：佛教提出四种出生方式，即卵生、胎生、湿生、化生。

创业开基客，临危失主张。

催命鬼，引魂郎，
扯向前台望家乡。
自悔罪多行善少，
空悲屋坏与田荒。

劝贤良，坐佛堂，
超出三界躲无常。

叹无常，叹无常，
八叹无常好凄凉。
爱飘荡，自猖狂，
逞尽逍遥命不长。

优游终日醉，玩耍霎时忘。
婆娑春梦客，临危失主张。

寻快乐，空悲伤，
风流本是少年亡。
早出迷途归觉路，
同登极乐返家乡。

劝贤良，莫荒唐，
返本还是躲无常。

叹无常，叹无常，
九叹无常好凄凉。
行奸计，谋忠良，
奸诈用尽命不长。

谤法遭天谴，修行靠天苍。
残害忠良客，临危无主张，

恶贯满，善昭彰，
报应分别事两行。
凶恶临终归地府，
善人到底升天堂。

劝贤良，莫猖狂，
修行修心躲无常。

叹无常，叹无常，
十叹无常好凄凉。
修炼女，行善郎，
采药炼丹命不长。

涵养长生果，栽培不老方。
暮炼朝生客，临危无主张。

青衣女，白面郎，
接引慈尊念佛堂。
身体长存铁罗汉，
灵光不坏是金刚。

劝贤良，细思量，
菩提路上躲无常。

【解说】

这个"十叹无常"，又被称为"罗状元十叹无常"，是佛教中流传的一个劝世文，被用在祭祀中作为奉劝世人的一段经文，是可以理解的。

十叹的角度分别是：追名求利、恩爱私情、美酒女色、暴富逞强、杀生美食、摆弄衣裳、产业华堂、优游飘荡（不务正业）、奸计害人、采药炼丹。这些角度在今天有些依然具有积极意义。

叹十空：

一叹宣王鲁国功，三千弟子在门中。
七十二贤排左右，在陈绝粮一场空。

二叹孔明数学功，能知前后五百春。
七星灯前魏延骂，一命呜呼一场空。

三叹石崇豪富功，堆金积玉在库中。
堆金积玉有何用，万贯家财一场空。

四叹彭祖长寿功，八百之岁在世中。
四十九妻五十子，老来无儿一场空。

五叹颜回短命功，诗书礼乐尽皆通。
天下文章他第一，三十二岁一场空。

六叹周瑜吴国功，聪明智慧显神通。
一步三计通天晓，三气鲜血一场空。

七叹北方杨靖①公，持斋念佛在山中。
修身得道成正果，涅槃路上一场空。

八叹杨家杨令公②，家中生下七条龙。
七子都是保宋主，李陵碑下一场空。

九叹关云元帅公，斩下蔡阳鼓三通。
来到麦城无兵马，水淹七军一场空。

十叹包文丞相功，手中宝剑受皇封。
皇亲国戚他都斩，死后也是一场空。

再叹霸王楚国功，移山倒海力无穷。
来到乌江无船渡，自投乌江一场空。

再叹韩信元帅功，单枪匹马救主公。
当时元帅数第一，死后也是一场空。

再叹常山赵子龙，精心报国救主公。
三国之中无对手，阎王接他一场空。③

【解说】

这个"叹十空"加上末尾的三个"空"，实际上是"十三空"。大家注意前面"十二月叹"里面还有个"十六空"。说者从佛教的万物皆空的立场上看世事纷纭、人物功绩、诗书文章、聪明妙计、豪富库满、护主称霸、持斋修佛，这些都是一时繁华，不是长久永恒。永恒的恰恰是空、是这些东西都是流变的特点。从某种意义上说，佛法中包含着这种从"暂时性方面去考虑事物""没有什么是永恒不变的"的辩证、否定的观点。

---

① 具体人物不详。

② 杨令公杨业，原名杨重贵，后被北汉主赐名为刘继业，归宋后恢复原姓杨继业，并州太原（今山西太原）人，北宋名将。

③ 林竹超提供。

从某种意义上说，恰如"七叹"所体现出来的，佛法是反对自身的，反对对自身持某种执着的观念，你若着意于什么"修行""正果"，那么你也会走火入魔，"涅槃路上一场空"。

另外，这个"叹十空"也体现出万物相对的观点，君且看，长寿者却无子、文章者却短寿、教师者却绝粮、称霸者却自尽、救主者却被谋害、勇猛者却遭时局迫、忠良者却被陷构、多计者却失算等等，都体现出在世事物是没有全能、绝对的。难怪道家从这一点推出，人要顺其自然、无欲无求、虚无地对待人生。

这个"叹十空"最后落脚于"阎王来接引"，在祭祀仪式上诵唱它，还是奉劝人们，此世无奈，我们能如何呢？还是只有逆来顺受、听天由命、顺其自然。

## 点灯：

生悠悠，死茫茫。
知足何知足，求长哪得长。

（男）
夸什么文章满腹，夸什么金玉满堂，
夸什么登高及第，夸什么镇守边疆，
哪怕他经纶满腹，哪怕他力大无双，
大限来到留不住，永别家乡，永别家乡。
（女）
夸什么头戴珍异，夸什么遍身罗衣，
夸什么金钗玉石，夸什么翠羽珠玑，
哪怕他英姿聪慧，哪怕他淡扮与浓妆，
哪怕他夫妻难割舍，哪怕他儿女难忘。

暑往寒来冬复春，一朝天子一朝臣。
万里长城今犹在，只见长城不见人。

暑往寒来春复夏，如今世事怎么夸。
得道神仙能有几，红莲变作白莲花。

暑往寒来夏复秋，夕阳桥下水长流。
将军战马今何在，野草残花遍地愁。

暑往寒来秋复冬，人争闲气一场空。
记得少年骑竹马，如今已是白头翁。

春夏秋冬四季天，风花三月正逢莲。
山前不见回头水，人老何曾转少年。

长江后浪推前浪，世上今人撵旧人。
昨日是个烧香客，今日成了受香人。

有心栽花花不发，无心插柳柳成荫。
花还在，柳成荫，未见栽花插柳人。

一春过了又一春，新春不见旧春人。
阎王注定三更死，断不留人到五更。

阎王本是平等事，不认衣冠只认人。
阳间有钱能医病，命中要死医不生。

【解说】

这里一开始包含一个"夸什么"的咏叹调。林竹超版本大致相似，如下：

夸什么文章满腹，夸什么金玉满堂，夸什么科登高位，夸什么镇守边疆。
夸什么满头金花，夸什么罗衣遍体，夸什么珍珠满面，夸什么翠幔珠帘。
哪怕他家财豪富，哪怕他金玉堆山，哪怕他文章第一，哪怕他力大无双。
哪怕他英姿娇媚，哪怕他身受皇封，哪怕他夫妻难舍，哪怕他儿女情长。

这些都是咏叹或者说嗟叹此世荣华富贵的虚无性质。

接亡：

人生七十古来稀，暑往寒来大难至。
不信但看空中月，正好月圆日落西。

古天古地古乾坤，古往今来月照明。
古来说话般般有，不见当初说话人。

日落西山还见面，水流东海不回头。
看来又是一年过，人到黄泉不可留。

三茶三酒三流泪，越思越久越伤心。
虽然想起生前事，只惜不是阳间人。

接亡一程又一程，今天不能再成人。
三魂渺渺香中去，儿女号啕哭不醒。

接亡接到一里亭，亡人一见好伤心。
今晚跟灯一同走，两厢流泪落纷纷。

接亡接到二里亭，亡者怎能不伤心。
自从今晚分别去，一去岙乡不回程。

接亡接到三里亭，亡者桥上泪淋淋。
难舍家中儿和女，儿女哭亡成泪人。

接亡接到四里亭，亡者一见损残容。
辞别亲朋归冥路，只有梦中再相逢。

接亡接到五里亭，五里亭上冷清清。
恩爱夫妻难割舍，不知何日得回程。

参门：

叹息无常好惊慌，手摸胸脯乱思量。
荣华富贵花上水，夫妻儿女草头霜。

奉劝世人早修行，切莫宰杀结怨深。
回望万事能流转，披毛削角换衣巾。

将刀搁下众生肉，只投口味害自身。
一命必须还一命，都将自己作恶情。

古来花无长久艳，从来月不长团圆。
任你金银堆金玉，难买长生不老丹。

灵幡飘动本因全，风动幡飞到黄泉。
幡飞无心莫自合，魂随白鹤偶相连。

明明知知从前喜，悟了方知彻底空。
若是灵幡漂荡去，花幡便是主人翁。

稽首东宫黄金殿，彩凤车辇随魂前。
一朵莲花红烂漫，洒水香枝消幸难。

【解说】

点灯、接亡、参门都是祭祀仪式的准备部分。

劝贤良：

一劝贤良早行修，莫在江间浪里游。
世事如花容易谢，光阴似梦不能留。

昨天春光今已秋，今日对镜白了头。
争名夺利有何用，劳碌奔波苦忧愁。

一朝大限无常到，万般事情一齐丢。
须知修行错过了，一失人身九万秋。

若是贤良回头骏，逍遥快乐极无穷。
快乐逍遥观自在，五湖四海任留踪。

二劝贤良身无常，贪恋红花不久长。
有朝一日阎王请，此身就是臭屁张。

恩爱十分留不住，空在阳间走一趟。
儿女成群难替死，啼号悲哀哭断肠。

看来世事皆如梦，何必贪求个个忙。
富贵贫穷天注定，安乐清闲自主张。

及早行个安身法，各人前程学妙方。
今日不把狠心发，后来怎么有收场。

三劝贤良学修行，拜访名师学前程。
各人生死各人了，他人难替半分毫。

忠奸善恶随心转，及早调回一点心。
善恶到头终有报，久后自然见分明。

恶者押入丰都府，善者接应上天庭。
看来还是行善好，哪怕阎王不顺情。

念动金刚来对号，夜叉恶鬼两边分。
及早参禅方为妙，同登快乐见娘亲。

四劝贤良学善人，要学前朝好古人。
男学湘子立大志，女学妙善别红尘。

斩断名利恩和爱，一心慕道学修行。
男子肯修成罗汉，女子肯修成观音。

罗汉原是男子体，观音也是女人身。
神仙本是凡人做，只怕凡人心不诚。

今朝多少男和女，成祖成佛成真人。
莫把人身堕落了，立定真心学修行。

五劝贤良早为公，恭求正道乐无穷。
富者行善功业大，贫者行道运亨通。

夫妻同修同享福，夫妻同修各有功。
有儿行善后代旺，无儿行善不落空。

各人修来各人得，还要自己显神通。
各人自扫门前雪，带到晴时惠春风。

善男信女皆行善，修起正果上天宫。
坐在九品莲台上，逍遥快乐永无穷。

六劝贤良莫放松，加官晋爵不落空。
只说人间无难事，功到自然有善荣。

为人不受千般难，道不高来德不成。
自古圣贤多受苦，苦尽甘来异常人。

佛法生死要看清，男男女女转法轮。
修行只为出世法，得把阿弥念一生。

苦乐婚姻随心转，善者生富恶者穷。
若是要想好处走，还是究竟主人公。

七劝贤良善成果，天曹也是有名人。
官居尧舜朝天子，亦与祖宗显门庭。

修行还要各自性，眼不见来耳不闻。
放骸胡言堕天道，心无空碍别红尘。

能舍身心修苦根，翻身落在皇宫生。
古闻山中无福事，朝中难得一品尊。

为人不发冲天恨，犹如壮童卧山林。
若得大志回心转，四海之中定有名。

八劝贤良福慧生，皆因果结种善根。
凡事都有非一劫，生生世世培植深。

古是今来今是古，将今鉴古是贤人。
古人犹是今人样，今人何不依照行。

灵山失散漂骨肉，迷路始逢到如今。
今日有缘来相会，香桃会上逢圣尊。

三教经曲有何事，皆是调和一点心。
若能静坐慧光照，无边功德总报功。

九劝贤良莫错忙，功成圆满是天堂。
五湖四海都朝拜，果然修果是君王。

独撑山河甚是强，国志三县文书详。
风调雨顺民安乐，万姓平安贺君王。

因果大小无遗漏，日夜用功莫慌张。
少修薄福空过了，多善宽容各自扬。

自古圣贤多有难，实话有因不错忙。
三番九炼心无悔，自然天开福禄长。

十劝贤良学观音，受尽千磨不改心。
佛王返相添手眼，十二大王度众生。

释迦文佛化世界，雪山修道苦处深。
九转皇宫都不爱，志愿成佛度众生。

十地菩萨行苦狠，毅舍王位与宝珍。
广发誓愿无穷尽，辗转天堂圣位尊。

【解说】

这个"十劝贤良"主旨还是奉劝世人如何面对无常，潜心向学，归佛从善，转念圣号，见贤思齐，修道正行。其中有一些关于修行的具体建议和方法，这是佛教的法师借这种仪式向人们宣扬佛教主张。

收灯：

初奠酒，祭亡人，满满地斟，
亡人跨马就动身。
孝子对亡奉献初杯酒，孝子孝孙。

二奠酒，祭亡人，满满地筛，
亡人一去不回来。
孝子对亡奉献二杯酒，早上朱台。

三奠酒，祭亡人，上马登程，
行来行去谁做伴，黄泉路上孤单一人。
孝子对亡奉献三杯酒，保佑儿孙。

【解说】

收灯相当于仪式的结束或尾声，对亡人以及亡人子孙说些好话，显得干净利索。

七笔钩：

在堂父母百年稀，生时不孝死莫悲。
在生若是不孝顺，死后空劳拜孤坟。

在生不要言相急，一旦抛离永不回。
若要父母重相见，除非梦里有颜面。

千两黄金万两银，有钱难买父母身。
一旦阎王来相请，抛丢骨脉不回程。

一

人生在世是虚浮，光阴似箭度春秋。
日月如梭容易过，三岁孩儿易白头。

命里有来终须有，命里无来莫强求。
争名夺利有何用，世事奔波一笔钩。

二

高官显爵是虚浮，金带缠腰玉凤楼。
臣伴君王半伴虎，王法不违是公侯。

古今多少文与武，无非图个好名头。

看破朝纲如春梦，文武功名一笔钩。

### 三

万两黄金是虚浮，千思万想用计谋。
有得千钱想万贯，为了银钱费功夫。

有朝一日无常到，万贯家财一齐丢。
堆金积玉难买命，白玉黄金一笔钩。

### 四

娇妻美妾是虚浮，胭脂花粉共香油。
每日打扮西施样，年少青春爱风流。

夫妻本是同林鸟，大限到来各自飞。
恩爱夫妻今拆散，同床共枕一笔钩。

### 五

生男育女是虚浮，每日忙忙为儿愁。
男大终有定婚配，女大应当对门楼。

为儿为女把家计，一生辛苦白了头。
男是冤家女是债，男女冤家一笔钩。

### 六

朋友相交是虚浮，人情来往两相投。
有酒有肉皆朋友，急难之中无人救。

不借银钱无斯可，借了银钱反当仇。
为了银钱红了脸，相交朋友一笔钩。

### 七

田园产业是虚浮，前人田地后人收。
争了田地人不在，劝君念佛早回头。

念得阿弥终须有，不念阿弥空双手
世事百般都是命，争田威光一笔钩。

【解说】

这个"七笔钩"也是道生在举行某些特定祭祀仪式时穿插吟唱的，它的特色是用形象的阎王的画勾，即人生的大限来说明人生在世追求的虚无性。高官厚禄也罢，娇妻美妾也罢，金银财宝也罢，朋友儿女也罢，田园产业也罢，这些在人生大限到来之时，都是无以续命的，所以人生唯有抱着"阿弥"的态度，即"命里有时终须有，命里无时莫强求"。

## 拾柩号子：

> 一条黄龙趁路牵，哟哈哈——
> 启呀，哟哈哈，发呀，哟哈哈——
> 一牵牵到小山边，哟哈哈——
> 山边山边风光好，哟哈哈——
> 启呀，哟哈哈，发呀，哟哈哈——
> 后代发财发上天，哟哈哈——
>
> 一条黄龙随路游，哟哈哈——
> 启呀，哟哈哈，发呀，哟哈哈——
> 一游游到大山头，哟哈哈——
> 山头山头风光好，哟哈哈——
> 启呀，哟哈哈，发呀，哟哈哈——
> 后代发达做王侯，哟哈哈[①]——

【解说】

旧时皖地兴厝基葬，拾柩基本上是先把灵柩先放置在厝地；待几年后，再择地改大棺为小棺、收捡遗骨进行安葬，此时再有地师的呼龙。

# 呼 龙 经

开场：

> 地师今日来呼龙，先知大龙生何处。
> 昆仑山是龙之老祖宗，
> 昆仑分法八条龙，
> 五条大龙行外国，分法三条到远东。
> 南行巽来北行艮，震龙出脉走当中。
> 左边黄河铺大水，扬子江在右手通。

---

① 张维成搜集．杨普根，黄德邻，汪传碧，张扬，郑劲松主编．潜山县民间文学集成．潜山县文化局编印，1991：77.

伏羲，良辰吉日，天地开张。
山神土地，听我言张。
此山经颈仙人开，真龙一脉从此来，
定于当中开经颈，亡人择此赛蓬莱，
诸公请我把龙迎，迎此真龙此山中。

捉鸡：

手提紫金鸡，此鸡不是凡间鸡，
乃是王母娘娘报晓鸡。
一用金鸡点龙头，儿孙万代中诸侯；
二用金鸡点龙腰，儿孙代代穿紫袍；
三用金鸡点龙尾，儿孙代代登龙位，
上有青天下有地，弟子今日到此地。
山麓血脉各分支，此脉接上真龙气。
青天在上人人知，大地且以我需提。
龙是我来捉，穴是我来牵。
各位大仙助我弟子到穴前：

一请天尊来到宫，发福发贵发主东，
此星不是别的星，乃是天上第一星，
此星能作万煞朝贡，诸神恶煞助主东。

二有天帝来到向，儿孙万代坐书房，
十年窗下攻书读，出学之后上朝纲，
万岁一见心欢喜，封他一字并肩王。

三有飞天宝宿来到宫，此星不是别的星，
乃是天上三位好吉星，要问吉星哪三位，
进财进宝库珠星。
进财星到东宫，财富满登；
进宝宫到中宫，日日招财时进宝，年年添产又加丁；
库珠星到西宫，儿孙万代衣食丰。

四有九子星来到宫，房房应九子，科科九翰林。
五有天寿星来到宫，儿孙万代寿如彭祖。

六有天喜星来到宫，年年添喜，岁岁加丁。
七有天财星来到宫，四方来财，八方进宝，
四面八方财宝归主东。
八有天福星来到宫，儿孙万代，富比石崇。

来龙生在高又高，地师要得状元包。
来龙生在长又长，代代为官吃皇粮。
龙府配在两边生，代代为官受皇封。

斟茶：

手捧香茶走到东，发福发贵发主东。
手捧香茶走到西，东家代代招贤妻。
手捧香茶走到中，发福发贵发主东。
请问东家有何求，
一求人丁大旺，二求福寿双全，
三求高官厚禄，四求富贵绵绵。

点酒：

手中提取酒一壶，此酒本是仙人传，
我今用酒来祭穴，永葆儿孙万代贤，
一点酒，点龙头，儿孙万代中诸侯。
二点酒，点龙腰，儿孙代代穿紫袍。
三点酒，点龙尾，儿孙代代登龙位。
四点酒，点青龙，青龙吉。
五点酒，点白虎，白虎昌。
六点酒，点朱雀，朱雀展膀。
七点酒，点玄武，玄武洋洋。

撒米：

一把珍珠撒在东，发福发贵发主东。
二把珍珠撒在西，西方佛祖得先知。
大慈大悲观音佛，移花接木车龙气。
三把珍珠撒在中，发福发贵发主东。
富贵就从今日起，儿孙万代福绵绵。

照罗经：

　　一把罗经来照东，子孙世享福禄中，
　　金如象铜①朝中搁，大似神仙马化龙。
　　二把罗经来照西，手捧丹桂上云梯，
　　男为将相辅天子，女入皇宫捉紫衣。
　　三把罗经来照南，世代子孙穿紫袍，
　　声名远震传天下，京都天子坐龙朝。
　　四把罗经来照北，一家大小相邦国，
　　山清水秀人丁旺，世代金銮天上登。
　　五把罗经来照中，龙楼凤阁喜重重，
　　今日老人登吉穴，家中金银胜石崇。

呼龙：

　　我今呼山山朝贡，葬后满门都和气，
　　我今呼水水来朝，世代子孙穿紫袍，
　　我今呼龙龙又旺，子子孙孙金阶上，
　　我今呼龙龙又兴，家中常积宝和珍。

　　手中提取三鼎甲②，代代儿孙从此发，
　　发福发贵都发起，荣华富贵万代发，
　　发起发起——
　　代代发福发贵！③

【解说】

　　旧时潜山地区风俗是厝葬，先厝棺三至五年，然后捡棺、改棺、重新下葬，方入土为安。该辞即为下葬时垒好坟包后的呼辞，一方面是地师赞扬此处地穴的优良，二来地师呼赞此地穴必将为家族带来好运。这个道理和砖匠和木匠在安放木梁时发出的赞叹是一致的。

――――――――――

　　① 象铜：象牙做的铜。
　　② 三鼎甲：明、清时期，殿试的一、二、三名，名称确定为"状元""榜眼""探花"，合称"三鼎甲"。
　　③ 此经2015年夏由岳西龙桥林斗奎地师提供。

# 十二月花神辞

正月梅花香，渡春江，
点缀好春光。
冰肌玉骨映红妆。
孤山留素影，
独占百花王，百花王。

二月杏花红，满园栽，
独自出墙来。①
千红万紫巧安排。
酒家何处在，
春雨杏花飞，杏花飞。

三月桃花红，夺天工，
依旧笑春风。
刘郎今日又相逢。②
桃园留古洞，
渔父再追踪，再追踪。

四月蔷花香，香绕廊，
蜂蝶过粉墙。
水晶帘动映花光。
微波心荡漾，
气味最清凉，最清凉。

五月石榴红，似火烘，
绿叶蔚葱茏。
红裙妒煞雾空蒙。
团团枝上耸，
花月影重重，影重重。

---

① 出墙来：宋代叶绍翁《游园不值》："应怜屐齿印苍苔，小扣柴扉久不开。春色满园关不住，一枝红杏出墙来"。

② 刘郎：有成语"前度刘郎"，泛指去了又回来的人。

六月荷花香，渡春江，
香风送晚凉。
接天莲叶绿云裳。
清波穿画舫，
映日斗红妆，斗红妆。

七月凤仙开，绕苍苔，
花雨斗芳菲。
凤仙花拥凤凰台。
仙风吹玉佩，
疑是凤凰来，凤凰来。

八月桂花香，露蒙蒙，
气味最芬芳。
一轮明月影当窗。
众仙来共尝，
同日咏霓裳，咏霓裳。

九月菊花黄，闹重阳，
晚节倍留香。
天生傲骨斗寒霜。
东篱新菊酿①，
莫负好秋光，好秋光。

十月芙蓉开，绿满阶，
滴露点尘埃。
芙蓉帐里凤凰偕。
花枝轻弄摆，
迎接曼卿来，曼卿来。

十一月雪花飞，玉成堆，
咏雪羡奇才。
雪花六处半空开。

① 东篱：晋·陶潜《饮酒》诗之五："采菊东篱下，悠然见南山。"后因以指种菊之处；菊圃。

玉花笼翠黛,

雪日照妆台,照妆台。

十二月蜡梅开,雪花飞,

额点寿阳梅。①

冰肌玉骨映红妆。

江南春讯是,

踏雪好寻梅,好寻梅。

【解说】

民间音乐舞蹈"十二月花神"已有300余年历史,一直广为流传。据考证早在明朝万历年间(1573—1620)就有"十二月花神"舞蹈的记载,到了清朝乾隆年间,就以完美的音乐舞蹈形式在民间流传下来。它是根据我国古代神话传说"观音洒净"为题材,以传统舞蹈形式表达劳动人民在盛世中的生活感情,舞蹈表达的是观音洒净水,使人间万物复苏、百花竞放的美好景象。

"十二月花神"是潜山古代民间灯会、庙会中的主要文娱表演节目。在潜山县黄泥、水吼一带最为流行,过去黄泥每年十月一次的"忠烈大王庙会"及"平安会",水吼每年一次的"黄公会"等大型群众集会都有该舞蹈的演出。它的唱念字韵,沿用"中州韵",并渗入大量"徽音"。唱腔在基本腔框架内,根据方言的四声调值,产生许多具有地方特色的曲调,更突出了这个舞蹈的古朴典雅,具有浓郁的民族风格。它的演奏曲的曲名叫"抱椿台",原是用笛子和洞箫演奏的。人物造型主要有观音、文(武)童和十二个花神,十二个花神头戴花枝冠,戴珠项链,穿淡红色斜领短上衣、白水袖、淡绿帔肩、粉红彩鞋,并分别头戴表示本月份的花枝冠。道具有云帚、白净瓶、柳枝、云片、莲台等。②

上述歌词来自《潜山县志》③,个别有改动,歌词风格和舞蹈一样,秀丽文静,没有浮华,但是比较符合统一的格律。从内容看,既有风土人情,又有历史典故,还有对繁花风格和四时景的赞颂,反映出人们对美好生活的欣赏和期待。

---

① 寿阳梅:《太平御览·时序部》引《杂五行书》:"宋武帝女寿阳公主,人日卧于含章殿檐下,梅花落公主额上,自后有梅花妆。"

② 十二月花神[EB/OL]. 潜山县文化馆. http://www. qswhg. cn/display. aspx? id=1911.

③ 汪亚英,陈景平. 十二月花神词曲[EB/OL]. 潜山县志. http://60. 166. 6. 242:8080/was40/index_ sz. jsp? rootid=34187&channelid=35864.

# 扇 药 歌

小小药罐七寸高，神仙下药把病疗。
甘草本是药中王，人参半夏加丁香。
神农①下药一罐煎，百病消除谢神仙。
八卦炉中炼金丹，十九畏②来十八反③。
老人治病用天麻，伢情治病午时茶。
男人治病用连翘，女人治病益母草。④

【解说】

这首歌可能是旧时郎中煨药扇火时唱的歌，后竟为道生抄录于醮典。

这个歌两句换韵，比较罕见。呼唱时，每两句之间，估计要做个停顿。

# 八 仙 歌

第一神仙汉钟离，面带桃红胡子稀。
每日都在云端里，下面善恶他都知。

第二神仙曹国舅，蟒袍玉带他不收。
每日都在云头走，天堂海阁他都游。

第三神仙张果老，倒骑驴子遇竹桥。
有人问我有多大，两万七千不算高。

第四神仙铁拐李，肩背葫芦把病医。
每日都在云端里，神仙下药人怎知。

第五神仙蓝采和，肩挑花篮笑呵呵。
蟠桃会上他走过，王母见他笑呵呵。

---

① 神农：炎帝，是中国上古时期姜姓部落的首领尊称，号神农氏。

② 十九畏：中药界广为流传的九种药物相畏、相反的情形，歌诀如下："硫黄原是火中精，朴硝一见便相争。水银莫与砒霜见，狼毒最怕密陀僧。巴豆性烈最为上，偏与牵牛不顺情。丁香莫与郁金见，牙硝难合京三棱。川乌草乌不顺犀，人参最怕五灵脂。官桂善能调冷气，若逢石脂便相欺。大凡修合看顺逆，炮爁炙煿莫相依。"

③ 十八反：中药界广为流传的大抵十八种药物相畏、相反的情形，歌诀如下："本草明言十八反，半蒌贝蔹芨攻乌。藻戟遂芫具战草，诸参辛芍叛藜芦。"

④ 林竹超收藏《醮典》。

第六神仙吕洞宾，手执云板度几人。
铁板桥上他游过，度过牡丹上天庭。

第七神仙何仙姑，人人说我有丈夫。
旁人言语他不听，不听是非自然无。

第八神仙韩湘子，九度韩公十度妻。
每日都把凡人度，明月清风传后世。①

【解说】

这个八仙歌也是道生在举行某些特定祭祀仪式时穿插吟唱的，它的特色是寥寥数句把八仙的各自特色说清楚了。比如说吕洞宾，好像度了几人，韩湘子则是"度人不倦"；蓝采和一副乐呵呵的样子，王母见他也"笑呵呵"，一个笑来，一个笑去，彼此似有会意处。大家可以参阅上面对八仙的解说，来综合地理解八仙传说。

# 二十四孝

第一孝，说大舜，竭力耕田祝母亲。
历山之下常号泣，大孝之下第一人。

第二孝，说恒王②，母亲药汤儿先尝。
玉帝三年曾未改，史传孝名至今扬。

第三孝，鲁曾参，从学山中孔圣人。
母咬指头儿心疼，只为家中来客人。

第四孝，闵子骞，身披芦花过冷天。
佛前留我老娘在，愿受饥寒无怨言。

第五孝，是仲由，负米养亲百里头。
为官常将爹娘想，德贤孝名万古流。

第六孝，说董永，无钱卖身葬父母。
槐荫树下与仙女，天赐良缘配婚姻。

第七孝，郯家郎，身披毛衣入鹿房。

---

① 林竹超收藏《醮典》。
② 恒王：指汉文帝刘恒。

采下鹿奶把娘喝，古今留名万古扬。

第八孝，是杨香，常随父亲上山冈。
父亲被虎来拖去，单身打虎救父王。

第九孝，陆绩郎，人到六十孝名扬。
九州做客怀藏橘，回家积奉与亲娘。

第十孝，唐夫人，尽孝崔家①是有名。
公婆年老难欲食，取貌躬亲存孝心。

十一孝，吴猛郎，炎天无帐苦难当。
愿教蚊虫食我血，莫飞前去咬我娘。

十二孝，郭巨人，为母埋儿天赐金。
只因孩儿粮分吃，掘地埋儿家最贫。

十三孝，说王祥，卧冰捉鱼献奉娘。
不料鲤鱼双出现，天赐良机孝娘亲。

十四孝，江革公，朝暮在外做日工。
搞了银钱来养母，虽然遇难不遭凶。

十五孝，朱寿昌，年老七十侍奉娘。
辞官不做将娘找，骨肉相亲喜气洋。

十六孝，庾黔娄，口尝父粪却心受。
恨欲将身代父母，古今孝名传九州。

十七孝，说黄香，冬日温清夏日凉。
七岁孩儿能尽孝，当时称赞满家堂。

十八孝，说姜诗，夫妇尽孝用心勤。
家内井中鱼跳出，何必冬日卧寒冰。

---

① 崔山南，名琯，唐代博陵（今属河北）人，官至山南西道节度使，人称"山南"。当年，崔山南的曾祖母长孙夫人，年事已高，牙齿脱落，祖母唐夫人十分孝顺，每天盥洗后，都上堂用自己的乳汁喂养婆婆，如此数年，长孙夫人不再吃其他饭食，身体依然健康。长孙夫人病重时，将全家大小召集在一起，说："我无以报答新妇之恩，但愿新妇的子孙媳妇也像她孝敬我一样孝敬她。"后来崔山南做了高官，果然像长孙夫人所嘱，孝敬祖母唐夫人。

十九孝，说老莱，斑衣戏彩乐哀哉。
七十二岁不为老，常为儿戏在娘怀。

二十孝，蔡君仲，采下桑葚养母亲。
赤眉见他行孝道，牛蹄白米赠与宾。

二十一孝，说王裒①，曾记母亲性怕雷。
忽被雷轰响摄起，墓前啼哭几千回。

二十二孝，说丁兰，每日哭娘泪不干。
母亲已死难相见，刻木为娘似一般。

二十三孝，说孟宗，冬日哭到竹林中。
黄天不负人间孝，一园冬笋出寒冬。

二十四孝，黄庭坚，平生多孝世道贤。
侍母尽心能竭力，太史声名万古传。②

【解说】

这首歌是将民间二十四孝故事整编为这种押韵的说唱形式，进行流传。从内容上看，它体现着咱们中华文化对孝道的弘扬，通过这些事迹来感动人，激发人们行孝的同情，所谓见贤思齐，人家这么竭力侍奉双亲，咱自个儿也得这样做。

另外一方面，这些故事传说中也杂糅着一些和现代社会自由平等精神相违背的因素，譬如埋儿孝母，这本身就是一个充满悖论的选择。在基督教中，有个亚伯拉罕杀子祭燔的故事，结果神发出制止，用公羊代替祭燔③。两相对比，可见中国人已然把父母列入神的高度，通过神话和奇迹来说明侍奉父母的"惊天地、泣鬼神"。

过去，小农社会物资极为艰难，所以才有"孟宗哭竹生笋""吴猛恣蚊饱血""王祥卧冰求鲤""蔡顺拾葚异器""陆绩怀橘遗亲""唐夫人乳姑不怠"这样的佳话，今天人们不需要这样克服极大的困难来满足父母的口食之欲，今天最

---

① 王裒（？—311），字伟元，城阳营陵（今山东昌乐）人。东汉大司农郎中令王脩之孙，司马王仪之子，西晋学者。因父为司马昭所杀，不臣西晋，三征七辟皆不就，隐居教授，善书。因王裒至孝，其去世后，为纪念王裒及其母，后人将其墓地以北的一座山丘命名为"慈母山"，将流经山下的河流称为"孝水河"，将其陵墓所在之地称为"慈埠"。

② 林竹超提供。

③ 王忠祥，贺秋芙．圣经故事新编［M］．武汉：长江文艺出版社，2011.

大的问题可能还是精神上的陪伴、尊重、理解和呵护。

鉴于古今形势、精神不同，今天我们主张孝，并不等于主张盲从或顺从，毁掉下一代的生活思维和自主精神。这二十四孝我们看都是行为人自觉地去行动，未见父母下命令，让孩子去如何如何行孝。可见，孝心孝道源于行为人的思想动机，而非基于制度安排或外力施压。正所谓：

百善孝为先，论心不论迹，论迹贫家无孝子；
万恶淫为首，论迹不论心，论心终古少完人。

那种把孝等于盲从或顺从的看法，是封建统治阶级为了维护自身统治利益，无视个性自由生长的思想制度安排。今天社会切不可泥古而不化，复教人重新入人格顺从之桎梏。

# 第十二篇　民歌、书帽、童谣及其他

　　在久远的农耕文化下，潜山拥有大量的民歌，有的是劳动人民在劳动时的放歌，有的是儿女情长的对唱，有的是哄哄小孩的儿歌，有的是对世俗生活的哀叹，有的是对世俗人情的劝慰，还有的是根据社会革命需要改编的革命民歌。这些民歌现在大抵已经被排挤出市场，丧失了吟唱或对唱的主体和受众，堪称"文化遗产"，而它们恰恰是一面镜子，让我们看到社会风俗人情和社会制度的变迁，以及人类生活的依靠。20 世纪 90 年代初，在潜山县文化局杨普根[①]、黄德邻、汪传碧[②]、张扬、郑劲松等几位同志的辛苦努力下，编写了《潜山县民间文学集成》，这部《集成》收录了大量的民歌和童谣，为我们的研究提供了重要基础。

　　书帽，是古代艺人在二胡说书或大鼓书在开讲正式本子前，安顿客人时说唱的"段子"，这些"段子"大都是对人情的奉劝或嘲讽，因而也具有一定的哲理和借鉴意义。

## 民　歌

### 劳动歌曲

#### 搬运号子

> 嗨嗨嗨呵哟，
> 嗨嗨呵呵，
> 小心一点，呵哟！
> 莫掉下来砸着脚哟！
> 慢慢抬着走哟！
>
> 嗨嗨嗨呵哟，
> 嗨嗨呵呵，

---

　　① 杨普根：笔名皖山墨客，1943 年生，安徽潜山人。毕业于潜山师范学校，历任中小学教员、校长、县委宣传部科长、文化局副局长，曾为潜山县文联主席。

　　② 汪传碧：1941 年 9 月出生，安徽潜山人，中共党员。曾任安徽省潜山县文化局副局长、党组成员，《皖山风》主编。

一步一步，走哟！
莫慌莫扭着腰哟！
慢慢抬着走哟！①

【解说】

这是一首典型的劳动调子，提醒抬者莫让重物砸着脚或者扭着腰，要慢慢抬。旧时没有现代化的搬运器械，有的只是扁担，或者用大型的树干和麻绳作为搬运工具，几个人一起抬动某物时，必须要求步调一致，否则会伤害出力不齐者。那么怎么样保持一致呢？拉调子是一个很好的办法，按照调子节奏来，就乱不了，就能保证每个人都是均匀地受力。

## 薅草号子

薅草喂——
要唱歌哦！
青蛙喂——
莫让害虫吃稻哦！②

【解说】

这是一首典型在劳动时"寻欢作乐"的拉歌。旧时除草多用手脚，时间长，还要低着头，很无聊，不像现在这个除草剂或那个除草剂，后者固然省事，但是造成土壤污染和水污染是必然的。

词中指望青蛙吃害虫，这都体现了旧时农业的原始性和生态性。

这两首拉歌号子，都有"坎坎伐檀"的激越，是生活战斗的号角，体现着古人战胜自然安排的不屈和乐观。下面还有几首关于农业生活的山歌。

## 走下田来把草薅

走下田来把草薅，
不知文薅是武薅，
文薅泥里踩，
武薅水面漂，

---

① 杨普根，黄德邻，汪传碧，张扬，郑劲松主编．潜山县民间文学集成．潜山县文化局编印，1991：54.

② 杨普根，黄德邻，汪传碧，张扬，郑劲松主编．潜山县民间文学集成．潜山县文化局编印，1991：50.

打草的哥哥难弯腰。①

【解说】

这首山歌调侃薅草的办法，由于薅草是无聊的事情，所以性格急躁的人会采取"武力"的办法，但是这样容易伤害稻株。武薅通常需要把草根上的泥巴洗干净，也就是歌中所唱的"打草"，这种漂洗的动作方言读作 kue 5。

## 歇下伙来就动身

歇下伙来就动身，
莫把黄土坐成坑，
忙时跟不得闲时事，
连起三早当日工。
免得求人落下工。②

【解说】

此歌内容上是劝人惜时用工。长天日子，三个早上抵个工，所以说"连起三早当日工"，最后一句的意思是，免得又要求人请工，其实自己是可以赶一赶的。

这首山歌采取经典的五句调，第一句是引子，最后一句是总结。

## 田里薅草田里青

田里薅草田里青，
稻棵杪上出黄金，
桑树杪上出绸缎，
笔杆杪上出功名。
出功名，
乖姐怀中出贵人。③

【解说】

这首山歌采取典型的五句中间夹三字的格式，三字落在倒数第二句的位置上，起到顿挫的作用。开始一句起兴，最后一句类比，落实。比如：

---

①　杨普根，黄德邻，汪传碧，张扬，郑劲松主编．潜山县民间文学集成．潜山县文化局编印，1991：49.

②　杨普根，黄德邻，汪传碧，张扬，郑劲松主编．潜山县民间文学集成．潜山县文化局编印，1991：48.

③　杨普根，黄德邻，汪传碧，张扬，郑劲松主编．潜山县民间文学集成．潜山县文化局编印，1991：51.

走下田来唱个歌，
大田小田你听着，
大田收到千千担，
小田收到万万箩。
万万箩，
万担归仓笑呵呵。①

还比如：

山歌本是古人留，
留在怀中解忧愁。
三天不把歌儿唱，
三岁孩儿白了头。
白了头，
既解忧来又解愁。②

这首山歌阐发了山歌的历史和作用，说山歌不是从我们这里开始唱的，而是古人在农耕时为了抒发劳动的无聊和痛苦，为了纾解生活的哀愁和怨恨，而发出的声音。旧时人唱山歌甚至唱歌成瘾，"三天不把歌儿唱，三岁孩儿白了头"。问题是今天农业已经现代化了，山歌也消失了，人们又该如何纾解心中的苦闷呢？

再比如：

望望太阳望望天，
望望东家可烧烟，
不知活柴烧不着，
还是干柴不起烟。
不起烟，
肚子饿着也枉然。

这首山歌描述的是一位做工的，肚子饿着，指望东家赶紧烧中饭吃的滑稽心情。这是土灶烧柴生火做饭冒烟的情形，"不知活柴烧不着，还是干柴不起烟"这两句惟妙惟肖。

---

① 杨普根，黄德邻，汪传碧，张扬，郑劲松主编. 潜山县民间文学集成. 潜山县文化局编印，1991：51.

② 杨普根，黄德邻，汪传碧，张扬，郑劲松主编. 潜山县民间文学集成. 潜山县文化局编印，1991：51.

类似结构的民歌还有：

太阳下山往下爬，
雷打的东家不烧茶。
烧茶的姐姐烫着手，
送茶的哥哥发着痧。
发着痧，
万恶的东家死着吧。

太阳下山大半天，
拿起帽子一溜烟。
东家老问我走哪去，
你睁开眼睛望望天。
望望天，
巴不得两天活儿做一天。

# 革命斗争歌

## 穷人饿断肠

庍桶①一声响，
地主粮满仓。
镰刀挂上墙，
穷人饿断肠。②

【解说】

旧时封建社会，土地大多为地主所有，贫农只占有很少的土地，有的必须租种地主的土地，成为佃农，佃农在年成不好的情况下几乎没有收益，出现饿断肠的情况。

旧社会由于这种土地所有制以及农业技术的"靠天"，所以产生了大量的绝对贫困人口。实行土地改革，提高农业技术，释放农村生产力，是新社会解决温饱问题的关键。

---

① 庍桶：旧时敲击稻穗于庍桶壁上，使得稻谷和稻株分开；它一般用质地轻松的泡桐树板来制作。后来才出现打稻机和现代的农业收割机。

② 杨普根，黄德邻，汪传碧，张扬，郑劲松主编．潜山县民间文学集成．潜山县文化局编印，1991：58.

## 穷人说大话

> 大雪飞飞下，
> 穷人说大话。
> 缸罐装米，
> 酒盅装盐，
> 哪怕大雪落一年。[①]

【解说】

旧时生产力极为落后，农民吃米和吃盐都是问题，穷人讲的这个大话是不可能实现的，当年收获和粮食怎么能管一年呢？现在推测，农民如果不能获得杂粮的支持，绝不可能活下来。所谓"一季山芋半年粮"。

## 说乞丐

> 一无所有，两手撒开。
> 三餐不饱，四路无门。
> 五谷不收，六亲不认。
> 七的又多，八字不好。
> 九也当把，十在没得。[②]

【解说】

旧社会的乞丐，真正是一无所有。末句，"九也当把，十在没得"；谐音为"有也当把，实在没得"，别人找他讨债，他说："有也应该还给你，但是我实在是没有啊！"

## 说叫花子

> 人说花子好命苦，我说花子最有福。
> 天当房子地当床，身上衣服补丁补。
> 大地无边任其游，逍遥自在如龙虎。

---

① 杨普根，黄德邻，汪传碧，张扬，郑劲松主编．潜山县民间文学集成．潜山县文化局编印，1991：59.

② 杨普根，黄德邻，汪传碧，张扬，郑劲松主编．潜山县民间文学集成．潜山县文化局编印，1991：59.

吃饱倒地神仙梦，管他三七六二五。①

【解说】

从现实性上讲，叫花子命运是悲惨的。当然由于叫花子游离在现实残酷的生产体系之外，他显得是"自由的"。但是这种自由并非真正的、建立在现实生产关系改善的基础上的自由，而只是"想象的主体"的想象的自由。

## 家中断了粮

八月桂花香，仓里无粮装。

九月菊花黄，家中断了粮。

十月小阳春，上山挖蕨根。②

【解说】

这首山歌说的是秋冬之际农民断粮的情况。本是收获季节，家中却无粮食，只能上山挖蕨根之类的植物根充饥。

## 月亮弯弯照九州

月儿弯弯照九州，几家欢乐几家愁。

几个夫妇同罗帐，几个漂流在外头。

在外头，

兵荒马乱几时休。③

【解说】

这首山歌与江苏民歌《月亮弯弯照九州》有一定关系。

《月儿弯弯照九州》最初是自南宋以来流行于江苏省一带的地方民歌。该民歌出自南宋建炎年间（1127—1130），述外敌入侵、朝廷不抵抗的情况下民间离乱之苦。明末冯梦龙所编《山歌》中也有记录。它的词原为：

月儿弯弯照九州，

几家欢乐几家愁，

几家夫妇同罗帐，

---

① 杨普根，黄德邻，汪传碧，张扬，郑劲松主编．潜山县民间文学集成．潜山县文化局编印，1991：59.

② 蕨根：凤尾蕨科植物蕨的根茎，在秋、冬采集"蕨"的根部，洗净、晒干，即为蕨根。蕨根可入药，亦称"蕨鸡根"；蕨根磨成粉后，可做成各类菜肴。

③ 杨普根，黄德邻，汪传碧，张扬，郑劲松主编．潜山县民间文学集成．潜山县文化局编印，1991：59.

几家飘零在外头？

可见这首民歌也流传到安徽潜山一带。

## 四季歌

春季里来度春荒，家家户户断时粮。
地主吃的鱼和肉，穷人吃的是米糠。

夏季里来热难当，夏天锄草真正忙。
背上晒着黄汗淌，地主树下乘风凉。

秋季里来树叶黄，恶霸地主是阎王。
收尽租子算尽账，一家大小去逃荒。

冬季里来大雪飘，富家杀猪又宰羊。
有钱人把新年过，穷人讨饭走他乡。[①]

【解说】

这首十二月调的四季歌把贫困农民一年到头的生活窘境表现得淋漓尽致。春天断粮，夏季繁忙，秋季算账，冬季逃荒。它把旧社会剥削体制下的农民生活揭示得非常明白。所谓："做又做，饿死的货；荡悠荡，吃干饭。"[②]

## 十二月长工歌

正月里来正月正，大家过年闹哄哄。
有钱的人家买年货，无钱的人家卖长工。

二月里来二月中，肩背包袱去上工。
老娘哭着肝肠断，妻子哭着眼睑红。

三月里来三月中，肩挑栏粪下田中。
烂在田里刺戳脚，眼泪汪汪往下滚。

四月里来四月中，肩挑黄秧下田中。
东家老板来看插，连插五棵正宗宗。

---

① 杨普根，黄德邻，汪传碧，张扬，郑劲松主编. 潜山县民间文学集成. 潜山县文化局编印，1991：59.

② 王章豹. 桐城谚语集锦［M］. 合肥工业大学出版社，2015：186.

五月里来五月中，肩驮水车下田中。
东家老板来看水，田里无水骂长工。

六月里来六月中，六月炎天热得凶。
东家老板打阳伞，不买帽子给长工。

七月里来七月中，南边早稻黄得凶。
十二张刀子下田割，一张钝刀给长工。
快刀割着刺啦响，钝刀割着眼泪红。

八月里来八月中，八月中秋闹哄哄。
东家老板吃着中秋饼，一瓢剩饭给长工。

九月里来九月中，九月重阳闹哄哄。
老板喝着头子酒，几根红芋给长工。

十月里来十月中，萝卜白菜起①得凶。
老板吃着萝卜、白菜苔，黄皮脚叶给长工。

十一月里来十一月中，大雪纷飞向下轰。
东家老板烤着木炭火，火磴②大磨给长工。

腊月里来腊月中，老板算盘扒得凶。
算来算去无钱把，卖儿卖女卖长工。③

【解说】

这首十二月调的长工歌把旧时长工的生活窘境表现得淋漓尽致。长工和佃农不一样，他是失地的农民，完全把自己的劳动力完全出卖给地主，报酬只是一点口粮。长工在东家毫无地位，失去了人身自由，不仅吃得差，而且在生产工具上也差。可以想象，在没有社会革命的情况下，长工的生活境遇不可能好到哪里去。

至此，旧时民歌已经把旧时农民、佃农以及长工农民的卑微地位描绘得很清楚。

---

① 起：生长。
② 火磴可能是烧火的石头围子。这句意思是老板烤火，而生火的任务、推磨的任务落在长工的身上。
③ 杨普根，黄德邻，汪传碧，张扬，郑劲松主编. 潜山县民间文学集成. 潜山县文化局编印，1991：60.

## 吸大烟者自叹

一盏孤灯照床前，二分过瘾赛神仙。
三餐茶饭不想吃，四季衣着欠周全。
五男二女①妻子怨，六亲疏远不同言。
七旬老母无侍奉，八字算来颠倒颠。
九已思想寻短见，十在不舍鸦片烟。②

【解说】

这首吸大烟者自叹和乞丐自叹差不多。旧时由于政府不禁烟或者禁烟不彻底，导致民众能够轻易接触到鸦片，导致鸦片泛滥成灾，民众苦不堪言。这首"自叹"有奉劝不要的意思。

# 解放斗争歌

## 当兵自叹歌

栀子开花叶里青，
二十岁哥哥去当兵。
堂前来了个保甲长，
厨房哭得泪零零。

一盅酒，敬我父，
我去当兵你莫哭。

二盅酒，敬我妈，
我去当兵你管家。

三盅酒，敬我哥，
我去当兵你事多。

四盅酒，敬我嫂，
我去当兵你妯娌好。

---

① 五男二女，泛指儿女，旧时认为这是理想的儿女搭配比例。
② 杨普根，黄德邻，汪传碧，张扬，郑劲松主编. 潜山县民间文学集成. 潜山县文化局编印，1991：94.

五盅酒，敬我妻，
我去当兵你孤凄。
日里孤凄婆做伴，
夜里孤凄淌眼沥①。

床上莫放鸳鸯枕，
踏板莫放两样鞋。
泥鳅长鳞蛇长脚，
铁树开花我回来。②

【解说】

20 世纪对于中国而言是个不断纷争、征战的世纪，从军阀混战、孙中山领导的国民革命到红色革命，到抗日战争再到解放战争，战火无数，民不聊生。歌中所唱为国民政府征兵。二十岁的哥哥，从成长的角度来看，还是一个幼稚的青年，但是歌中的这位哥哥显然十分地成熟，想了很多自己不在家的问题，一一嘱托。最伤情的是最后两句：泥鳅长鳞蛇长脚，铁树开花我回来。唱者叹息自己可能再也回不到家了！可是前文对妻子的嘱托又是希望妻子一定要等自己回来，莫与他人约会。这种紧张又使得这位"哥哥"形象饱满。妻子啊，你要等我回来，可是我回来的希望又是多么的渺茫啊！这叫我们该如何是好？

## 十妹子茶

东方红，太阳升，
中国出了毛泽东。
梭里梭米来，
米里米来梭。

一妹子茶，
敬得我的妈，
我去当兵你管家。
梭里梭米来，
米里米来梭。

---

① 眼沥："眼泪"在方言中的读法。
② 杨普根，黄德邻，汪传碧，张扬，郑劲松主编．潜山县民间文学集成．潜山县文化局编印，1991：72．

我去当兵你管家哟，
多拉梭。

二妹子茶，
敬得我的父，
我去当兵你莫哭。
梭里梭米来，
米里米来梭。
我去当兵你莫哭哟，
多拉梭。

三妹子茶，
敬得我的哥，
我去当兵你要做。
梭里梭米来，
米里米来梭。
我去当兵你要做哟，
多拉梭。

四妹子茶，
敬得我的嫂，
我去当兵妯娌好。
梭里梭米来，
米里米来梭。
我去当兵妯娌好哟，
多拉梭。

五妹子茶，
敬得我的叔，
我去当兵你照顾。
梭里梭米来，
米里米来梭。
我去当兵你照顾哟，
多拉梭。

六妹子茶，

敬得我的兄，
我去当兵你要送。
梭里梭米来，
米里米来梭。
我去当兵你要送哟，
多拉梭。

七妹子茶，
敬得我的妹，
我去当兵你要参加妇联会。
梭里梭米来，
米里米来梭。
我去当兵你要参加妇联会哟，
多拉梭。

八妹子茶，
敬得我的儿，
我去当兵你要参加儿童团。
梭里梭米来，
米里米来梭。
我去当兵你要参加儿童团哟，
多拉梭。

九妹子茶，
敬得我的妻，
我去当兵你莫哭啼啼。
梭里梭米来，
米里米来梭。
我去当兵你莫哭啼啼哟，
多拉梭。

十妹子茶，
敬得我的双亲，
全中国解放我回程。
梭里梭米来，

米里米来梭。
全中国解放我回程，
多拉梭。①

【解说】

这首歌曲带有上首歌曲的特点，显然是解放战争期间解放军征兵时在上首歌曲基础上改编的，然后传唱开来。由于当兵的目标和性质不同，所以这首歌曲一改上首歌曲中的哀叹为鼓劲。儿郎志愿当兵，而且奉劝家人参加革命，期待自己在解放后回乡。革命多有牺牲，多少儿郎革命回程，无法知道；即使不能回程，也是骄傲和光荣的。

## 一举攻下潜山城

上级革命真正好，
率领红军推山倒。

为了攻破潜山城，
父送子，妻送夫，
化妆来到梅城镇，
侦探三天转回程。

十月初八干戈起，
半夜起身攻县城，
群众担粮影后从。

崔玉龙，真无能，
见势吓得屎尿淋，
跑到城外去逃生。
红军战士真英勇，
一举攻下潜山城。②

【解说】

当顺口溜和革命相遇，变出现了革命歌谣，在革命群众中传唱。本歌谣唱的

---

① 杨普根，黄德邻，汪传碧，张扬，郑劲松主编．潜山县民间文学集成．潜山县文化局编印，1991：68－69.

② 杨普根，黄德邻，汪传碧，张扬，郑劲松主编．潜山县民间文学集成．潜山县文化局编印，1991：64.

1930 年逆水乡红军攻破潜山县城的事件。

类似的歌谣还有：

潜山来了王效亭①，粗茶淡饭最艰辛。
打匪霸，铲穷根，
他与穷人心连心。
唉唉子哟，
他与穷人心连心。

天当房，地当床，
稻草当棉被，野果当食粮。
红军都是英雄汉，
战士越战越坚强。

粗米饭，开锅香，
天天吃惯身体强。
何用鸡鸭和牛羊。
贫家百日费，富家一顿光。
看到人家不饱糟和糠，
何思美酒肥肉独自尝。②

这三首歌反映了当时革命战士的艰苦生活，但是他们为了人民的解放、过上平等生活，以苦为乐，充满着革命乐观主义精神。其中，王效亭所说的"贫家百日费，富家一顿光"，一点不假。

## 儿女对歌

### 郎要恋妹莫漏风

郎要恋妹莫漏风，
十七十八未成人。
燕子衔泥嘴要稳，

---

① 王效亭：原名恩华，字爱民，又名晓艇、筱艇、小亭，化名洪朗光，潜山红军和革命根据地主要创建人。1945 年中共七大追认他为革命烈士。以下第三首歌谣据说为王效亭创作。
② 杨普根，黄德邻，汪传碧，张扬，郑劲松主编．潜山县民间文学集成．潜山县文化局编印，1991：64-65.

蜘蛛丝丝搁肚中。①

【解说】

即使是旧社会，等级制度和婚姻无自由，在民歌中还是透出了青年男女对自由爱情的渴望。这一点和我国第一部诗歌总集《诗经》一样，大量的民歌反映了追求爱情自由的艰辛。这首民歌反映的是女方对男方的建议，生动的是比喻，燕子衔泥和蜘蛛含丝，一个是稳字，一个是密字。

该情歌是四句七言，类似还如：

郎爱交来只管交，切莫交到半中腰。
洗衣就爱长流水，晒衣就爱长竹篙。

吃了妹茶见妹心，茶杯照影影照人。
连茶茶杯吞下肚，十分敬领妹深情。

同妹相交两三年，么事妹与别人恋。
火烧竹筒气闷燥，揭开锅盖气冲天。②

半中腰，就是进行到一半，半途而废的意思。这几首都采取了比兴。最后一首表达失恋出气的内容在情歌倒不是多见。

## 姐家门口一棵松

姐家门口一棵松，
松树头上一窝鹰。
鹞鹰不打窝边食，
邻家大姐放宽心。
放宽心，
小郎不是那样人。③

【解说】

这首情歌用的是四句，加三字，常顶针，舒缓一下，最后总结。这类情歌的特点是比喻充分、生动、有趣。类似的还有：

---

① 杨普根，黄德邻，汪传碧，张扬，郑劲松主编．潜山县民间文学集成．潜山县文化局编印，1991：82.

② 杨普根，黄德邻，汪传碧，张扬，郑劲松主编．潜山县民间文学集成．潜山县文化局编印，1991：82-83，88.

③ 杨普根，黄德邻，汪传碧，张扬，郑劲松主编．潜山县民间文学集成．潜山县文化局编印，1991：82.

朦胧雨儿洒浙浙，乖妹打伞送蓑衣。
蓑衣送到田埂上，一双小脚往家移。
往家移，舍不得情哥在雨里。

朦胧雨儿洒绵绵，情哥打伞看娇莲。
左手撑郎一把伞，右手牵郎上阶檐。
小哥哥，回回来了不遇缘。

一棵好花靠墙栽，花高墙矮现出来。
雨不淋墙墙不倒，花不逢春不乱开。
不乱开，姐不许郎郎不来。

一棵好花靠墙栽，栽在青山陡壁岩。
十八岁大哥寻花采，脚踏石板手扒岩。
手扒岩，鹞子翻身上花台。

六月炎天热得凶，舍不得小郎卖日工。
欲望乌云来掩日，又想老天起凉风。
起凉风，犹如小郎在家中。①

上述这些情歌从内容上讲，无论是送雨衣上田埂，还是夏日盼凉风，都体现着儿女之间的相互怜惜之情，真是心有灵犀！

## 什么风吹这么凉

男：什么风吹这么凉，
什么花开这么香，
什么花开红似火？
什么花开白如霜。
白如霜，
什么花开惹小郎。

女：南风吹吹北风凉，
桂树开花老园香。
桃树开花红似火，
梨树开花白如霜。

---

① 杨普根，黄德邻，汪传碧，张扬，郑劲松主编. 潜山县民间文学集成. 潜山县文化局编印，1991：83-84.

白如霜，姐的鲜花惹小郎。①

【解说】

如果说上面的情歌只是个人单独唱，那么对歌就是两人的相互沟通和交心。这类对歌既要含蓄，又要开放，既要机智，又要大胆。一般也是用自然的景物来起兴。比如下面这首：

男：桐子树上开白花，采茶的哥哥要回家。

手捏茶树叹一声，心爱的妹妹可知音。

一叹家中老父母，二叹回家无盘银。

女：心爱的哥哥你莫焦，你的盘银我办了。

乾隆大钱几十吊，谷雨尖子几十包，

郎挑担子前头走，妹驮包袱随后跑。②

这首对歌描述的是男方要回家看望父母，妹妹送行的情景，描绘了一个十分体贴、周到、大方、吃苦的女性形象。末句"郎挑担子前头走，妹驮包袱随后跑"着墨不多，却把两人依依不舍的心情勾勒出来。

还比如下面这首：

男：小小荷包绿腰系，拜声外母拜声妻。

拜声外母早早送，拜声妻子早做衣。

再拜三年你不送，郎背包袱上江西。

女：小小荷包腰系长，拜声公婆拜声郎。

拜声公婆早早接，拜声小郎早打床。

再过三年你不接，剪掉头发上庵堂。③

这首对歌则是双方互相催促着结婚，瓜熟蒂落正当时。男女末句"再拜三年你不送，郎背包袱上江西""再过三年你不接，剪掉头发上庵堂"，都表明了男女对结婚的坚定意愿。旧时男女经媒人定亲后女方需要"考察"男方一段时间，这个时间男方继续向女方提供劳力和礼品，所以一般女方（外父母）不愿意提早结束这个时间。接，就是结婚，男方迎娶女方。

---

① 杨普根，黄德邻，汪传碧，张扬，郑劲松主编. 潜山县民间文学集成. 潜山县文化局编印，1991：78.

② 杨普根，黄德邻，汪传碧，张扬，郑劲松主编. 潜山县民间文学集成. 潜山县文化局编印，1991：85.

③ 杨普根，黄德邻，汪传碧，张扬，郑劲松主编. 潜山县民间文学集成. 潜山县文化局编印，1991：86.

## 乖妹白白纸一张

男：乖妹白白纸一张，
小郎黑黑是檀香。
檀香黑黑要钱买，
白纸无钱讨一张。
讨一张，讨张白纸包檀香。

女：心肝哥哥莫拉呆，
檀香底下挖棺材。
白纸能写天大字，
文武百官把笔开。
把笔开，十八学士站起来。

男：心肝妹妹莫拉呆，
白纸纸上斜灵牌。
檀香烧在香炉底，
雾气腾腾上天台。
上天台，四大金刚站起来。

女：心肝哥哥你好孬，
你把檀香比得高。
檀香放在桌子上，
先过斧子后过刀。
后过刀，把你剖得碎糟糟。①

【解说】

这首对歌比上面的要复杂，它包含着两次对唱，情节也更加反复。第一段男生自比檀香，把女方比作白纸，一个高贵，一个低廉；第二段，女方反驳，檀香是做棺木的，而白纸是做文章的，文章更加高贵；第三段，男方以牙还牙，说白纸是写灵牌的，檀香却是通天的；第四段，女方急了，指出檀香木经过刀剖斧削，粉身碎骨这一苦情。这首情歌既可以理解为相互挑逗，也可以理解为相互拌嘴调情。结局当然是二人的和解，幽默而有情趣。

---

① 杨普根，黄德邻，汪传碧，张扬，郑劲松主编. 潜山县民间文学集成. 潜山县文化局编印，1991：88.

## 十把扇子

一把扇子，扭扭，
朵朵奇，耶牛牛。
这把扇子哎哟，
郎买的耶，干哥哥。
郎买这把扇子，扭扭，
花银钱，耶扭扭，
做双丝鞋，哎哟，
把郎穿呐，干哥哥。

二把扇子，扭扭，
二面花，耶牛牛。
郎最爱我，哎哟，
我爱他耶，干哥哥。
乖郎爱我，扭扭，
年纪小，耶牛牛，
我爱乖郎，哎哟，
一枝花呐，干哥哥。

三把扇子，扭扭，
是清明，耶牛牛。
姑嫂二人，哎哟，
去祭坟耶，干哥哥。
嫂哭三声，扭扭，
得人疼，耶牛牛，
妹哭三声，哎哟，
疼人心呐，干哥哥。

四把扇子，扭扭，
绣四方，耶牛牛。
绣着个蝴蝶，哎哟，
坐中堂耶，干哥哥。
左边绣个，扭扭，
梁山伯，耶牛牛，

右边绣个，哎哟，
祝英台呐，干哥哥。

五把扇子，扭扭，
是端阳，耶牛牛。
扇子落地，哎哟，
大路旁，干哥哥。
老人家捡到，扭扭，
交钱取，耶牛牛，
妹妹捡到，哎哟，
与同房，干哥哥。

六把扇子，扭扭，
是炎天，耶牛牛。
二人晚上，哎哟，
汗不干耶，干哥哥。
郎把手巾，扭扭，
抹姐脸，耶牛牛，
姐把扇子，哎哟，
扇郎身呐，干哥哥。

七把扇子，扭扭，
七根带，耶牛牛。
古人家恩爱，哎哟，
带不来耶，干哥哥。
不是乖姐，扭扭，
不得买，耶牛牛，
我的恩爱，哎哟，
南京带呐，干哥哥。

八把扇子，扭扭，
是中秋，耶牛牛。
姑嫂二人，哎哟，
去梳头耶，干哥哥。
嫂梳三把，扭扭，

盘龙顶，耶牛牛，
妹梳三把，哎哟，
凤凰头呐，干哥哥。

九把扇子，扭扭，
是重阳，耶牛牛。
姑嫂二人，哎哟，
进庙坐耶，干哥哥。
嫂嫂求签，扭扭，
求儿子，耶牛牛，
姑娘求签，哎哟，
求才郎，干哥哥。

十把扇子，扭扭，
小阳春，耶牛牛。
姑嫂二人，哎哟，
去谈心耶，干哥哥。
嫂谈三声，扭扭，
公子调，耶牛牛，
妹谈三声，哎哟，
才郎疼人心呐，干哥哥。

【解说】

这是一首典型的民歌，歌中带有明显的语气词和拖音，如"扭扭""牛牛""哎哟""干哥哥"，都是语气词。

从内容上看，这首歌反映了旧时男女之间相互赠送以及姑嫂共同生活的场景。估计旧时男子常将扇子作为定情物，送给女方；共同生活如哭坟、梳头、求签、谈心等。最亲密的莫过于夏夜男女二人互相擦汗扇风的温柔情景。民歌寥寥数笔，却能把这份感情勾勒得非常生动感人。

## 十二月绣花歌

正月绣花绣起头，绣朵荷花给哥留。
荷花有意妹有意，一心跟哥去漂游。

二月绣花绣点青，绣到南京与北京。
南京走遍北京转，兄妹连接一条心。

三月绣花遍地花，小郎有心去攀花。
小郎有心要打走，不惜银钱不惜家。

四月绣花山溪涨，拖裙带水打湿郎。
妹湿蓝裳不要紧，打湿白裳洗不光。

五月绣花五月浑，大水淹到妹家门。
小郎有家归不去，哥妹恩情比海深。

六月绣花是伏天，哥妹玩耍到江边。
借哥手巾擦汗水，一心跟哥到百年。

七月绣花似灯芯，哥妹难舍又难分。
灯草无油点不亮，情妹无哥活不成。

八月绣花谷子黄，忙割稻把晒太阳。
稻把搭在稻床上，郎心挂在妹心房。

九月绣花结仙桃，有情之人搭仙桥。
兄妹成双桥上坐，好比织女配牛郎。

十月绣花夫要回，四面八方有人围。
妹变鲤鱼飘过海，哥变阳雀半天飞。

十一月绣花情更浓，细细毛雨漫天纷。
小郎有衣多穿件，免得半路受凉风。

十二月绣花白又白，雪花白白盖柳叶。
人人称赞柳叶好，妹似柳叶哥似雪。①

【解说】

在过去小农社会，男耕女织，刺绣是女性生活必备的技能之一。

农村少女从十多岁就开始练习绣花，母亲、祖母自然是她的启蒙老师。冬天漫长的夜晚，春秋闲暇的时节，她们都会操起针线、布料，描红绘绣，母女、姊妹之间通过刺绣形成一种思想和感情的交流。当芳龄来临，每个姑娘都在编织着自己的梦，这些梦是情和意的交织，是理想与现实融合，伴随着女儿们度过最富激情和才智的豆蔻年华。她们凭借着自己精湛的刺绣技艺，把这些彩色的梦记录

① 杨普根，黄德邻，汪传碧，张扬，郑劲松主编. 潜山县民间文学集成. 潜山县文化局编印，1991：84-85.

下来，绣成诸如荷包、扇袋、镜袋或香包之类，送给自己的情人。一个小小荷包，寄托了绵绵无尽的情意，它美丽而又纯净，含蓄而又明朗，既是女儿的秘密，也是富有代表意义的人类共同的感情。可以说，在女儿怀春、恋爱、定情、成婚的过程中，这些普通的物件担负着特殊的使命，荷包虽小，却把所有的情和爱、思与恋全都"包"在了里面，成为富有民俗象征意义的精品。

另外，有一点需要指出，潜山民歌中多次出现"南京"的字眼，可见明清以来，南京已经成为全国比较发达的中心城市之一，整个安庆地区都受到南京的辐射和影响。

## 十二条毛巾

一条手巾银针挑，
白底绿线配红条。
手巾破了人情在，
人情系住小郎腰。

二条手巾二两纱，
自裁自剪自挑花。
不怕别人将我笑，
羞怕小郎对我夸。

三条手巾三尺三，
绣出荷花绣牡丹。
牡丹绣在荷花上，
看花容易绣花难。

四条手巾四拐①重，
四拐珍珠有半升。
有钱大哥担不起，
无钱小郎提着轻。

五条手巾五条龙，
金身银鳞出龙宫。
一龙行水满天下，
五龙行水一场空。

① 拐，角。

六条毛巾六尺多，
前三后三分对半。
白天围腰当衣裤，
夜晚盖身挡风寒。

七条毛巾七色新，
七样颜色比彩云。
西风吹过云飘逝，
东风送来湿花情。

八条手巾八拐方，
八个茶盏摆中央。
八个茶盏好比姐，
八个茶挑应是郎。

九条手巾九样全，
只等小郎来团圆。
月映水作比人瘦，
人望天上月半边。

十条毛巾一丈长，
一丈不能抛过江。
大山头上郎吃饭，
冷饭伴着江水扬。

十一条毛巾绣不好，
爹打娘骂气受饱。
爱郎不管活与死，
荷花出水拼低高。

十二条毛巾最难绣，
丢下黄河水中流。
飘飘荡荡江天外，
为郎漂流为郎愁。①

---

①　杨普根，黄德邻，汪传碧，张扬，郑劲松主编. 潜山县民间文学集成. 潜山县文化局编印，1991：78-79.

【解说】

这首情歌借毛巾绣彩反映一位少女对远方恋人的相思和等待。旧时没有手机，交通又不便，情郎一去，就无消息，也不知道什么时候回，更重要的是父母和哥嫂的催婚，这种相思和等待的痛苦更是今人难以想象的。

这首情歌的艺术手法非常高超，手巾只是起兴，自裁自剪，也许是单相思；"四拐珍珠有半升"，这是艺术的夸张，反映出少女的感情是沉甸甸的；"白天围腰当衣裤，夜晚盖身挡风寒"反映的是少女的体贴；"月映水作比人瘦，人望天上月半边"，是相思的消瘦；"大山头上郎吃饭，冷饭伴着江水扬"，是对郎处境的想象和牵挂，"爱郎不管活与死，荷花出水拼低高"，是爱的坚决和自由；"飘飘荡荡江天外，为郎漂流为郎愁"是相思的无止无尽。以此歌看，此种相思和爱情是世上最浓重的精神。

# 四古人歌

## 四少四古人

鲁林七岁点翰林，周瑜九岁取新兵；
甘罗①十二为丞相，解缙十四把朝门。

## 四老四古人

老不老似李老君，令婆齿落又带兵。
彭祖八百还嫌少，果老二万七千春。

## 四哭四古人

周瑜哭哭好伤口，关公哭哭除犯兵。
雪梅哭哭来教子②，孟姜哭倒万里城。

---

① 甘罗，战国末期下蔡（今颍上县甘罗乡）人。秦国名臣甘茂之孙，著名的少年政治家。甘罗自幼聪明过人，小小年纪便拜入秦国丞相吕不韦门下，任其少庶子。甘罗十二岁时出使赵国，使计让秦国得到十几座城池，甘罗因功得到秦王政（后来的秦始皇）赐任上卿（相当于丞相）、封赏田地、房宅。其后事迹史籍无载。

② 据闽南民间传说，秦雪梅系明代中前期秦太师小姐，妙龄时许配官家后裔，士人商霖，秦家要求商霖须取得功名后才得完婚。商霖得知雪梅才貌双全，相思成疾，渐至沉疴。雪梅遣婢爱玉探视，并服侍商霖，未几，商霖殒世，而爱玉已怀孕，生下商辂，雪梅乃请于其父，自愿入商家守望门寡。此后教子成名，商辂三元及第，为她立贞节牌坊。

## 四闹四古人

哪吒闹海本是真，水莲闹进地狱门。
孙猴子把天宫闹，四姐下凡闹东京①。

## 四骂四古人

周氏鸣鸡本是真，王婆骂鸡站街心。
九枯林痛骂炎贵，白石夫人骂奸臣。

## 四怪四古人

孙猴子本是石头生，韩信有娘无父亲。
霸王本是燕窝出，雷震子②一雷转回身。

## 四黑四古人

天上黑黑是雷神，地上黑黑是阎君。
朝中黑黑是包拯，黑脸钟馗保朝门。③

【解说】

这里的古人很多是神话人物或是传说人物，有的人物在历史上可考，但是有多是根据在民间流传的小说。还有一些人物和传说在今天也无法考究。

以"少"说，少年得志，不在年高。用现在的话说，创新当少年。人生到了暮年，瞻前顾后，难有冒险进取精神，创新、创业当在年轻时。

以"老"说，人的寿数关键在于天养和人养。天养，有的人天生就有糖尿病的血统，譬如杨振宁就在一次访谈中提到自己的家族血统中有糖尿病的基因，可是他遗传了他母亲的基因，他的母亲没有糖尿病基因④；有的人天生没有高血压的基因，这些都是优势。人养，主要在于人的清心寡欲、心平气和以及后天的家境、社会条件、成就、社会医疗水平和社会保障水平。

---

① 指各种戏曲和曲艺中的《张四姐下凡闹东京》，讲述的是玉帝四女与东京落魄书生崔文瑞之间的故事。

② 封神演义人物之一。文王姬昌第一百子，云中子弟子。面如青靛，发似朱砂，眼睛暴湛，牙齿横生，身躯长有二丈。力大无穷，忠心为周，孝顺父亲，福缘深厚，是书中的重要角色之一。

③ 徐义松搜集．杨普根，黄德邻，汪传碧，张扬，郑劲松主编．潜山县民间文学集成．潜山县文化局编印，1991：109-110.

④ 王盈颖，杨振宁：我对翁帆说"我准备活到一百岁"　[EB/OL]．2017-05-11．澎湃新闻网．http：//news. ifeng. com/a/20170511/51079446_ 0. shtml.

以"怪"说，人的个体形成有其偶然性因素，甚至有些是不可思议的，如石头生、雷生等。

其他，如"骂、哭、闹"，都反映了人物个性。人生的精彩不在于刻意地逢迎或与他人保持同质，而在于保留自身的个性。只有这样历史才是生动活泼的历史，而不是僵死刻板的历史。

该歌曲在吟唱时，把末三字重复一下，然后说"这是四某四古人"，这样就形成一定的调儿。

## 寡妇歌

### 十二月寡妇歌

> 正月里来是新年，家家户户去拜年。
> 别人家有郎郎去拜，小女子无郎自拜年。
> 心中想，少年的郎啊、哥哇，你在哪里？
>
> 二月里来龙抬头，百草发芽绿油油。
> 只望夫妻同到老，哪晓得夫妻半路丢。
> 心中想，少年的郎啊、哥哇，你在哪里？
>
> 三月里来是清明，家家户户祭祖坟。
> 别人家有郎郎祭祖，小女子无郎自上坟。
> 心中想，少年的郎啊、哥哇，你在哪里？
>
> 四月里来插田忙，家家户户齐栽秧。
> 别人家有郎郎来插，小女子无郎自栽秧。
> 心中想，少年的郎啊、哥哇，你在哪里？
>
> 五月里来是端阳，端阳粽子喷喷香。
> 别人家有郎郎来吃，小女子无郎郎不尝。
> 心中想，少年的郎啊、哥哇，你在哪里？
>
> 六月里来热难当，端起凳子去乘凉。
> 别人有郎一阵去，小女子无郎不成双。
> 心中想，少年的郎啊、哥哇，你在哪里？
>
> 七月里来闹江河，隔河听见郎唱歌。
> 低着头他又在唱，抬起头来又见不着。

心中想，少年的郎啊、哥哇，你在哪里？

八月里来是中秋，中秋月饼团纠纠。
别人家有郎尝月饼，小女子想郎泪双流。
心中想，少年的郎啊、哥哇，你在哪里？

九月里来是重阳，重阳做酒菊花香。
别人家有郎郎来饮，小女子无郎郎不尝。
心中想，少年的郎啊、哥哇，你在哪里？

十月里来小阳春，想起小郎好伤心。
别人家都把新衣做，小女子无郎冷清清。
心中想，少年的郎啊、哥哇，你在哪里？

十一月里来立了冬，不是雪来就是风。
伸着脚脚又冷，缩着脚又钻风。
心中想，少年的郎啊、哥哇，你在哪里？

腊月里，到年边，越思越想越可怜。
别人家夫妻团团聚（转），小女子无米又无盐。
心中想，少年的郎啊、哥哇，你在哪里？[①]

【解说】

这是一首寡妇思念逝去的丈夫的思念歌，用孟姜女的十二月调唱下来，非常凄切。旧时寡妇非常不容易，由于没有足够的衣食来源，日子非常清苦。歌词体现着寡妇生活上的无助和凄凉，那些独自把子女拉扯大的女性，其毅力在任何时代都是值得敬佩的。

同样主题的一首《十月寡妇歌》：

正月寡妇是新年，小寡妇初四上堂轩。
热茶热饭灵前摆，哭一声丈夫哭一声天。

二月寡妇等船来，桃花杏花一齐开。
桃花杏花齐开放，都是我夫一手栽。

三月寡妇是清明，小寡妇初十祭祖坟，

① 葛华根搜集．杨普根，黄德邻，汪传碧，张扬，郑劲松主编．潜山县民间文学集成．潜山县文化局编印，1991：98—99.

奠香酒，烧纸钱，叫声小儿跪坟前。
芦花瓦屋你不住，你要黄土抱你眠。
四月寡妇下天堂，儿问大大在何方。
催心指，进书房，好好读书学文章。
你今无父莫亡母，我今无郎守空房。

五月寡妇是端阳，插艾吃粽今无郎。
堂轩摆着三壶酒，梦见儿父把酒尝。
醒过来，方知梦，鸳鸯枕上两离分。

六月寡妇炎天热，小寡妇无郎真作孽。
旁人有郎门前坐，小寡妇无郎后乘凉。
心想放声高声哭，恐怕人来又惊慌。

七月寡妇七月七，牛郎织女泪凄凄。
梦稀稀，笑嘻嘻，梦见儿父扯儿衣。
醒过来，方知梦，鸳鸯枕上两分离。

八月寡妇是中秋，风吹桐树落悠悠。
风吹桐叶根还在，小郎一去不回来。

九月寡妇是重阳，糯米做酒菊花香。
乌云照见乌云朵，照得乌云好伤心。①
好马不吃回头草，好女不嫁二夫人。

十月寡妇小阳春，小寡妇无郎真伤心。
五更半夜睡不着，三餐茶饭不想吞。
一夜夫妻百日恩，百夜夫妻讲不尽。
满堂儿女都也有，抵不到丈夫的脚后跟。②

关于丈夫去世的伤感，这里还有一首：

正月望郎来呀，二月望郎行。

三月小郎得了病，得病到如今。

四月四月八，得病四个月。

---

① 乌云：指女子的青发。照见，指寡妇对镜或对水或对酒，照见自己的青发。
② 王启胜口述. 杨普根，黄德邻，汪传碧，张扬，郑劲松主编. 潜山县民间文学集成. 潜山县文化
局编印，1991：100-102.

三餐茶饭吃不得，舍不得也要舍。

五月是端阳，得病在牙床。
药罐不离踏板上，舍不得小情郎。

六月是天阴，照见一书生。
只见书生未见人，想必是郎显魂。

七月七月半，为郎把命算。
算算我郎过不了八月半，舍不得小心肝。

八月是中秋，我郎把名丢。
丢掉阳间一条路，永世不回头。

九月是重阳，推在停板①上。
和尚道士响叮当，两眼泪下淌。

十月小阳春，送到松秧林。
只见坟包未见人，两泪往下淋。②

这首歌曲描述了妻子在丈夫生病时的痛苦煎熬，舍不得也要舍。

## 寡妇要嫁歌

### 之一

栀子花开喷喷香，隔壁有个少年郎。
七月十五讨个郎，八月十五死着郎。
小哥哥，谁知小郎寿不长。

妹在房中哭情哥，狠心婆婆你听着：
几多小郎来讨妹，我无丈夫靠哪个。
靠哪个，寡妇门前是非多。

婆回媳妇四句言：这个日子在眼前。
等到三年大孝满，火烧灵屋一阵烟。
一阵烟，红罗帐前又成全。

---

① 停板：停尸板。
② 葛华根搜集．杨普根，黄德邻，汪传碧，张扬，郑劲松主编．潜山县民间文学集成．潜山县文化局编印，1991：100–101.

媳妇回婆四句话，这个日子在哪里。
风吹梅枝渐渐老，霜打落叶渐渐稀。
渐渐稀，人有几多少年时。①

之二

太阳下山万里黄，纺线婆婆②昼夜忙。
七月十五娶个姐，八月十五才圆房。
九月十五死小郎。

姐在房中哭情哥，纺线婆婆你听着。
你无儿子犹似可，我无丈夫靠哪个。

婆骂媳妇三句言：在家守个两三年。
守个三年大孝满，红罗帐里又团圆。

媳妇回婆三句诗，万事宜早不宜迟：
月到十五荧光少，人到中年万事休。
水淌东海不回头。

公骂婆婆老糊涂，壶中有酒好待客，
壶中无酒客难留。③

【解说】

上文提到旧时寡妇面临两种压力，一种是伦理道德的守持贞洁观念的压力，一种是世俗生活需要的压力。这两首歌都反映了新守寡的寡妇积极要求再嫁，算是体现解放自由的一类民歌，创作者是站在同情的立场上。作品中的婆婆也非一口咬死不给再嫁，只是要求大孝期满。但是要求夫人对丈夫行大孝，似乎也留不住，倒是第二首中的公公，道出了无奈："壶中有酒好待客，壶中无酒客难留。"儿子不在了，我们还能怎样对儿媳提出要求呢？林林总总，一切都是旧时规范伦理把人的生活给套住了。

从文学性上讲，歌中都采取了夸张的修辞手法，如"七月十五讨个郎，八月

---

① 葛华根搜集．杨普根，黄德邻，汪传碧，张扬，郑劲松主编．潜山县民间文学集成．潜山县文化局编印，1991：100.
② 纺线婆婆：纺线中的婆婆。不是指昆虫。
③ 江莲唱，余江流搜集．杨普根，黄德邻，汪传碧，张扬，郑劲松主编．潜山县民间文学集成．潜山县文化局编印，1991：102-103.

十五死着郎";第一首还采取了顶针的手法。另外,第二首中还侧面勾勒了一个勤劳的婆婆形象,天黑了自己还在忙着纺线,侧面也揭示了旧时生活的艰辛。

## 后母歌

### 亲娘和晚娘

鹁鸠①生子绿茵茵,亲娘晚娘两样心。

亲娘吃饭留碗饭,晚娘吃饭留碗汤。

亲娘吃肉留碗肉,晚娘吃肉留骨头。

亲娘吃鱼留鱼腰,晚娘吃鱼留鱼梢。

亲娘吃鸡留鸡腿,晚娘吃鱼留鸡嘴。

亲娘死,么子衣,开开柜子绸缎衣。

晚娘死,么子衣,屋前屋后捡件破烂衣。

亲娘死,么子斋,七日七夜大花斋,

晚娘死,么子斋,碗渣②子敲敲也是斋。

亲娘死,哪里埋,金山抬到银山埋。

后娘死,哪里埋,猪窝抬到狗窝埋。

猪一脚、狗一脚,踩破晚娘头脑壳。③

【解说】

这首歌揭示的是亲生父母对亲生儿女（或反过来）的好,由于继父继母与继子女之间没有血缘联系,在讲究血缘关系的旧社会,而彼此之间冷漠对待。有句俗谚,"儿女只有亲生的好"。这种现象在现代社会也时有发生,然而,无血缘关系的家庭和睦相处的大有人在。

## 对歌

### 问花

一月清香什么花? 一月清香兰草花;

---

① 鹁鸠:或为鹁鸽,方言读 bo gou 20。

② 渣:方言读 zha 1。

③ 王启胜口述. 林顺成搜集. 杨普根,黄德邻,汪传碧,张扬,郑劲松主编. 潜山县民间文学集成. 潜山县文化局编印,1991:103.

二月娇滴滴的什么花？二月娇滴滴的是杏花；

三月火灼灼的什么花？三月火灼灼的是野桃花；

四月红点点的什么花？四月火点点的是荞麦花；

五月白嫩嫩的什么花？五月白嫩嫩的是栀子花；

六月荷、七月菱角、八月桂、九月菊；

十月芙蓉、冬月牡丹、腊月蜡梅。①

【解说】

这是一首花经，一口气列出这么多花名，本非易事。后面一改前面的问答体，直接点出，显得凝练。

## 对花

你对一来我对一，么东西开花在屋里？

你对一来我对一，灯火开花在屋里。

你对两来我对两，么东西开花趁②地长？

你对两来我对两，花生开花趁地长。

你对三来我对三，么东西开花夜里翻？

你对三来我对三，桃子开花夜里翻。

你对四来我对四，么东西开花一蓬刺？

你对四来我对四，毛栗开花一蓬刺。

你对五来我对五，么东西开花过端午？

你对五来我对五，石榴花开花过端午。

你对六来我对六，么东西开花楼上绿？

你对六来我对六，枣子开花楼上绿。

你对七来我对七，么东西开花在水里？

你对七来我对七，菱角开花在水里。

你对八来我对八，么东西开花回娘家？

---

① 徐义松搜集．杨普根，黄德邻，汪传碧，张扬，郑劲松主编．潜山县民间文学集成．潜山县文化局编印，1991：122.

② 趁：沿着，四处沿着，方言读 chen 3。

你对八来我对八，毛楂开花回娘家。

你对九来我对九，么东西开花做甜酒？
你对九来我对九，糯稻开花做甜酒。

你对十来我对十，么东西开花人不知？
你对十来我对十，白果开花人不知。①

【解说】

这也是一首花经，通过对话讲述各种花的开花特点，在文明社会和自然隔绝的阶段，人们很难想象这些花是这样开的。

## 对鸟

你唱歌儿那样能，请把鸟名报我听。
什么鸟儿它为大，什么鸟儿它为君？
什么鸟儿穿绿袄，什么鸟儿系红裙？
什么鸟儿捉老鼠，什么鸟儿捉害虫？
捉害虫，什么鸟儿先飞后落林？

我唱歌儿也不能，我把鸟名报你听。
布谷鸟儿它为大，连枷②鸟儿它为君。
打鱼鸟儿穿绿袄，啄木鸟儿系红裙。
猫头鹰儿捉老鼠，燕子天中捉害虫。
捉害虫，画眉先飞后落林。③

【解说】

这是一首鸟经，一口气列出这么多鸟名及特点。旧时民歌喜欢通过这种报物名的方式来联络，算是一种语言游戏。

## 对月

你唱歌儿这样多，你可知道月里梭？

———————————

①　林顺成搜集．杨普根，黄德邻，汪传碧，张扬，郑劲松主编．潜山县民间文学集成．潜山县文化局编印，1991：120.

②　连枷：方言读 lian gai 21. 一种竹制从麦穗上敲打麦粒的工具。

③　徐义松搜集．杨普根，黄德邻，汪传碧，张扬，郑劲松主编．潜山县民间文学集成．潜山县文化局编印，1991：122.

几枝大桠往上长，几枝小桠往下拖。
天鹅来下多少蛋，出了多少小天鹅？
我们唱歌也不多，我也知道月里梭。
三枝大桠往上长，四枝小桠往下拖。
天鹅来下十二蛋，出了十二小天鹅。
三个飞到杭州府，三个飞到汉水河。
还有三个跟娘转，三个守着娘的窝。①

【解说】

这是一首对月亮里的桂树的想象，从内容看并不复杂，非常简单，足以反映旧时民间闲暇的充足。

# 书　帽

## 张三李四认干亲

昨日无事上街行，
碰到了张三李四认干亲。
天阴落雨闲无事，张家的亲家出了门。
手中拿着一把伞，一会到了李家墩。
走上前来高声叫，叫声亲家快开门。
哟，外面的黄犬吠②喳喳，
亲母在家纺线纱。
双手开开门来看，
哪晓得钉头③碰到了亲家。
亲家就问亲家母，我的亲家可在家？
亲母当时忙回答，他在街上卖棉纱。
张家的亲家哼一声，亲母上前问原因。
还没进门你就哼，可是心中有毛病？
亲家就说亲家母，

---

你也猜<sup>①</sup>不到我的心。
久已不见亲家面，总想与亲家谈谈心。
哪晓得亲家这样忙，
我心中掉下来冷水盆。
亲母一听不高兴，
亲家说话看不起人。
亲家不在家还有我，我陪亲家哪不行？
亲家就说我的亲母，我这说话不中听。
我是男子汉大丈夫，
不谈看鸡养鹅的经。
要谈前朝与后汉，
一生都不谈奶奶经<sup>②</sup>。
亲母就说我的亲家，
你门缝里看人看不清（真）。
我虽是个女流辈，不念文章我样样精。
我家娘家老子是教书先生，
前朝后汉尽皆通。
叫声亲母莫拉呆，来来来，
我打个哑谜你猜猜。
话说张三，开言就说，
亲母啊，你会猜哑谜子啊？
你会猜哑谜子啊？
我打字谜子给你猜诶。
你真会猜啊？
亲母啊，有头无脚是么字？
有头无脚，"由"字。
有脚无头呢？"甲"字。
有头有脚？"申"字。
无头无脚？
无头无脚，我就不晓得了。

①　猜：方言读 cui 1。
②　奶奶经：妇人之事。下文"奶奶"，指妻子或媳妇。

张三爬起来，嗨嗨，哦——
亲母啊，无头无脚我晓得，
无头无脚是"田"字。

亲母果然有才能，
哑谜猜着不差半毫分。
吃过了中饭要动身，
辞别亲母我要出门。
嗨，亲母一听微微笑，
叫亲家，闲暇无事还来谈心。
张三来到半路上，就把苍天问一声。
阎王阎王我问你，世间发人不均匀。
你看我家的亲家母，又美貌又年轻，
个子不大小巧巧，漆黑的头毛细眉毛。
做起事来能佼佼，
粗细的生活一把捞。①
亲家真是一个有福的人，
有这样的妻子配婚姻。
又同床来又共枕，真不冤枉人一生。
张三回到自己家里，
家里个奶奶，越看越头昏。
一半边头毛往上翘，
一半边头发拖到胸膛中哦。
胁下的扣子扣上了颈，
鼻脓口水糊一脸唇。
一个裤脚长来一个短，
带剁猪菜带骂人。
张三就把老婆叫，做人妻子要贤能。
一个妇道人家妇女们，
有事无事都是骂人。
骂得个六亲不来往，

① 能佼佼（jiao 3），非常能干。生活（song wu 11），活儿，生务，维持生计的事情。

老天天晴都翻了阴。
骂得个鸡鹅都不长，
看猪三年只长两斤。
你学学李家的亲家母，
一张巧嘴会谈心。
知人待客无话讲，你看看，
厨房的伙食咸酸淡辣合口润。
她前朝后汉都晓得，
哑谜猜得不错半毫分。
老婆一听这样讲，一肚的泼辣讲不清。
开言就把丈夫骂，骂声杂种不是人，
别人家的堂客般般好，
把自己家的老婆踩脚心。
李家的亲家这样好，何不搬到李家登。
亲母不是我拉呆，哑谜子桩桩都会猜。
婆娘一听微微笑，会猜谜子都拉呆。
我往日娘家带做鞋，打出谜子猜起来。
张三说，老婆啊，你也会猜谜子啊？
我当然会猜咩。
我打个谜子你猜。
你打个谜子我猜。
我打字谜子你猜耶。
你打个字谜子我猜。
我把打给亲母的那个谜子你猜，
考考你才学如何。
老婆啊，有头无脚是么字？
有头无脚，"黄鳝"。
有脚无头呢？"蟹①"字。
有头有脚？"猫、狗"。
无头无脚？

---

① 蟹，方言读 hɑi 3。

无头无脚，我就不晓得了。

张三爬起来，给老婆肚子崩当一脚，

你这个拙①货，四个猜到三个，最后一个猜不到啊！

哦，也不怨我，猜不到。

你把我肚子踢一下，晓得了，

无头无脚是蚌壳啊！②

【解说】

在旧时潜山一带流传有大鼓书和二胡书，二者的区别在于说唱时所用的乐器不同，另外说唱的音高、调式不同。书帽，相当于定座文，让大家进入听书的状态，通常弄些经典的片段，如《百岁春》《十月怀胎》，或什么故事来吸引大家的注意力。书帽也可以穿插在书文大本的中间，供大家休憩享受。

旧时说书艺术之所以流行，究其原因，主要是因为旧时农耕社会中读书识字的人毕竟少数，多数人处于文盲状态，他们唯有在农闲时通过节奏缓慢的听、说、传、讲，才能习得经文或历史传说故事，并在这个过程中获得礼仪、人情、道德、节义、生死的教育。所以在这个意义上讲，说书艺术在旧时对于文化传承和大众化起着不可替代的作用。

此故事的幽默在于张三将亲母和自己的老婆的对比，一个文雅，一个粗俗和直不笼统。另外故事中采取夸张的手法，将老婆的形象勾勒得鲜明，又很有趣，如："骂得个六亲不来往，老天天晴都翻了阴。骂得个鸡鹅都不长，看猪三年只长两斤。"可以说，这个骂，骂得呼风唤雨、六畜披靡。

## 老牛

日出东方往上游，对面山上放耕牛。

老牛低头来吃草，两眼汪汪泪漂流。

过路之人来看见，骂声老牛贱骨头。

这有青草吃得饱，因何两眼泪双流。

老牛一听就抬头，尊身先生听根由。

说起我耕牛十分苦，提起我老牛有些愁。

正二三月无事做，四月的生活出着头。

---

① 拙，方言读 jue 5，或 zhue 5。

② 熊集林．二胡说书［EB/OL］．公众号：新艺影像．http：//mp. weixin. qq. com/s/RRhGsjLbvdhVX1 zJ3UWOUQ.

到了五鼓天明亮，一牵就牵到水田沟。

肩上架起千斤枙，后边拖上铁犁头。

老牛水深走不动，肚子饿得哽咽喉。

心想田埂吃口草，后面梢子①在背后抽。

打得轻来有痕迹，刷②得重来鲜血流。

五荒六月无事做，叫一些孩童去放牛。

有草的山上他不放，一拉拉到光山头。

一糸糸在树苑下，众人抓牌争上游。

到了黄昏天色晚，一牵牵在栏里头。

日中青草未吃饱，晚上哦，蚊虫哦，叮到五更头。

五荒六月无事做，八月的生活出着头。

到了五鼓天明亮，一牵就牵到稻场沟。

肩上架起千斤枙，后边拖上大石头。

拿起梢子来抽打，抱着稻床车箍路③。

打得五谷仓仓满，五谷丰粮满满地收。

可怜老牛肚子饿，口中清水往下流。

只有稻草无用处，留到冬天喂老牛。

无良心人多得很，把牛拉到北风头。

老牛肚子未吃饱，一天更比一天瘦。

见我老迈无用处，卖到街上做菜牛。

一把菜刀拿在手，钉桩找索捆牛头。

四个蹄子来捆紧，一刀捅进在咽喉。

剥我的皮肉来饮酒，划拳行令解忧愁。

将我的骨头磨成骰，赌博场上耍风流。

大家用心想一想，种田可是靠耕牛。

这是耕牛一段苦，大家谨记在心头。④

---

①  梢子：方言读 shao zi 30，旧时常用细小的竹枝条来抽打耕牛或小孩，来给予惩罚或刺激。这种梢子的好处是疼皮疼肉不伤骨。

②  刷：使劲地鞭打。

③  车箍路：兜圈子。

④  唐际平．二胡说书［EB/OL］．公众号：新艺影像．http：//mp.weixin.qq.com/s/4kJR6G632X658RTKjlyefA.

【解说】

这段唱词诉说耕牛之苦，劝人善待牛，善待生命。

## 秀才与桶匠

手提红绒弹开琴，闲暇无事表书文。

别州别县都不表，听表安徽大省城。

安徽有一个祁门县，王家庄上有个王先生。

人人叫他王秀才，他的文章是深得很。

人人尊敬王秀才，先生的文章考头名。

怎奈运气不做主，流年的运气不如人。

不如他的多得很，学堂的学子满登登①。

王先生虽然学问好，今年只教三个人。

虽在学堂教书文，家中的日子很清贫。

年年有个春三月，年年春荒受熬惊。

三餐没得两餐饱，伢情个片巾吊片巾②。

眼看要到端阳节，日子过着是清风云。

先生走到家中来，只见妻子泪淋淋。

先生就把娘子问，你为么事泪纷纷。

娘子就对先生讲，尊身相公我郎君。

往日娘家做闺女，求婚之人多得很。

东不嫁来西不嫁，以为嫁你名声最好听。

谁知丈夫不走运，家中搞得如此清贫。

看来教书非出路，还不如隔壁手艺人。

隔壁有个桶匠师，他为百姓剞桶盆。

虽然做是个小手艺，日子过着很康宁。

你看他家过节多热闹，又是糯米又是荤。

我家过节过个么鬼魂哪，糠无四两肉无半斤。

劝我的夫，你丢书莫教学剞桶，

也搞几升白米度荒春。

---

① 满登登：又称"满通通"，非常拥挤。

② 伢情个：孩子们。片巾吊片巾，形容穿着非常破烂。

先生一听这样想，苦笑三声不如人。

娘子不要藐视我，怎能把我比作刳桶的人？

有朝一日时运转，一天要比桶匠抵半生。

刳盆刳桶是手上的事，我就是不学也能行。

师娘一听这样的讲，错把笑话当成真。

忙忙跑到隔壁里，么老师傅请一声。

你老先生今日不出门，你把担子借把我家先生。

我家先生也会刳桶，也搞几升白米度光阴。

桶匠闻言着一惊，师娘说话欠聪明。

你家先生从来不把手艺做，鐰锯一寸走八分。

我把担子借把着你，家伙①刀口要小心。

此时间师娘把担子挑进着门，

溜溜棒棒几十斤。

先生一听僵着颈，

我的娘子啊，你莫把笑话当成真。

娘子就把先生叫，你明天刳桶早出门。

一夜的功夫快得很，鸡叫布谷天色明。

先生把担子来挑起，硬着头皮就出了门。

一路走来一路想，我这到哪个方向去鬼混。

大路不走走小路，翻山凹岭往前行。

搞个帽子遮着脸，生怕路上碰到熟人。

一走就是七八里，一个大地方是周家村。

村里有个周员外，大树脚下扇凉阴。

八月中秋要嫁②女，家中嫁妆未完成。

正要去把桶匠找，哪晓得桶匠找上门。

当时就把师傅请，桶匠师傅请进了门。

呀，就说老员外，我有言来听分明。

我家到此有七八里，时间到了辰时分。

早饭没吃也没有炖，饿着肚子不能刳盆。

---

① 手艺人称自己的工具为"家伙"。

② 嫁：方言读作 ga 2。

员外吩咐厨房里，厨房的伙夫听令行。

干柴烈火快得很，升半白米要款待手艺师傅人。

一会工夫饭菜好，就请师傅打一个早点吃点心。

王秀才，虽然是个教书匠，年年春荒受苦辛，

有饭要等伢情个来吃饱，半饥半饱度光阴。

今朝看到白米饭，狼吞虎咽不留情。

三爬两碗两爬三碗，升半米一餐吃个干净。

员外就在旁边翻眼睛，世间上也有这样大肚子人。

一顿吃掉升半米，真是个桶匠①进了门。

王秀才越吃越有味，恨不得一餐吃着管半生。

吃是吃得个闷头饱，一会刳桶是要我命哟。

也不慌忙也不着惊，忙忙拿起着家伙系上围裙。

一把弯刀拿在手，磨刀就磨了半个时辰。

啊，半个时辰磨不了，一连就磨着两个时分，

呃，员外旁边着了急，就把师傅问一声。

叫你刳盆刳桶不动手，整半天就磨刀做么事情。

唉，员外开言就说：

师傅我请你刳盆刳桶，哪是请你磨刀的啊？

你磨刀，刳盆就不动手。

啊，师傅说道，员外有所不知，孔夫子书上讲过：

若出其物，要先利其器，如若其圆，方为可矣。②

呃，听你讲话，还文绉绉的，你还识字？

嗨，启禀员外，我本是洪门秀才、学堂上教书，闲暇无事前来刳刳桶度度光阴。

哦——你是秀才来了。老夫一生就欢喜念书的人。

你既然是秀才你可会四言八句？

四言八句，我讲也讲得到。

还要你老人出个题目。

哎呀，要我出个题目，我无物为题。那个院子里有一匹白马，你把白

---

① 民间常把那些能吃的人称作"桶匠"，这地方一语双关。匠，方言读作 qiang 1。

② 原话在《论语》和《孟子》中不可查，主要意思是，要想做出东西，先把规矩和工具立起来。

马为题。

　　员外你且听了。

　　此马白如雪，四蹄硬似铁。

　　员外骑上去，步步高升不下跌。

　　员外听着很高兴，一时之间来了精神。

　　四言八句讲得好，也有诗来也有韵。

　　刳盆刳桶莫动手，我另请师傅到寒门。

　　今日赏你五斗米，十匹绫罗送把师娘做衣襟。

　　送你三两雪花银，回家路上买点心。

　　啊，桶匠把担子来挑起，要把担子挑出门。

　　五斗白米做一头，家伙一头傲得很①。

　　就说员外老先生，我一头重来一头轻。

　　员外不是小气鬼，叫左右再挖②两斗带三升。

　　哎呀，桶匠谢谢周员外，溜溜棒棒挑出了门。

　　本是为人没有力，一身的毛孔压得水淋淋。

　　师娘在家里听到了讲，我家丈夫是个能人哦。

　　一接接到半路上，夫妻双双转家门。

　　师娘当时贤良得很，一两银子送到隔壁感你的情。

　　家伙刀口一样都没坏，桶匠一见翻眼睛。

　　开言就把娘子问：你家先生刳桶哪回着程？

　　我家先生来着家，白米搞着七斗三升。

　　还有纹银三两整，十匹绫罗我做衣襟。

　　桶匠老奶奶听到了讲，翻眼就骂老男人。

　　手艺做了几十年，不如秀才教书的人。

　　出门只有半天整，半天硬要抵你一生。

　　把个桶匠骂着了急，跑到隔壁问先生。

　　先生就对桶匠说：我是今朝遇贵人。

　　你看刳盆刳桶没动手，四言八句讲得惊人。

　　哎呀，桶匠回家叫老奶奶你莫吵，

---

① 傲得很，指家伙很重，扁担一头下沉，另一头上翘。

② 挖，wɑ 3，用手扒物。这里指用器皿量取。

夫妻恩爱最要紧。

你呀你我夫妻恩爱四十多年，

这点小事还要两离分。

我明天也到周家庄上去，到周家庄上去碰贵人。

二日里，那个桶匠师傅年老人，

天一亮挑着担子出了门，

别的地方都不去，一走就走到周家村。

正好遇到着周员外，还在树下扇凉荫。

哟，昨日木头还在天井里，又一个桶匠找上了门，

就把桶匠师傅带到家里，

那个桶匠也像昨日一样吃一顿。

也把围裙来系起，磨刀也磨半天整。

员外开言说道：你这个师傅好笑得很，我是请你剖桶的，你专磨刀，是么话啊？我哪请你磨刀的呀？

那个桶匠就说：员外呀，孔夫子书上讲过：

若出其物，要先利其器，如若其圆，方为可矣。

呃，听你讲话，还文绉绉的，你还识字？

嗨，启禀员外，我本是洪门秀才、学堂上教书，教一生，今日闲暇无事，前来剖桶盆。

哦，这也怪事。昨日来个桶匠，说是秀才，今朝来个桶匠，又是秀才，秀才哪起是[①]桶匠啊？你既然是秀才，可会讲四言八句？

四言八句我是最会讲的。

心下一默着，这个员外一下叫我说马，哪晓得员外啊，就说：我这院子里有黄沙牛一匹，你把我这黄沙牛赞几句。

哎呀，你看那个桶匠一看就慌了神，

秀才只教了我四句说马，这个怎么说成牛呢？

牛头不对马嘴，牛半天牛不成功。急着脸红脖子青的。

呃，你讲四言八句怎么不讲啊？

员外你且听了，

此牛白如雪，四蹄硬似铁。员外骑上去……

---

① 起是：全是，尽是。

——么话啊，我堂堂的员外还骑牛不成？

一派胡言往下讲，哦呃，这本来四句，遇到员外这么一扎，扎忘记了。末尾一句就想不起来，

啊，你看就凑上一句：

此牛白如雪，四蹄硬似铁。

员外骑上去，屁股跌①一咧。

啊，你看看，一言气坏了周员外，

无名火啊三丈往上升。

走上前来一巴掌，一耳巴子总有八十斤。

呀，半边脸庞都打肿，手捂脸庞出了门。

把担子忙忙来挑起，员外先生听分明。

今朝挨你一巴掌，我一边重来一边轻。

这是一段书帽子，一派的笑言说过了身。

今日来到贵府上，七扯八拉表书文。

粗书一段不中听，老板听书长精神。

自从今日说书后，脚搭楼梯步步升。

一代更比一代强，子子孙孙状元郎。②

【解说】

这个故事篇幅有点长，说时大概 20 分钟。从社会学的意义上讲，它揭示了旧时民间教书先生或者私塾先生（学途受阻、无缘进入仕途）的生活的不稳定性以及生活地位卑微。从幽默的角度讲，故事采取了"出乎意料"、夸张荒谬和反转的手法，出乎意料，指的是一个从未摸过家伙的教书先生真的挑着家伙去卖艺，结果还赚了"七斗三升"，反转指的是，真正的木匠师傅由于东施效颦，讨不到好处反遭到了羞辱。故事的高潮是木匠师傅模拟说"四言八句"，欲想文绉绉，结果打了个酱油，用了一句大白话。原本秀才的四言八句也好不到哪里去，但是他的意思是恭维人家，而木匠的"酱油"却泼得员外一身脏。

## 劝世文

日出东山渐渐红，秦琼卖马过山东。

---

① 跌：方言读 da 5。一咧，就是一个跟跄，四脚朝天状。

② 熊集林.二胡说书［EB/OL］.公众号：新艺影像.http://mp.weixin.qq.com/s/V2O7s4rLDF6_ZkrZZOktag.

孙权背剑访周瑜，刘备南阳访卧龙。
山伯访友祝英台，萧何月下访汉公。
世间上好友访好友，天下良朋访良朋。
话无闲言休提论，书无帽子难开声。
未曾说书说闲话，先说辅言后说书文。

梅花开来是新春，劝人要孝二双亲。
父比天来母比地，父母恩情海样深。
当家晓得油盐贵，养儿才知父母恩。
孝父犹如朝活佛，孝母犹如朝观音。
情望爹娘千百岁，门前的大树好遮阴。

二月的杏花是重春，劝人兄弟要和顺。
兄弟本是骨肉情，同娘共母下山林。
哥打兄弟看娘面，不看鱼情看水情。
打起架来亲兄弟，报仇还要父子兵。
你看杨家兵和马，父子兵马一条心。

三月桃花小阳春，劝人妯娌①莫失情。
天上结起五彩云，妯娌都是杂姓人。
和睦妯娌朝朝乐，忤逆妯娌常相争。
今生修来是妯娌，来世不知哪乡的人。

四月的墙梅靠墙青，劝君夫妻要和顺。
姻缘都是前世定，五百年前订下婚。
丈夫莫嫌妻子丑，妻子莫嫌丈夫贫。
恩爱的夫妻嫌夜短，忤逆的夫妻望天明。

五月石榴赛端阳，姑嫂做事要商量。
姑娘有事嫂要做，嫂嫂有事姑要帮。
姑娘若是嫌嫂嫂，这是姑娘理不当。
嫂嫂若是嫌姑娘，这是嫂嫂不贤良。
姑娘本是堂前客，她在娘家登②不长。

---

① 妯娌，方言读作 chu li 53。
② 登：停留、待着。

六月荷花水浮萍，劝人姊妹莫失情。

姐妹本是骨肉亲，千朵桃花一树生。

姐姐要到妹家去，妹妹要登姐家的门。

有些姑娘回娘门，比吃比穿比男人。

七月箕干逢秋分，劝人郎舅莫疏情。

郎舅本是骨肉亲，没有你富我家贫。

马背驼铃响当丁，有来有往才是亲。

仔细低头来思想，原来发脉是一家人。

八月桂花香园门，劝君世上少认干亲。

纸糊的纱灯不长久，干亲原是假人情。

有茶有酒多兄弟，无茶无酒冷如冰。

开头怼讲①莫多礼，吃亏一回恨在心。

有朝一日翻着脸，钉头②碰到还懒作得声。

九月菊花重阳门，为人知恩莫忘恩。

自古良言说得好，一日师傅百日恩。

他把手艺教与你，儿女衣衫不求人。

有仇不报非君子，有恩不报枉为人。

你看朝中文和武，知恩报恩是读书的人。

十月芙蓉小阳春，劝君莫做赌博的人。

赌博场上出土匪，赌博场上出歹人。

赌博场是迷魂阵，赌博场是害人根。

一把骰子丢下地，万贯家财也输得干净。

输的老几想扳本，赢的老几有精神。

钱输到别人腰包里，恨不得打架把命拼。

又熬夜来又伤神，可怜糟着不像人。

妻子儿女受连累，老小几代受担惊。

有朝一日输下着海，偷牛偷马进牢门。

---

① 怼：方言读 dui 3，无意义，起确认、强调的作用。这句话的意思是，开始是讲不要多礼，但是心里还是在乎礼金的多少。

② 钉头：突兀地，直接地，无法回避地。作声，指搭理。

十一月雪花冷冰冰，为人在世要守本分。
白露的银钱不能想，谋财害命万不能。
看到人家发了财，三更半夜起污心。
善恶到头终有报，远报儿孙近报身。
人生只有几十年，要留美名传后昆。

腊月打发蜡梅青，一片忠言劝老人。
生儿育女千般苦，儿媳团圆娘放心。
擒媳妇嫁女借了债，天天爬起来念穷经。
生怕儿孙身落魄，生怕子孙不如人。
一年四季春复秋，实在穷经没莫①念头。
孝顺的儿媳不回嘴，不孝的子孙是结冤仇。

劝人生，朝也忙暮也忙，忙得个鬓发白如霜。
有朝一日大数到，两手空空见阎王。
万贯的家财带不走，只落得黄泉纸几张。
啊，你看看一抬抬在荒山上，风吹雨洒渺茫茫。
回过头来想一想，你可呕伤不呕伤。
人生在世几十春，留下美名传后昆。
多多孝顺父和母，子子孙孙永传名。

这是一段书帽子，名字叫作劝世文。
粗粗个言语不中听，奉送府上的父老们。②

【解说】

熊集林老人（潜山黄埔人）的说书，新艺影像称赞为：嗓音"圆润洪亮"，琴音"萧瑟缠绵，挥洒流畅"，而其中将"唱"与"拉"融为一体而成"演"，这一点也尤为难得。

这段书帽，将人世方方面面的亲情、友情、师徒情以及与自身的关系都点到了，天地国亲师，这里着重点到的是亲和师。但单单说这亲情就不容易了，因为有内亲外戚，有父子兄弟郎舅，有姊妹姑嫂婆媳，还有干亲等。在为人方面，着重讲了人不能偷抢以及赌博，如果还需要补充的话，就是吸毒。世事洞明皆学

---

① 没莫：方言读作 niu 3 mo 5，是没有、莫的意思，不要、毋。没莫念头，即不值得去念叨。
② 熊集林. 二胡说书［EB/OL］. 公众号：新艺影像. http：//mp. weixin. qq. com/s/DjKdkJ-VdaGtI_ xu-dQ8tA.

问，人情练达是文章。传统社会，中国人生活在一个亲情笼罩、亲情依赖的家族共同体中，然后从这种亲情拓展到社会交往和国家责任。因此，修身齐家治国平天下得一步步来。

那么这些生动的道理在今天是否还适用呢？我们认为，只要基本的伦理关系没有改变，这些道理就还适用，比如儿女的孝道，主张亲情的相互来往、走动。当然，独生子女的家庭结构改写了一部分关系和矛盾，基本精神还是不变的。随着生育政策的放开，二胎被允许，这些弟兄间、姊妹间、妯娌间、姑嫂间的矛盾肯定还会重新出现。

当然现代社会也是独立的个人组成的社会，价值取向越来越个人化和私人化，国家也为公民提供普遍的社会保障，亲情关系和矛盾显然不是过去的那种相互紧密依赖基础上那种模样，而是在一定程度上变得松散，但是这种传统的精神、期待、希望、伦理要求和义务还会继续流淌，只不过在程度上、形式上会有一些变化。

在潜山民间还有一个版本的劝世文，行文比较简单直白，也基本反映了旧时人们的价值观结构，如下：

> 正月里，劝世文，劝人要孝二双亲。
> 在家不把父母孝，何必灵山把纸烧。
>
> 二月里，劝世文，奉劝世人入学门。
> 功名不要黄金买，苦读诗书自成人。
>
> 三月里，劝世文，奉劝世上父子们。
> 父子和气家必盛，弟兄和气家不分。
>
> 四月里，劝世文，奉劝世上兄弟们。
> 兄弟相打看母面，千朵桃花一树生。
>
> 五月里，劝世文，奉劝世上婆媳们。
> 婆把媳妇当娇女，媳妇把婆当娘亲。
>
> 六月里，劝世文，奉劝世上姑嫂们。
> 嫂嫂本是堂轩母，姑姑本是客家人。
>
> 七月里，劝世文，奉劝世上姊妹们。
> 姐姐要到妹家去，妹妹要登姐家门。
>
> 八月里，劝世文，奉劝世上妯娌们。
> 支宾待客高兴去，厨房本是嫂嫂行。

九月里，劝世文，赌博场上绝不行。
赌博一沾倾家产，气坏堂上二双亲。

十月里，劝世文，奉劝世上邻家们。
相吵都要把嘴忍，支宾待客要殷勤。

十一月，劝世文，奉劝世人多交朋。
一个朋友一份力，人多齐心泰山动。

十二月，劝世文，黄金不香苦力荣。
自从今日唱过后，安居乐业万万春。①

和书帽一样，从内容上讲，这个劝世文也强调家庭关系的和谐，强调为人不能赌博贪财；不同的是，这个版本提到，做人本分，崇尚苦力，这样才能确保万代欣荣。

## 劝千金（母劝）

琴子一排闹沉沉，弹弹弦子（我）表书文。
一派胡言表不尽，说一段书帽哄众人。
梨花开来白如霜，林氏家有个美丽姑娘。
姑娘坐在绣楼上，十指尖尖绣鸳鸯。
鸳鸯绣到双飞起，手推纱窗望街旁。
亡着多少人来往，望着多少少年郎。
当时姑娘心中想，我后来姻缘要落到哪方。
不说姑娘想心事，惊动后楼的生身娘。
母亲来到花楼上，就问女儿你想哪桩。
年方才只十八岁，你这大的年纪想什么郎？
用手逮着女儿的手，来来来，为娘教你学几桩。
姑娘茫茫抽身起，金莲小步进了房。
姑娘坐在奁柜上，母亲开口把话讲。

你在娘家做闺女，逍遥快乐在楼堂。
倘若是到了婆家去，婆家与娘家不一样。
娘家你把婆家想，到了婆家又想娘。

---

① 陈猛枝口述．杨普根，黄德邻，汪传碧，张扬，郑劲松主编．潜山县民间文学集成．潜山县文化局编印，1991：129-130.

做人家媳妇要贤良，持强泼辣理不当。
一要学得端端正，二要学得不癫狂。
三学红楼会梳妆，四学裁剪做衣裳。
五学干净和历练，六学勤俭持家常。
七学宾朋会来往，八学教子念文章。
九学要把公婆敬，十学轻言细语待夫郎。

女儿到了婆家的门，要尊重公婆两双亲。
公婆年轻吃尽千般苦，劳碌奔波为儿孙。
树老根多话不假，人老欢喜念穷经。
念得中听你就听，不中听时莫高声。
人老不要荤汤水，只要言语动人心。
秤杆子虽长还有砣，莫得一个媳妇大似婆。
丈夫打妻不算狠，媳妇骂婆不算能。

我儿到了婆家去，尊重丈夫你男人。
丈夫本是男子汉，广结广交朋友们。
宾朋来了要招待，不能鼓脸不作声。
只有千里人情在，没有威风压倒人。
世间有些媳妇们，娘家来人就是亲。

女儿到了婆家去，夫妻恩爱最要紧。
同船过渡是前生修，同床共枕修几生。
姻缘都是前世定，五百年前订的婚。
丈夫生得年轻轻，恐怕嫖赌不正经。
人生都有糊涂运，人一糊涂就不由人。
倘若做了糊涂事，枕边相劝要耐心。
莫到人家去拼命，丈夫见人要矮三分。

女儿到了婆家去，生儿育女要耐心。
十月怀胎千般苦，一尺三寸养成林。
养得孩儿初知事，将他送学读书文。
你看朝中文和武，做官的都是念书的人。

女儿到了婆家去，和睦邻居最要紧。
古人言语说得好，远亲不如近邻们。

邻居能避水火难，亲戚路远他不行。

我儿到了婆家去，勤俭发狠谨记心。

黎明之时早早起，厅堂楼舍打扫干净。

洗净双手进厨房，不能得罪了灶君神。

浆衣洗衫要干净，一年四季菜要辛。

长过日子锅边省，当家全靠妇女们。

女儿到了婆家去，两个脚跟要站稳。

世间多少却卜鬼①，看你皮白肉又嫩。

娇娇滴滴人人爱，都是美女动人心。

花言巧语调戏你，总想与他耍私情。

又讲又笑满天下，纵然输嘴莫输身。

若是做出了实情事，白布进着染缸门。

你在婆家登得好，娘在家中也安心。

你到婆家打栏的牛，都讲我在娘家不会告人②。

姑娘听到这样讲，满脸羞红瞥母亲。

多谢母亲教训我，再到绣楼等三春。

这是一段书帽子，一段戏言过着身。③

【解说】

这个"母劝"也极富有传统生活特点，旧时社会伦理基本上是三纲，君为臣纲，父为子纲，夫为妻纲。新媳妇进门，不仅要担负起生育的任务，还需要持家，在持家过程中，强调对丈夫的忠贞，还要对公婆的孝顺，对丈夫的听从，所谓夫唱妇随。现代社会建立在独立公民权利基础上的，破除了三纲，也破除了女性对丈夫对公婆的人身依附关系，所以这些劝说基本上没有什么太大的实际意义。但是从借鉴的角度看，这种贤惠，对公婆的孝顺、对丈夫的理解和支持、对生活挑战（持家、生育、教育）的顺应，依然是新女性在新家庭中需要修炼的品德和功夫。

①　却卜鬼，喜欢挑逗、逗乐、逗哏的人。

②　告人：教育子女。子不教，父之过。告，本意是发出口令、训练牛耕田，如吆喝"撇"（拐弯）"瓦"（停止）。

③　熊集林．二胡说书［EB/OL］．公众号：新艺影像．http：//mp. weixin. qq. com/s/Tbbsm_ kZiJ81K_ H2DCL8yA.

另外，在持家方面的很多奉劝，与旧时生活物资的艰难分不开，比如强调节俭，强调搞好邻里关系等。

## 十月怀胎

手提红绒弹开琴，弹开弦子表书文。
未曾说书说闲话，先说辅言后表正文。

哈，为人莫忘父母恩，父母恩情海样深。
生身的父来养身的母，十月怀胎娘受苦。

正月怀胎是新春，无踪无影未成形。
为娘时刻心思想，不知孩儿假和真。

二月怀胎不几时，手酸脚软路难行。
眼昏不见穿针线，掉下丝线懒得寻。

三月怀胎三月三，三餐茶饭当两餐。
三餐茶饭不想吃，只想酸梅口中尝。

四月怀胎在娘身，老娘坐下懒起身。
公婆来了抽身起，连娘带子一双人。

五月怀胎是端阳，茶饭不思面皮黄。
左想东园枣子吃，右想西园李子尝。

六月怀胎三伏天，烧茶度水①懒上前。
堂前扫地身难站，走路犹如上高山。

七月怀胎正立秋，好比金线吊葫芦。
茶饭不可多吃饱，为娘怀胎自害羞。

八月怀胎桂花黄，手酸脚软在内房。
茶饭难得饱饱吃，罗裙不可系腰上。

九月怀胎在娘身，为娘思想娘家行。
一心到娘家看父母，又怕孩儿路上生。

十月怀胎小阳春，儿在肚内抓娘的心。

---

① 度水：这里指把水从茶壶倒入水瓶或水壶里去。另外泛指将水从一个容器转移到另一个容器。

一口咬着青丝发，两脚跌在地埃尘。

一阵痛来痛个死，两阵痛来要命根。
鲤鱼打挺在伢头上滚，千辛万苦手割经。

痛得热气接不上，汗水犹如雨水淋。
人生不能忘父和母哦，生儿育女是受苦情。

内外的衣衫湿几层，披毛散发汗水淋。
家院小事忙不住，接生的婆婆找上门。

一盆清水房门进，一盆血水出房门。
丈夫一见心不忍，来到圣堂许愿心。

一许西天活佛祖，二许南海的观世音。
不管生下男和女，我满庙装金重换银。

愿心方才许过了，孩儿下地哭几声。
未满三朝洗艾水，艾水端在房中心。
老娘伸手摸一把，生怕烫着娇儿身。

春天生儿天和暖，夏天生儿热难当。
秋天生儿犹似可，冬天生儿冷难扛。

打开冰冻洗屎片，呵手呵脚洗衣襟。
双手冷来用嘴呵，双脚冷来草地上搓。

三朝未满不能进厨房，莫污了厨房的灶君王。
一月未满不能到池塘，莫污了池塘的水龙王。

孩儿下地吃娘的乳，口口吃的是娘身上浆。
一天吃娘三顿奶，三日吃娘九顿浆。
娘奶不是长江水，也不是山林树上浆。

娘奶喂娘身长大，老娘磨着面皮黄。
缝连补破娘承担，浆衣洗衫娘承担。

血水洗到河中去，肥水挑给田龙王。
发到阴司尽血本，血湖狱中有罪殃。
等到为娘百岁后，本本血水要娘尝。

养儿都是这样地养，生儿也是这样地生。
自从孩儿生下地，时时刻刻抓娘的心。

左边湿了右边困，右边湿了左边眠。
左右两边都湿了，就把孩儿抱在身。

困到三更交半夜，孩儿发梦哭一声。
不慎将娘来惊醒，我儿哪里不太平。

又到庙堂问神灵，又算八字查年庚。
又把孩儿起外名，认亲爷、建干亲。

一周两岁娘怀滚，三周四岁离娘亲。
五周六岁初知事，要到七岁请先生。

千般叮咛万交代，望子成龙是娘的心。
路上莫玩山和水，学堂里不能骂先生。
你与学友要和顺，大家亲密一家人。

念书念到十三岁，一十四岁半大人。
一十五岁文章就，一十六岁出学门。

把儿养到十八岁，托媒托保把儿说亲。
熬更守夜是父母，行船下地是爹娘们。
花红酒礼娘承办，言说情理是爹娘听。
可怜操尽几多心神，儿媳团圆娘放心。

未曾出门三五日，望穿双眼老娘亲。
早上望到辰时后，辰时望到辰时分。
望到夜晚回家里，不叫爹娘是先叫妻。

真言真语对妻讲，花言巧语哄母亲。
房中的夫妻多恩爱，老娘寒冷儿不知情。

养得孩儿身长大，顶门立户成家庭。
人生当孝父和母，一重父母是一重天恩。

董永卖身去葬父，王祥卧冰救娘亲。
大禹行孝先知父，刘海卖柴养娘亲。
孝顺父母人称赞，万古千秋永留名。

孝顺还生孝顺子，忤逆还养忤逆人。
不信但看屋檐水，点点落地不差分。

十月怀胎书一本，留在世间劝后人。
父母面前行孝顺，二十四孝古传今。

【解说】

这个版本与上面几个版本的十月怀胎，内容有些雷同，但不同之处在于把生儿的疼痛描述得更清楚以及交代了一月之内的禁忌，这些禁忌反映了旧时人们的信仰，如灶神君、水龙王、田龙王，血湖地狱等。

## 百花娶亲

走进花园百花香，百花园里花姑娘。
牡丹花新娘子，配一个紫金花新郎。
百花开放二月嫁，蔷薇芍药巧梳妆。
水粉搽在桃花上，胭脂点在赛海棠。
柳叶花的瓜儿结了结，金银花的耳环戴在两旁。

不表花娘好梳妆，听表花姑娘花衣裳。
内穿蝴蝶花袄子，月月红的衫子穿在身上。
荷花裙子百褶秆，葡萄花鞋穿一双。
花姑娘打扮多齐整，听表姑娘的花嫁妆。
端午花盆杏花桶，月亮菜的花边装衣裳。
豇豆花对对做杠子，黄瓜花、莽瓜花的男人抬嫁妆。
蚕豆花的老奶奶来劝嫁，紫菜花的媒人结成了双。
冬瓜花的四人来抬轿，胭脂花的红轿子到高堂。
春桃花的大哥驮上轿，芙蓉花的小姑哭衣裳。
前面打一把葵花伞，腊梅花的大嫂嫂送姑娘。
砰砰，门前放起开花炮，喇叭花儿接新娘。
花上叠花多热闹，到了紫荆花布堂。
榆、榕二花捧花烛，紫荆花、牡丹花来拜堂。
鸡冠花的丫头来哭嫁，姑娘扶进花绣堂。
梅花椅子茶花桌，油菜花的毯子铺满堂。
荷花的枕头扎花被，竹叶花的垫子石榴花的床。
牡丹花紫荆花二人来坐帐，花上叠花闹洋洋。

桃子花的先生来撒帐，豌豆花的师娘来敲房。

蚕豆花的公公来受拜，茉莉花的婆婆捧茶上。

葫芦花的大伯招呼人和客，北瓜花的嫂嫂掌厨房。

茄子花的小主是跑堂带打杂，

大椒花的妹妹拉着两头忙。

这是花姑娘荣华好，后来生下五郎二姑娘。

大郎朝中为宰相，官品御使是二郎。

三郎在朝做学院，保国将军第四郎。

只有五郎年纪小，考中了头名状元郎。

大姑娘本是千金体，小姑娘又是正宫娘娘。

荣华富贵天下少，代代儿孙伴君王。

百花娶亲书帽子，送到府上金玉满堂。

【解说】

这段书帽没有太多的实际内容，但是妙在将众花的花名串联一个所谓牡丹花和紫荆花结婚的这样一个想象故事中。一般人们乐于以花喻人，而此处以人喻花，反其道而行之，可谓奇思。

关键还是在说书开始说些好话，感动"府上"，这也可以说是一种职业反应，也是一个卖点。府上请说书，关键还是图个吉利、图个热闹。从侧面看，旧时说书人为了讨点便宜饭吃吃，做个自由职业者，也不得不低三下四面对主东。

## 十二月古人（花鼓调）

正月里来正月正，仁宗皇帝放花灯。

朝中有个包公拯，日断阳来夜断阴。

冤鬼阴司来告状，阴阳冤案断得明。

二月里来龙抬头，千金小姐抛绣球。

彩球抛在男人手，破窑瓦内出诸侯。

三月里来是清明，桃园结义三弟兄。

大哥本号刘玄德，关公、张飞、赵子龙。

四月里来是夏收，太公钓鱼把钩收。

武吉带路河边走，求保周朝八百秋。

五月里来石榴红，瑞莲巧遇蒋世隆。

有缘千里来相会，无缘对面不相逢。①

六月里来热难熬，往朝有个张果老。
寿有两万单八千②，倒骑毛驴过赵桥。

七月里来七月七，牛郎织女配夫妻。
可恨天河来相隔，恩爱夫妻两分离③。

八月里来是中秋，隋炀皇帝下扬州。
一心要把群花采④，万里江山一旦丢。

九月里来是重阳，磨房受苦李三娘。
付诸高官刘致远，磨房生下咬脐郎。

十月里来小阳春，湘子修行别标英。⑤
别了标英终南去，丢下标英守孤灯。

十一月里来冷清清，王祥卧冰孝双亲。
孝心感动天和地，金丝鲤鱼跳龙门。

十二月里来大雪飞，跨马征东薛仁贵。
尉迟进帐挂帅印，开路先锋张士贵。

【解说】

这段书帽文主要由十二个月的天气特点，引出押韵的古人旧事，中国人过去易在传说中、在戏曲中、在说书中、在释经中述古、咀嚼历史、消化历史。这里面有些是神话或将人事神话化，如说张果老、韩湘子，姜子牙等；也有一些纪实的人物，如包公、蒙正、薛仁贵等。

---

① 《拜月亭》又名《幽闺记》，此剧以金末动乱为背景，描述了蒋世隆和王瑞兰、陀满兴福和蒋瑞莲两对年轻人在乱世中流离失所，历经磨难，最终结为夫妻的离合悲欢。乱离中兄妹、母女惊慌失散，瑞兰、瑞莲音近，世隆喊妹"瑞莲"，瑞兰误以为母亲喊她，结果与世隆相遇，在旷野中举目无亲的情况下，只得要求与世隆同行；而王夫人喊"瑞兰"，却喊来了瑞莲，两人同病相怜，认了母女。所以，根据剧本，此处应为"瑞兰偶遇蒋世隆"。

② 或作"七千"。

③ 或谓"可叹一隔两分离"。

④ 或作"心想游些花世界"。

⑤ 事见于韩湘子度妻，韩湘子妻子名为林英，此处"标英"应为流传时抄写的笔误。

## 百岁春

胡琴一拉闹沉沉，今日初登贵府门。
初登贵府多吵闹，各位待我留热情。
特别的主人真客气呀，客气的招待说不清。
他把鄙人看得起，留在贵府表书文。
百岁的老汉进花园，手捧鲜花泪涟涟。
这花开花谢年年有，这人老哪能就转少年。
人生十一二岁时哟，学堂里来呀，人生学习莫徘徊。
望女成龙文才好，望子成龙就夸定言。
二十几岁正年轻，莫把嫖赌当正经。
嫖赌本是个风流的事啊，夫妻争吵就两离分。
三十几岁正当年，当家理事多挣钱。
挣钱买房又置地，子子孙孙代代传。
人生四十下山排，屙尿不接淋湿着鞋。
笋子出头就节节地老，霜打红花日日衰。
人生五十节节衰，掉着牙齿瘪着腮。
顺手嘴边摸一把，胡须不觉长出来。
人生六十白了头，朝也愁来暮也愁。
年轻之时多欢乐，年老难能再风流。
人生七十古来稀，上床夫妻寿难期。
夫妻似鸟同林宿，大限到时各分离。
人生到了八十岁，哈着腰来弓着背。
心想女家歇一夜，又怕有去没有回。
人生九十人见稀，堪比唐朝的郭子仪。
身穿毛毛细玉带，儿孙代代穿朝衣。
人生百岁老寿星，好比宋朝的佘太君。
百岁的挂帅番邦保，千载万载是留美名。
若是等到百年后，棺材两头几层人。
山中自有千年的树，世上难逢百岁人。
长长短短家家有，是是非非处处赢。
过一日来少一日，人生在世是混日虫。
说的是段书帽子，名字叫作百岁春。

**粗粗个言语不中听，留在世上劝劝人。**[①]

【解说】

这个百岁春主要从务实的角度对人生各个阶段要完成的使命进行奉劝，大抵按照上学、爱情、当家，应对人生衰老和死亡、留名青史的“律动”来进行。有些佳句，比如：“心想女家歇一夜，又怕有去没有回”，老人最疼还是女儿，因为女儿出嫁后相处得少，女儿是父母的贴心棉袄；还如“人生四十下山排，屙尿不接淋湿着鞋”，到了四十，人的生理、心理各项指标都将发生明显衰退。

民间还有其他版本：

人到十岁须用心，爹娘送学读书文。勤工苦读当发狠，切莫贪玩误光阴。
人到二十勿要能，莫把嫖赌当光阴。失落银钱犹似可，误掉光阴哪里寻。
人到三十花满怀，成家立业早安排。月过十五光明少，水流东海不回来。
人到四十过中年，承上启下意绵绵。日夜操劳心思重，教育子女个个贤。
人到五十知天命，亲朋关系当理顺。安居乐业安排妥，不测风云恐有份。
人到六十往下栽，落掉牙齿瘪了腮。伸手胡须摸一把，满脸皱纹长起来。
人到七十古来稀，灯盏无油身安知。嫩草怕霜霜怕日，人生光阴能几时。
人到八十白了头，处处行动不自由。有钱也难把命买，死不讲理记心头。
人到九十已孤单，提心吊胆心不安。今朝脱掉鞋和袜，不知明天穿不穿。
人到百岁世难逢，眼又瞎来耳又聋。子孝孙贤千般好，也似世间一条虫。[②]

这个版本的叙述线索与上差不多，佳句主要集中在后半部分。死不讲理，就是死亡这回事可不讲什么道理，也就是“阎王注定三更死，断不留人到五更”。

另一个版本是：

人到十岁要学乖，爹娘送你学里来。用心用意把书念，一举成名达金街。
人到二十莫胡行，莫把嫖赌当正经。输了银钱犹似可，输掉光阴哪里寻[③]。
人到三十花满台，家中之事要安排。月过十五光明少，水流东海不得回来。
人到四十渐渐低，时时刻刻想亲戚。三更半夜困不着，生怕做事不遇时。
人生到了五十多，好比路边草一棵。伸手脸上摸一把，兜嘴的胡须出来着。
人到六十白过头，朝也愁来暮也愁。想起年轻多快乐，如今年老不能风流。
人到七十古来稀，犹如太阳偏了西。过着今年秋八月，不知来年夫妻可

---

① 劝世文［EB/OL］. 潜山无名氏二胡说书 . http：//v. ku6. com/show/jvPlnxR_ -eqwqRjvQEuehA. html.

② 林斗山搜集 . 杨普根，黄德邻，汪传碧，张扬，郑劲松主编 . 潜山县民间文学集成 . 安庆：潜山县文化局编印，1991：95.

③ 寻：读作 qin 2，或做“擒”。

齐眉①。

人若是到了八十岁，哈着腰来驼着背。思想到女家歇一夜，不知有去可有回。

人生九十前生修，颠颠倒倒度春秋②。要是家里伢情个不旺向，还怪老死尸砸着③头。

人到百岁老寿星，再要不死也是个精。有朝一日大数到，灵堂面前几层人。

高山没有回头水，人老不能转青春。花开花谢花又红，人生一去影无踪。

荣华富贵有何用，家私百万是一场空。人生在世几十年，劝你行善莫行凶。

霸王的江山今还在，韩信的功劳一场空。人生在世几十春，要留美名传子孙。

多多孝顺父和母，子子孙孙照样行。书中原是个书帽子，名字叫作百岁春。④

这个版本特点是加上了"空"的思想以及劝人行善去恶，要留美名与子孙的思想。书中对晚年的描述是非常恰当的，特别是担心自己别剔着丫枝（对子孙的发展不利，使子孙早夭）。还有"人到百岁老寿星，再要不死也是个精。有朝一日大数到，灵堂面前几层人"，这个说法也非常形象，谓子孙众多。"人到四十渐渐低，时时刻刻想亲戚"，指的是人生到了不惑之龄，对身体的衰弱的感知越来越明显，开始走下坡路了，这时特别需要亲戚间的走动、安慰、扶助。

## 三个女婿拜年

太阳出来照山林，照到了王家村。
王家庄上有一个王员外，养了三位女千金。
三个姑娘都长大，全副的嫁妆就嫁了人。
大女婿本是个做官的，二女婿开一座肉店度光阴。
也只有小女脾气多傲睪，配了一个庄稼人。
声声只恨王员外，嫌贫爱富闹得凶，
年年有个新春节，三个女婿拜年贺双亲。
大女婿碗里一根鸡腿子，二女婿鸡腿子有一根。
哎呀，小女婿看看自己的碗，清汤寡水好伤心。

---

① 眉：方言读 mi 2。
② 指站不稳，昏昏乱窜的。
③ 砸着：盖着，使熄灭，阻止生长。
④ 熊集林. 二胡说书［EB/OL］. 公众号：新艺影像. http：//mp. weixin. qq. com/s/V2O7s4rLDF6_ZkrZZOktag.

小女婿回家就对老婆讲，说声娘子听段情。

心中只把你家的爹妈恨，你家妈妈是瞎子①眼睛。

两个姐夫都有鸡腿子，哪就多着我一人。

小女听了这样讲，回家就骂老母亲。

母亲做事理不当，三个女婿两样心。

手掌手背都是肉，么事却卜我家男人。

两个姐夫都有鸡腿子，哪就多着我家一个人。

员外就对小女说，我讲小女婿也莫争。

哪个叫他年年拜年来得晏晏②的，

来得早些当然鸡腿子有一根。

小女婿夫妻来商量，明年总要去将一军。

正月一过清明到，三月杨柳发着青。

四月里来插田忙，五月端阳过着身。

六月里来炎天热，七月秋风逢秋分。

八月中秋滔滔③过，九月重阳到来临。

十月到了小阳春，十一月落雪冷冰冰。

转眼年关渐渐到，千家万户要贺新春。

杀猪宰羊多热闹，就到坟山辞腊坟。

这一天小女婿夫妻人两个，先把夕饭弄完成。

夫妻两个对面坐，一边吃饭一边谈心。

哎呀，你家老子讲年年拜年去晏着，

老子今年吃完着夕饭就动身。

走到岳父老子家天没亮，在阶沿旁边等一等。

岳父老今年七十多岁，头发花花白如银。

哎呀，你看你朝朝暮暮看皇历，看个寅时开大门。

刚把个鞭引子来点着，小女婿把头往前一伸④。

拜见岳父老先生，我今年拜年考头名。

倒霉倒霉真倒霉，开门遇到这个大穷鬼。

---

① 瞎子：方言读 ha zi 50。

② 晏：方言读 an4，意思是晚、迟。

③ （慢）滔滔：方言读作 tao tao 11，形容很慢，不慌不忙。

④ 伸：方言读 chun 1。

犹如上着赌博场，老子一板子铲着一包灰①。

这个小女婿不能得罪，把他请到客堂上来。

等到太阳起山丈把多高，两个大姑爷一路到。

大女婿骑的是高头马，二女婿的骡子呱呱叫。

岳父老子微微笑，三个女婿两边来坐到。

岳父老开言问道：三个女婿呀，你们哪一个饿着？

大女婿说道：我动身的时候，我老婆打了六个溏心鸡蛋吃着不饿。

二女婿讲：我动身的时候我老婆把里肉氽②汤，我吃着一碗也不饿。

小女婿呀，你早不见太阳晚没蛆③，一年到头没吃过荤，你这肚子一定饿着？

吃是没吃，就晓得我肚子饿着，肚子饿着乌拉叫，脸上装好笑，我穷虽穷，硬壳虫，我也不饿。

好，既然三个女婿不饿，跟我本岳父到高山头走走。

看这个大年初一，起是么子风，年成好不好。

于是，岳父上前，女婿在后，一道走来。

家公前头慢慢走，三个女婿随后跟。

又爬山，又上岭，腰酸腿疼汗淋淋。

嗨，小女婿就把姐夫叫，两个姐夫听段情。

岳父搞些某新闻，新年大吉又爬山又上岭。

我把岳父大人比一比，这就像人家老人在走灯④。

慢慢走来慢慢行，不觉来到半山林。

唉，岳父说：三个女婿伢啦，歇着歇着，你们来看看这个树是个么道理？这棵树上面下面光滑滑，中间长个大垒疤，是个么话啊？

大女婿二女婿文绉绉念书的人，

说岳父啊：这是幼小砍一刀，长大一个包。

啊，讲出理论来着。

小女婿讲呢：我讲啊，胎生的，该应的，要讲幼小砍一刀，长大一个

---

① 老子，自称，语气坚定、多平常语气，略有自大感。一板子铲着一包灰，喻未赢到钱。

② 氽：方言读作 can 1。指烧汤里面放点菜肴。

③ 没：读 mo 4，指猪在土或沙堆里秒来秒去，哨东西吃，吃着嘴巴嗒嗒的。蛆，苍蝇等昆虫的幼虫，方言读 qi 1。这句话也可谐音，释为"没得吃"。这里岳父显然用了污秽语。

④ 走灯：农村老人去世后祭礼中的一环，一般趁天黑村人亲戚朋友手捧莲花灯，敲锣吹唢呐，伴幽魂到生前走过的地点路线走最后一遭，然后赴阴曹。按礼，附近亲戚人家要燃放爆竹等迎接和送行。

包，我家婆一刀都没砍，胸脯口两个包，哪来的啊？

家公听着翻眼睛，两个姐夫不能作声。

慢慢走，慢慢行，前面来到了高山林。

家公把棍子跺几跺，把三个女婿问一声：

啊，三个女婿伢，你们讲这竹子是么理，讲讲呢，讲出其中道理。

高山上为何又瘦又朗，凹氹里为何又粗又大又茂盛？

大姑爷二姑爷说道：岳父啊，高山鳌鳌，肥水落槽；山上竹子瘦，山下长亹①苗。

这不错，讲出道理来着，小女婿呢？

我讲啊，这胎生的，该应的，要讲肥些长得好些，我家那个留屎棍放在厕所里，大粪一年滚到头，一点都不长，是个么话啊？

这样争来这样论，不觉来到自家门。

家公当中来坐到，三个女婿两边分。

岳父当时把话讲，三个女婿听段情。

女婿啊，大女婿坐一席，二女婿坐二席，

小女婿讲，我呢？你坐到横头把两个姨姥爹筛酒。

大不大，小不小，你看大得到几多，小得着多少啊。

管你讲不讲，拉不拉，小女婿把屁股往一席上一咧，

你看堂轩搞着个闹沉沉，惊动了岳母到来临。

岳母来到二堂上，手捧鸡蛋算点心。

那个岳母啊，是三个人的丈母娘，就说呀，

我这端了两个溏心蛋，一根挑，

虽然连汤带水只有半碗，你们三个人还要讲讲四言八句，看看哪个才学好些。

讲得好的，讲得有诗有韵这就吃。

吟诗答对答不上来的，就饿肚子回家。

你看岳父说，慢着，我来出个题目：

要讲前朝的古人讲着有诗有韵，

么事起头要么样地落音，不要犯着晕露着板。

头一句讲老不老，二句讲小不小，

---

① 亹，方言读作 men 3，原意不倦怠，此处指林木茂密。

三句讲丑不丑，末梢讲好不好。

那个大姑爷就讲，岳父岳母听我讲来：

姜太公七十七岁下山，可老不老，

雷震子①未满周岁身遭难，可小不小。

申公豹②朝中为官可丑不丑，

斩将封神可好不好。

二女婿听着忙开声，他说唐朝有个古人。

程咬金八十八岁搬兵可老不老，

孝罗通三岁侍父可小不小，

程铁牛朝中为官可丑不丑，

两个鸡蛋我吃一个可好不好。

小女婿粗手大脚一把来拿到，

我还没讲你们想吃就不照③。

当时小女婿心中想，我的个妈妈我的个娘，

祖宗几代没进大学堂，子子孙孙是文盲，

前朝古人后人不知晓，一段古人不知音。

低下头来心中想，我把我家老子比古人。

我老头子九十八岁生我老不老，

我昨夜养个儿子没满三朝可小不小，

丈母娘两个鸡蛋烧茶丑不丑，

我连汤带水一口包了好不好。

言尽喝得个精光精，两个鸡蛋一口吞。

哎呀，这样争来这样吵，惊动舅娘到来临。

舅娘端来一碗面，肥腊条有斤把斤。

四个鸡蛋做成了饼，一根腿子往前伸。

哎呀，家婆就讲媳妇伢啊，放到桌上我有话明。

---

①　雷震子：封神演义人物之一，文王姬昌第一百子，云中子弟子。力大无穷，身怀异术，战绩普通，然忠心为周，孝顺父亲，福缘深厚，是书中的重要角色之一。

②　申公豹：封神演义人物之一，为姜子牙的师弟。一生与姜子牙为宿敌，法力高强，交友广泛，口才极佳，尤其善于说反同门或道友下山助商。在商王朝担任国师一职，全力维护商王朝统治。

③　不照，方言读 bu zhao 42，不允许。

老奶奶就说啊：你们三个莫着急，

虽然她油汤油水地下了一碗面，你看打了鸡蛋又有鸡腿子，还要你三个人比比口才。要讲着有诗有韵，头一句要讲又高又大，下句讲叫呱呱，三句讲爬上爬下，后梢要讲真真害怕。

大女婿就讲：家婆，听我讲来呀，

我家婆房子做得又高也又大，两边窗子叫呱呱。

瓦匠师傅爬上又爬下，叫我做官的真正害怕。

二女婿听了忙开声：把家公白马作题文。

家公哦这匹马真是又高也又大，

两边的马鞍子叫呱呱。

这是家公爬上又爬下，要是叫我真正害怕。

两个姐夫说过了，但不知这小妹婿口才可高不高。

你看小女婿一见僵着颈，他们念书识字是文人。

四言八句讲得好，起头落尾都押韵。

啊，我把么事作题文，事到临头要将军。

猛然间看到着舅母娘，壮扭扭的有一百多斤。

哎呀，你看这是及时有救星：我把舅母娘作题文。

我舅娘生得又高也又大，胸前两乳叫呱呱。

但是母舅三更半夜爬上又爬下，要是叫我真正害怕。

家公要把拐棍拐呢，家婆要把脖子来扪哟，

哈，你看那姨夫吹胡子瞪眼睛，

小女婿当时就起了歹心。

一个鸡腿子就找到了手，四个鸡蛋吃个精光。

一口咬得个叉拉缺，二口咬掉个办把斤。

连汤带水都吃过，可怜肚子吃着鼓榴灯。

不辞岳父和岳母，告别姐夫就动身。

欢欢喜喜回家转，我今年拜年是考头名。

这是一个书帽子，笑话犹如风吹云。

丢着弦子落着音，一段笑话说完成。①

---

① 熊集林，二胡说书［EB/OL］．公众号：新艺影像．http://mp.weixin.qq.com/s/ZMIQLavKz4Y25mOXflW–LW．

【解说】

这段书帽是个笑话，迂腐的岳父岳母，两个鸡腿招待三个女婿自然引起纷争；接连设计几个处境，调动三个女婿的口才，把第三个无文化的女婿赶鸭子上架，发挥得竟然也说得在理和说得过去。最后，三女婿干脆斯文扫地，把全部招待吃个精光，回头还得意地告诉老婆自己得了头名，赢得一个大满贯，让人哭笑不得。

故事的妙，妙在层层递进，不断夸张，引人入笑，与上面的《秀才与桶匠》有异曲同工之妙。

# 童　谣

## 对虫对虫飞

对虫对虫飞。

【解说】

新生儿一周岁左右，手指发育还不灵活，此童谣伴随教会婴儿双手手指对称地相碰。

## 拉锯歌

拉锯、鐦①锯，来来去去。
你造新房，我打家具。

【解说】

新生儿一周岁左右，胳膊发育还不灵活，此童谣伴随拉着婴儿双手胳膊，做拉锯动作，训练婴儿胳膊的灵活性和能动性，以及启发婴儿语言发育。

## 正月生日歌

一鸡二犬，三猪四羊，
五牛六马，七人八谷，九豆十粟。

【解说】

正月里每一天都有生日，人是初七生日。这里有意思的是把六畜放在前面，

---

① 鐦，方言读 gai 2，指将木材用锯锯开。汪步尧搜集．杨普根，黄德邻，汪传碧，张扬，郑劲松主编．潜山县民间文学集成．潜山县文化局编印，1991：121.

而把谷、豆、粟放在后面，可见旧人对六畜的重视。有"穷莫丢书、富莫丢猪"的说法。

该歌在桐城地区的说法是把最后一句变为：九豆十棉花；或九菜十麦。①

关于正月，潜地还有一首"拜年歌"：

> 拜年若是初一二，一席大头准你坐；
>
> 拜年若是初三四，过年大鱼准你吃；
>
> 拜年若是初五六，就是无鱼也有肉；
>
> 拜年若是初七八，又无鸡来又无鸭；
>
> 拜年若是初上十，无酒无肉只粗食。②

旧时拜年，一般初一不出门，初二上门算早的，所以有一席坐。另外，旧时三十晚上的相争年年有余的鱼，也称为"听话鱼"，在三十晚上是不动筷子的，唯有新年开启后才能动筷子，可见旧时物资多么艰难。正是这样，人们对过年的美食才这样期待，今天随着食物的丰富，这种期待再也没有了，这种禁忌也消失了。

## 睡觉形状歌

> 一人睡觉似神仙，
>
> 二人睡觉颠倒颠，
>
> 三人睡觉犁头尖；
>
> 四人睡觉一个耙，
>
> 五人睡觉不是打就是骂。

【解说】

旧时父母生育没有计划概念，子女众多，一般有五男二女的期待。子女多，床铺少又小，挤在一起，所以有了上面的歌。

## 催眠歌

> 伢妮伢妮莫吵妈，
>
> 你妈在家纺棉纱。
>
> 一天纺四两，呀里儿呀，

---

① 王章豹. 桐城谚语集锦［M］. 合肥工业大学出版社，2015：38.

② 汪静群搜集. 杨普根，黄德邻，汪传碧，张扬，郑劲松主编. 潜山县民间文学集成. 安庆：潜山县文化局编印，1991：73.

两天纺半斤，呀里儿呀。

三天十二两，四天一斤纱，呀里儿呀。

【解说】

旧时女人可能边纺纱边哄孩子睡觉。歌曲中的度量是旧制，所谓半斤八两。另外从歌中也能看到旧时手工纺纱的生产力的低下。

## 借扇歌

六月炎天热，扇子借不得。

有人问我借，你热我也热。

扇子有清风，时时在手中。

有人问我借，自己要扇风。

【解说】

旧时多三种扇子，一种是纸折扇，收放方便；二种是棕叶扇，取材自然，制作简单，人手一把，夏日无忧；第三种是棕枝扇，取棕树的枝条，剖细薄篾，编织成扇，此种制作费时，但是耐摔、耐压，可谓奢侈品，今日更不多见。相对于今天的空调，旧时扇子更加环保，而且带来的是自然风。

## 三岁伢

三岁娃，走天边，走到胡子白鲜鲜；

问问老爹爹还有几多路，

还有十万搭八千。

三岁伢，戴斗笠，摸螺蛳，把鸭吃，

鸭生子，把伢吃，伢屙屎，把狗吃，

狗看贼[①]，人得力。

【解说】

利用小孩对地平线的好奇，穿插着对地球的认知。第二首采取了顶针的手法。

## 公鸡哥哥

公鸡哥哥，母鸡姐姐，

---

① 贼：方言读作 cea 5。

日里伢屙，夜里鸡屙；
明早把点米你啄啄。

【解说】

此为给小孩把尿时所唱之歌；也可为两三岁的小孩尿床时，给他或她唱的歌，希望他或她改正过来。

## 醒床歌

红公鸡，尾巴拖，三岁娃，会唱歌；
不是爹娘教我的，自己聪明会唱歌。

起来快起来，爸爸早，妈妈早；
起来来拍球，
哥哥拍得多，妹妹拍得少。

天亮了，睡不着；
听见山上鸟唱歌；
你唱你，我唱我，
你唱莲花我唱朵。

【解说】

此三首歌为醒床歌，哄孩子起床。

## 洗伢歌

蚕要剔，伢要洗，
一日不洗，脏兮兮。

【解说】

此为给小孩洗屁股或胯沟时所唱的歌。一边唱，一边洗，氛围也是热乎乎的。

## 夜做鞋

青蛙①叫，几夜深。
姐穿线，妹穿针；
做双花鞋，给母亲；

---

① 青蛙：方言读作 ka ma 24。

母亲带我十个月，月月都担心。

做花鞋，靠锅台，洗白手，做花鞋。
弟弟穿，妹妹踩，牡丹蔷薇泥里开。①

【解说】

带孩子或抱孩时哼唱的小调。内容体现了姐妹对母亲的体贴和孝心。旧时鞋子，尤其布鞋，都是妇人自己做，儿歌非常温馨。

## 亮火虫

亮火虫②，夜夜飞，
爹爹叫我吃乌龟；
乌龟没长毛，
爹爹叫我吃毛桃；
毛桃没开花，
爹爹叫我吃黄瓜；
黄瓜没长刺，
爹爹叫我去看戏；
唱戏没搭台，
爹爹叫我放竹排。
竹排没扎好，
爹爹叫我捉小鸟。
小鸟出了窠，
爹爹叫我"哦啊哦"③；
哦啊哦，没把尿，
爹爹放下生活④抱。
爹爹抱我又吃烟，
胡子烧掉大半边。

---

①　葛便男搜集．杨普根，黄德邻，汪传碧，张扬，郑劲松主编．潜山县民间文学集成．安庆：潜山县文化局编印，1991：115.

②　亮火虫：即萤火虫，夏夜野外常见。

③　哦啊哦：哄小孩睡觉的催眠哼声，方言谓"shuo 3 伢"。

④　生活：方言读 song wu 11，即生计，手头的事情。

【解说】

带孩子或抱孩入睡时哼唱的小调，催眠曲。修辞上采取顶针和换韵的方法。此调在桐城一带为：

> 火亮虫，夜夜飞，爹爹叫我捉乌龟。
> 乌龟没有长毛，爹爹叫我扯毛桃；
> 毛桃没有开花，爹爹叫我扯黄瓜；
> 黄瓜没有落地，爹爹叫我唱戏；
> 唱戏没有搭台，爹爹叫我爬柴；
> 爬柴不够爹爹烧，爹爹把我头上打一个包。
> 我跟奶奶讲，奶奶把我头打一个眼。①

## 荞麦荞麦

> 荞麦荞麦，
> 红管子绿叶（五花六叶），
> 开白花，结黑籽，
> 磨白粉，作黑粑；
> 大粑家里吃，
> 小粑送隔壁；
> 大人家吃，作庄稼；
> 伢子们吃，挑黄沙；
> 黄沙挑过沟，
> 踩死了泥鳅；
> 泥鳅告状，
> 得罪和尚；
> 和尚挑水，
> 得罪小鬼；
> 小鬼点灯，
> 烧着眉毛鼻子眼睛。

【解说】

这也是一首十分冗长的顺口溜，修辞上采取顶针和换韵的方法，小孩子特别

---

① 讲，桐城话发音 gan 3；眼，桐城话和潜山话发音都是 ngan 3。

喜欢。和上面一首一样，结局都是烧了胡子或眉毛，小孩子觉得特滑稽。旧时点蜡烛、竹篾、松脂、煤油来照明，这种烧胡子的事情并非不可能。

## 罗纹歌

> 一罗穷，二罗富，三罗四罗开当铺，
> 五罗六罗挑柴卖，七罗八罗住大屋，
> 九罗十簸箕，买地到江西。

【解说】

此歌为拿小孩的手指头指纹编歌曲，罗者，或为"箩"或"螺"，一般为封闭的圆形纹路；簸箕者，为一头开放的纹路。

桐城民歌中这样唱：

> 一螺穷，二螺富，
> 三螺四螺开当铺，
> 五螺六螺骑白马，
> 七螺八螺过枪打（或有得耍），
> 九螺十螺过刀挎。
> 十螺抵不到九筲箕，
> 银子往家就么堆。①

## 游戏歌

> 种莲子，开莲花，莲藕莲藕在哪家。
> 在东家，在西家，在你家妈妈的塘窦下。
> 手一摸，脚一夹，抓到一条大藕瓜。
> 大泥巴！大谎瓜！大藕瓜！②

> 剥老鼠皮，把鼓鞔；
> 敲老鼠牙齿，做鼓钉。
> 鼓敲破，敲镗锣；
> 噇啷噇啷哐啷哐，

---

① 王章豹．桐城谚语集锦［M］．合肥工业大学出版社，2015：38.
② 这是摸藕的游戏，拿东西做藕，藏于众孩子手中，众唱此歌，唱毕，若摸到"藕瓜"，众曰"大藕瓜"；若摸到泥块，曰"大泥巴"；若摸到空手，曰"大谎巴"。

赶老鼠下蹲缸。①

做粑、做粑，
小粑家里吃，大粑送隔壁，
隔壁的奶奶教我数毛栗，
一二三四五，五四三二一。②

【解说】

旧时民间儿童游戏，这里三个是边唱边玩，非常有趣。游戏是儿童生活的重要组成部分。

## 对歌

三岁伢，穿红褂，到哪去？外婆家。
做么事？搞粑吃；什么粑？糯米粑。
什么糯？榨糯；什么榨？油榨；
什么油？板油③；什么板？青石板；
什么青？我是外婆的小外甥。④

你上哪去？我上街去。
上街做么事啥？扯布唛。
扯布做么事啥？做袋子。
做袋子做么事啥？装石头子。
装石头做么事啥？磨刀子。
磨刀子做么事啥？砍竹子。
砍竹子做么事啥？做鱼笼子。
做鱼笼做么事啥？隆鱼子。
笼鱼做么事啥？给猫吃。
猫呢？猫上树；树呢？烧成了灰。
灰呢？撒在菜地里；菜呢？鸡吃了。

---

① 蹲缸：厕所，旧时简易茅房，缸上搭两米板，人蹲其上。三个小孩，以其中一个为轴心，另外两个手相扣，边唱边换轴心。谁也不愿意自己在唱到最后一句时是轴心，故越转越快。

② 游戏中，做粑时，大人和小孩分别两掌相击；数毛栗时，手指卷起然后一一翘起，数数。桐城地区为：做粑做粑做做，做粑哪个吃，大粑家里吃，小粑送隔壁，隔壁不要，拿着往嘴里一撮。

③ 板油：成年猪身上成块的脂肪；对应的是花油，长于脏器缝隙。

④ 汪程送搜集．杨普根，黄德邻，汪传碧，张扬，郑劲松主编．潜山县民间文学集成．安庆：潜山县文化局编印，1991：121．

鸡呢？鹰叼走了。鹰呢？飞上天了。
天呢？那不是的？

打巴掌，花儿开，花从哪里开？
花从叶里开，风吹杨柳过江来。

【解说】

这两首问答儿歌充分利用了顶针的手法，能够充分挖掘儿童的想象力。事物都是生活中的自然事物，包含着生活趣味。第一首妙在主题的回归，重申自己是小外甥；第二首妙在问到了底，到了"天"，就问不下去了。第三首非常简洁凝练。

## 抢汤巴歌

青蛙叫，咕呱呱，鹭鸶倒在塘脚下。
虾子弓腰来作吊，泥鳅哭得颤①泥巴。
蚌壳家婆打大钹，螺蛳外孙吹喇叭。
胡哇哇，胡哇哇，
乌龟背着两头刷②。
毛毛明年抢汤巴。③

【解说】

这个儿歌假想鹭鸶倒下，其他动物来"凭吊"的场景。抢汤巴是潜地旧俗，即新人入葬后第一年亲人要做汤巴抢，谁抢到谁有福气。这是一种热闹兼纪念的做法。

## 天上星

天上星，半边月，青蛙挑水过田缺。
猪衔草，沿路落；狗烧火，灶门坐。
猫捞饭，锅盖合。公鸡开门扎着脚。

---

① 颤：意思指泥鳅在泥巴里游动的样子，扭来扭去。
② 刷：指扁担两头上下颤动的样子。此处应指乌龟背着鹭鸶的样子。
③ 葛便男搜集．杨普根，黄德邻，汪传碧，张扬，郑劲松主编．潜山县民间文学集成．潜山县文化局编印，1991：126.

喔——，天亮着。①

【解说】

此可谓乡村版的"动物总动员"，每个动物都在忙些什么呢？等忙完了，天亮了。颇有诗意的一幅场景。

## 满天月亮一颗星

满天月亮一颗星，地上的小鸡要叼鹰；
山上的兔子要撵狗，
十八岁的大姐要娶亲，
二十岁的小伙要跟人。②

【解说】

这是一首反歌，因为其中的故事内容的主宾都是错位的，荒诞而可笑。这种故意荒诞的手法在民歌中还不多见，属于幽默。读着读着，一不小心，还以为是顺说的呢！至于男跟女娶，目前在我国只有西南某些少数民族，依然采取走婚的模式。

## 放牛歌

张放牛，李放牛，放山去，牛斗牛。
斗得赢的吃青草，斗不赢的吃石头。③

【解说】

旧时放牛是一件丢不开的磨时活儿；但对于小孩，放牛也提供了玩耍的机会。就像上文二胡书帽中唱的那样："有草的山上他不放，一拉拉到光山头。一系系在树蔸下，众人抓牌争上游。"

## 小姑梳头

小白菜，小白根，小姑梳头二面分。

---

① 郑劲松搜集．杨普根，黄德邻，汪传碧，张扬，郑劲松主编．潜山县民间文学集成．潜山县文化局编印，1991：119．

② 张继周，张启书口述．杨普根，黄德邻，汪传碧，张扬，郑劲松主编．潜山县民间文学集成．潜山县文化局编印，1991：123．

③ 汪程送搜集．杨普根，黄德邻，汪传碧，张扬，郑劲松主编．潜山县民间文学集成．安庆：潜山县文化局编印，1991：118．

先搽胭脂后搽粉，搽起来就是小观音。①

【解说】

拿身边的人进行说唱，是旧时儿歌的一个特点，如下文的《小姑爷》。儿歌的内容是一个年轻漂亮的小姑在梳妆打扮。

## 小姑爷

小姑爷，矮墩墩，瓜皮帽，盖眉心。
辫子线，半把斤；青长褂，套马蹬。
高底鞋，垫脚跟。

大初二，上堂心，拿糕糖，拜爹尊。
一口茶，两口吞。问三句，应一声。
厨下话，细细听。门缝里，对眼睛。
心一花，手一震，半碗子，泼一身。

小痢痢，笑腾腾。姑翘嘴，进房门。
奶把我，耳朵拧。癞痢头，冒火星。
小姑爷，矮墩墩，矮墩墩，大眼睛……

【解说】

这是一首地道的"三字经"式儿歌，开始描述姑爷的长相，穿着还华贵，留着辫子，证明是清朝时候创作的；接着发生了滑稽的一幕：姑爷给老岳丈拜年请安时偷听厨房的女人说话，竟然将手上茶泼了一身；作为小内侄，绰号为痢痢头，可能小时候头发不多，在一旁看到了，禁不住笑起来，结果呢，姑姑和奶奶都不高兴，自己唱起揶揄姑爷的话来。

## 小麻雉

小麻雉，偎草堆，爹爹打，奶奶煨。
爹爹吃点好的，奶奶吃点骨头骨脑的。
儿子喝点汤，媳妇气得颈一僵。

【解说】

小小麻雉，五脏俱全。要吃，真没什么可吃的。儿歌为孩子制造了这么一个

---

①　林顺成搜集．杨普根，黄德邻，汪传碧，张扬，郑劲松主编．潜山县民间文学集成．安庆：潜山县文化局编印，1991：128.

夸张的闹剧场景。

## 小绿鸟

> 小绿鸟，衔金草，衔过河，孵小鸟。
> 孵小鸟，五更头，吆小姐，梳油头。
> 梳油头，戴金花，我送你，到婆家。
> 到婆家，是大媳，锅台前后三十里。
> 三十里，天天跑，打猪草，偷毛桃。
> 偷毛桃，小姑笑，腋下钻出小宝宝。
> 逗宝宝，问绿鸟，你的小鸟可屙尿？
> 我是你鸟小老表。①

【解说】

这首儿歌也采用了顶针的手法，任意发挥和想象，穿插小姑娘变成媳妇然后生儿的成长历程。

这首儿歌包含着两个信息，一是旧时启蒙时，告诉小孩子他或她是从大人的腋下生出的，这包含着对性的禁忌；二是大人和小孩玩，会经常开玩笑称小孩的外阴为"小鸟"或茶壶嘴。

这种"鸟衔草"还有大人版的山歌，内容主要是调侃姑娘出嫁：

> 黄花鸟，衔灯草，衔过河，孵小鸟。
> 孵到五更头，喊声小姐来梳头。
> 娇粉脸，戴红花，坐上轿子哭妈妈。
> 妈呀，我的妈；伢呀，我的伢，
> 满了月，就回家，
> 不是饼子就是粑。
>
> 黄花鸟，衔灯草，衔过河，孵小鸟。
> 孵到五更头，喊声小姐来梳头。
> 梳的梳，刷的刷，大红衫子套背褡。
> 哥哥驮上轿，弟弟放三炮，
> 娘家哭，婆家笑，

---

① 葛便南搜集．杨普根，黄德邻，汪传碧，张扬，郑劲松主编．潜山县民间文学集成．安庆：潜山县文化局编印，1991：117.

新人房里好热闹。①

# 其　他

## 反歌

### 顺唱歌儿反唱歌

顺唱歌儿反唱歌，风吹石磙②过江河。

高山头上鱼生子，渗水眼③里鸟做窝。

鸟做窝，陷沙河里火烧着。

反唱歌儿顺答头，家婆园里菜吃牛。

公鸡咬着毛狗颈，老鼠咬着猫的头。

猫的头，青蛙卡着蛇咽喉。④

【解说】

这是一首典型的"反说歌"，开头就表明这是反歌，让听众有所准备。这种歌曲在无聊中透出有趣和智慧。

## 谎歌

### 山歌不唱唱谎歌

山歌不唱唱谎歌，一山的石头火烧着。

高山头上鱼生子，吃水井里鸟做窝。

鸟做窝，扁担搭桥鸟过河。

山歌不唱唱慌歌，风吹石滚过江河。

三个麻雀拖锄耙，菜篮装水上山坡。

上山坡，陷沙河里种萝卜。⑤

---

① 张维成搜集．杨普根，黄德邻，汪传碧，张扬，郑劲松主编．潜山县民间文学集成．安庆：潜山县文化局编印，1991：119.

② 石磙：旧时用来碾压谷物的棱状石头碾子。

③ 渗水眼：泉水眼。

④ 陈凤鸣，李合初搜集．杨普根，黄德邻，汪传碧，张扬，郑劲松主编．潜山县民间文学集成．潜山县文化局编印，1991：123.

⑤ 程金生口述．杨普根，黄德邻，汪传碧，张扬，郑劲松主编．潜山县民间文学集成．潜山县文化局编印，1991：123–124.

【解说】

这首慌歌里面有些内容和上面的反歌有些重复，但是从界定上看，反歌主要是把主宾颠倒，谎歌侧重述说不可能的事情，当然包括前者。这类歌曲从侧面反映出旧时劳动人民生活浪漫的一面。

王章豹搜集了一首桐城的扯谎歌，这样说：

从来不唱扯谎歌，扯起慌来莫奈何。

猫砍柴，狗烧锅，兔子车水笑呵呵。

桑树林里泥鳅叫，瓦屋檐下鲤鱼窠。

山上砍柴捡螺蛳，剪个螺蛳八斤半，剥出米来九斤多，

外头装了十八碗，里头还有一大锅。①

# 白话

## 昨日无事大街行

昨日无事大街行，看到十样奇事情。

一条水牛四两重，两只老鼠八百斤。

三个先生不识字，四个瞎子看书文。

五个聋子听蚊叫，六个哑巴来谈经。

七个跛子快追马，八个瘸子要流星。

九个尼姑留辫子，十个和尚要结婚。②

【解说】

白话，就是无意义的话，说的是无意义的事情，在无意义的时间。旧时农暇，大伙聚在一起，说完"黑话"（有实在内容的话），不讲白话能干吗呢？

# 杂歌

## 一粒稻子两头尖

一粒稻子两头尖，爹娘留我过千岁。

千年万年留不住，一升花轿大门前。

---

① 王章豹. 桐城谚语集锦［M］. 合肥工业大学出版社，2015：72.

② 张满香口述. 杨普根，黄德邻，汪传碧，张扬，郑劲松主编. 潜山县民间文学集成. 潜山县文化局编印，1991：124.

大哥送到大门外，二哥送到稻床前。

通通三哥送得远，送到南京大路边。

大嫂叫我一本歌，二嫂教我针线多。

三嫂教我织绫罗，四嫂教我骂公婆。

四哥四嫂无道理，哪有媳妇骂公婆。

也不怕天上雷来打，也不怕地下火来烧。[①]

【解说】

这是一首戏谑歌，开始夸张声称有女不嫁留千年，后来送嫁时四嫂教着骂公婆，这实际上是对旧时婆媳关系难处的揶揄。时至今日，上班的媳妇与带孩的婆婆的关系也是难处呀，这一进一出，一退一让，都难以把握。

## 卖花调

早上早起来，花园门打开，摘担鲜花上长街。

扁担两头翘，鲜花一担挑，买花大姐都来瞧。

姑娘下楼来，脚穿绣花鞋，胜似天上祝英台。

姑娘出房门，身穿洒地裙，胜似天上织女星。

姑娘找着花，双手把花分，问声客人怎么卖。

姑娘你莫问，每朵要三分，再问价格要不成。

姑娘转回家，有钱不买花，再加三分买银花。

姑娘你不该，不该唤我来，耽误生意和买卖。

客人你莫怪，本是我不该，买卖不成人意在。[②]

【解说】

这是一首卖花歌，花农哥哥卖花给姑娘却不成。

从文学上看，主要是特写，姑娘出门就用了两个长句，没讲姑娘的面部如何，就这么勾勒几下，一个美女的形象就展现在读者和听众面前。至于这末尾的生意不成"怨气"，倒不如说是花农哥哥对姑娘的暗示和故意搭讪。故事到了"买卖不成人意在"这句常用语戛然而止，却给人无数想象，余音绕梁而不绝。

从社会学的角度看，旧时竟然有花农这一职业分工，实在出人意料，现在判

① 林顺成搜集．杨普根，黄德邻，汪传碧，张扬，郑劲松主编．潜山县民间文学集成．潜山县文化局编印，1991：130.

② 林顺成搜集．杨普根，黄德邻，汪传碧，张扬，郑劲松主编．潜山县民间文学集成．潜山县文化局编印，1991：130.

断，至多只能在大城市的周边存在零星的种花农民。

# 绕口令

## 布补鼓

壁上挂破鼓，来把布来补。
是布来补破鼓，还是破鼓要布补。

## 麻猫

桥上一只麻猫，桥下一只麻鸭。
不知是麻鸭咬麻猫，还是麻猫咬麻鸭。

## 麦调篾

我把半升麦，调①你半匹篾。
你也不嫌我麦瘪，我也不嫌你篾窄②。

## 鹅与鸭

天上一只鹅，地上一只鸭，
鹅生鹅子，鹅孵鹅，
鸭生鸭子③，鸭孵鸭。

## 浸甑

一个老，驮个甑④，驮到井里浸。
不知甑浸井，还是井浸甑。

## 凳碰甑

公公驮个甑，孙子驮个凳。
公公孙子走进弄。
甑碰凳，凳碰甑，

---

① 调，方言读 tiao 3，交换。
② 窄，方言读 zhe 5，似"仄"，如"扁担不能窄着看"。
③ 鸭子、鹅子：指鸭蛋、鹅蛋，另外还有"鸡子"。
④ 甑：zeng 4，蒸饭器具，木质或陶器，一般一次可蒸几十到几百人吃的饭。

**公公孙子不哼声。**

**是凳碰甄，还是甄碰凳？**①

【解说】

这几首绕口令都是以日常生活的一些事物或器具为料子，进行反复发挥，有一定趣味。不过今天的城市生活的孩子，早已不知什么麦、篾、甄、井了。

---

①  余林节口述.杨普根，黄德邻，汪传碧，张扬，郑劲松主编.潜山县民间文学集成.潜山县文化局编印，1991：124-125.

# 第十三篇　传　说

农业时代，人们在劳动休憩时分、茶前饭后，少不了聊天，说闲话或白话，讲讲传说故事；那些含对子（"对联"的俗称）的故事，就这样流传下来。这里专门搜集一些含有"四言八句"（打油诗）或对子的故事，供大家欣赏。

**三点水，汤与酒，吕字两个口；请问哪个口喝汤，哪个口喝酒？**
**单人旁，你与他，爻字两个叉；请问哪个叉叉你，哪个叉叉他？**
【解说】

相传两个朋友吃饭，对对子喝酒，一个朋友出个上联，对方如不能对出，就罚他一杯酒，如能对出，自己喝一杯。结果另一个想到爻字，就想出了下联。

**天上牵金牛，拔角成梳盘凤髻；**
**月中捉玉兔，剪毛扎笔写龙书。**
【解说】

相传一日有个私塾先生，来到一个庄上，只见一个人家屋内闹闹哄哄的，原来主人找不到人写对子，什么对子呢？原来他家要娶亲，送日子，女方已经派人写来了时庚，并出了个上联，说女儿已经准备好了；这边送日子得把上联对上，为好。先生口称这还不容易，于是一试，写出下联，大家都纷纷赞扬先生有才。

**雨断行人，谁为行人之主？**
**天留贵客，我是贵客之东。**
【解说】

相传潜山割肚林畈，有个先生，名叫林良才，一日挑纸到六安，路遇大雨，只得到一户人家躲雨，至天黑，雨都还没有停，对主人出上联，主人大方爱才，对下联挽留林良才过夜。

**半夜二更半，**
**中秋八月中。**
【解说】

相传清朝乾隆年间潜山有三人进京参加会考，分别中得状元、榜眼、探花。

然而当初他们口试应对，所对相同，然而何以区分不同名次呢？皇帝无法，主考官回禀，以才思快慢来定夺。

次日，皇帝来到城楼门前，亲笔书下上联，高悬城门，要求考生骑马入城时对下联。结果三人尽管都对出了下联，但对出速度不一样，以此定出名次来。最后皇帝对主考官的认真和严谨表示赞赏。①

**雪压潘山，青狮变白象；**
**火烧港镇，黄泥成红龙。**

【解说】

相传清朝太平天国的英王陈玉成曾经驻扎安庆，经黄泥港潘山，时值大雪，英王夜宿大王庙，主持佛印接待，英王试其才华，出上联，佛印对下联。

对完，英王对"红龙"二字非常满意。后来老僧听说玉成战死，涕泪交流，数夜不寐，为纪念英王，特令人将此对镌刻于庙门。②

**维事不周，暴做③八十岁，**
**孽缘未满，祸害一千年。**

【解说】

相传清末潜山举人余皖泉曾担任潜山知县，才学渊博，满腹经纶，人称"安徽的余小圣人"。做八十寿时，自撰寿联一副，如上。

**和尚撑箪，篙打江心罗汉；**
**佳人汲水，绳牵井底观音。**

【解说】

相传唐代时潜山建了个广教寺，旁有胭脂井，旁住有一大户人家，姓梅。梅家小姐一日去三祖寺上香，乘箪沿河而上。逢三祖寺的两个和尚撑箪下梅城采购东西，梅小姐于是有了上联，与随从自娱自乐，不料被隔着箪的和尚听到，其中一位名叫"了空"，他当即赞叹上联妙。而当和尚来到梅城，途径胭脂井登广教寺时，遇到几位侍女在井边汲水，了空和尚随感而发，对出下联，恰被回到绣楼

---

① 汪传碧搜集．杨普根，黄德邻，汪传碧，张扬，郑劲松主编．潜山县民间文学集成．潜山县文化局编印，1991：142.

② 汪亚英口述．杨普根，黄德邻，汪传碧，张扬，郑劲松主编．潜山县民间文学集成．潜山县文化局编印，1991：146-147.

③ 暴做：有"痴过"的意思，没有经验地度过，或留有很多缺憾甚至罪过地度过。在潜地方言中，"暴"也可作"第一次，刚开始接触，不熟悉"的意思，暴做就是初做。

的梅小姐听到，不由感叹："出家人中也有人才。"①

这副对联中的"罗汉""观音"其实是撑篙人和汲水人的倒影。

**勿要东张西望，谨防菩萨三只眼；**
**任你南腔北调，可是老子五千言。**

**闻说有天堂，尽吾诚，当报吾本；**
**明知无地府，从乎俗，不俭乎亲。**

【解说】

第一副对联是革命烈士余良鳌 1921 年在五庙达林小学教书时遇到做平安会（一种民间庙会仪式），他被邀请为经堂作的对联。对联包含对民众和道生神态的揶揄。

第二副对联是余写给自己父亲的孝联，联中包含儿子对父亲的哀悼之情。坊间有个类似版本：

闻说有天堂，尽吾诚，聊以报吾本；
明知无地狱，从其俗，不忍俭其亲。

余良鳌有可能在这个版本基础上，稍微改了几个字。②

**马吃三棵麦，免除一年粮；**
**糯米官人好，糍粑做心肠。**

【解说】

在潜山梅城和怀宁小市一带流传着一个关于焦仲卿的故事。焦仲卿的母亲为人泼辣，人称焦八权，难缠，但是焦仲卿却是个性格懦弱温柔、忠厚老实的人。为了让儿子摆脱闲人的骚扰，焦母为儿子配了一匹烈马，让他能够更快地回到家。然而一日马却冲进风景秀丽的焦家畈，焦仲卿只顾着欣赏美景，却忽视了照看马，结果马食了一家佃户的麦苗，佃户借机要挟赔偿，焦仲卿只好免除了这个人家的一年的租钱。佃户诚惶诚恐，再三推辞，而焦仲卿竟然不同意。遂有上顺口溜。其实这个焦仲卿是个宅心仁厚、心肠慈善的人。

**钱家兄弟自多情，请个先生不识文；**
**敝姓本是三耳聂，你把业产压谁人。**

① 刘青山口述．杨普根，黄德邻，汪传碧，张扬，郑劲松主编．潜山县民间文学集成．安庆：潜山县文化局编印，1991：160–161．

② 徐继达搜集．杨普根，黄德邻，汪传碧，张扬，郑劲松主编．潜山县民间文学集成．安庆：潜山县文化局编印，1991：164–165．

【解说】

还是说焦仲卿。焦家畈东有个钱家洲，钱家有一位后生要娶一位聂家的姑娘，需下婚贴，结果焦仲卿把"聂"粗心听成"业"，所以闹出笑话，遂有上顺口溜。

传说此事的后果很严重，一是钱家的祠堂为此需矮三尺；焦仲卿需背负责任，鸣锣游乡，为钱家恢复荣誉；焦母怪罪儿子不学无术，认为结婚后儿子荒废了学业，进而迁怒刘兰芝。①

乘雪过小桥，颂梁甫吟②，草野中岂无有心人听？
登台顾大局，壮神州色，梅花上绚出满腔血来。

八公山草木皆兵，浑疑战鼓频摧，谁敢如风扫叶。
一阳节③天时似箭，最好武装同志，都来指日挥戈。

【解说】

这是两副包含抗日意思的对联，一隐一露。1941 年冬，余井程寿南戏班应邀到岭头天圣庵的小路桥演出，戏场台柱邀请青楼糖坊岭徐用刚撰写，头天晚上用联第一副；第二天下午，继续演出，干脆就用了第二幅抗日意志显露的对联。微有墨水的伪保长看出其中意思，找程寿南是问，程寿南不慌不忙地回答："你看现在三九天，日子短，你看一场戏刚唱完，天就黑了！"班子里的人也附和："唱了日场，我们就长不了夜场，我们连糊口都糊不起，你说这个天不讨厌吗？"在大家的附和声中保长遂作罢。④

圆月照方窗，有规有矩；
曲木系直绳，成弓成弦。

【解说】

传说旧时潜阳住有一乔姓人家，生有一乔妹，不爱有钱的公子哥，爱同村的一个樵哥。乔妹与樵哥新婚闹洞房时，公子哥借机调戏乔妹。乔妹急中生智，提出对对子，对出者方可继续闹洞房，遂出上联。一公子哥对了一个："小溪归大

---

① 李杏林搜集．杨普根，黄德邻，汪传碧，张扬，郑劲松主编．潜山县民间文学集成．潜山县文化局编印，1991：170–171，174.

② 《梁甫吟》亦作《梁父吟》，是古代用作葬歌的一支民间曲调，音调悲切凄苦。

③ 一阳节，指冬至日。三国时期曹植的《冬至献袜颂表》云："千载昌期，一阳嘉节，四方交泰，万物昭苏。"

④ 徐霁旻搜集．杨普根，黄德邻，汪传碧，张扬，郑劲松主编．潜山县民间文学集成．潜山县文化局编印，1991：201–202.

海，无边无际。"乔妹说："我的上联景中有理，你这下联有景无理。"公子哥们只好收敛；樵哥这时也对出了下联："成弓成弦"，也有水到渠成的意思。①

**四个先生四脚胖，餐餐都吃起花酱；**
**三年开两个叮咚子会，个个都是红罗帐。**

【解说】

传说有四个秀才上京赶考，合伙请了一个挑夫帮着搬运行李。一路无话，秀才开始逗挑夫。路上遇到一只懒洋洋的猪，秀才就问挑夫是什么东西。挑夫装佯不晓得，秀才就讲，真是个笨蛋，是"四脚胖"嘛。又遇到一个挑粪的，秀才又问是么东西，挑夫还是装着不晓得，秀才就讲，真是个笨蛋，是"起花酱"嘛。又遇到一户人家发丧，问是某回事，挑夫还是讲不晓得，秀才讲，笨蛋，记着，这是"叮咚子会"。再往前走，遇到一户在起棺葬坟，问是某回事，挑夫还是讲不晓得，秀才讲，笨蛋，记着，这是"红罗帐"！

天黑歇店，秀才约定要讲四言八句吃饭，不会讲的不准吃。秀才问挑夫："真是的，走了一天，还不晓得大哥尊姓大名。"挑夫连忙讲："庄稼人哪有什么名字，人家都喊我'陈狗屎'。"

"哦，陈大哥，刚才我们约定的，你知道了吧？"

"哎呀，我们庄稼人哪会什么四言八句啊？"

"要讲的，不讲不得吃的。"

"我真讲不来。"

"讲不来也要讲。"

"那我只好讲了。"

挑夫就把标题中的四言八句说出来。说完就吃，四个秀才气得眼睛像灯笼。挑夫一看，把筷往桌子上一摔，手袖子一卷，说："看先生几个的狠样子，还要吃陈狗屎啊？"②

**状人是哑巴，青天爷准了吧；**
**发两个差跟着他，自有旁人说直话。**

【解说】

传说清朝时潜山县秀才储奎仑爱打抱不平，槎水畈曾经有个财主拖欠一个哑

---

① 郑炎贵搜集．杨普根，黄德邻，汪传碧，张扬，郑劲松主编．潜山县民间文学集成．安庆：潜山县文化局编印，1991：312–313.

② 郑劲松搜集．杨普根，黄德邻，汪传碧，张扬，郑劲松主编．潜山县民间文学集成．潜山县文化局编印，1991：337–338.

巴短工的钱，储奎仑就给哑巴写了如题的状纸，知县就按着吩咐办，果然当差的帮哑巴索回了工钱。①

> 推车走走，压了死狗；
> 如是活狗，如何不走。

【解说】

还是说清朝时潜山县秀才储奎仑爱打抱不平，槎水畈曾经有个财主养了一恶犬，一日储奎仑见一人推车路过，便计上心来。他朝狗一蹬脚，狗急追上，他绕道车后，狗一个扑身，正好被车子压住。推车人大慌，不知如何是好，储奎仑便写了一张纸，写了如题的状子，递给他，告诉他如何如何。

这边财主也找到储奎仑，储奎仑也给财主写了状子，云：

> 推车撵撵，压死家犬；想我家财，谋害家犬。

财主拿着状子递与知县，知县正要审问推车人，推车人也不慌不忙拿出一张状子，就是储奎仑给他写的那张，县官一看，大呼："死狗横路，反来告状，用心何在？赔推车人白银二十两，并打三十大板。"②

> 家住潜山兮高集，姓口天吴兮名全。
> 小猪逃出兮后院，至今一日兮未见。
> 有人捉住兮来献，谢他铜钱兮两串。
> 说话算数兮不骗，请到寒舍兮兑现。

【解说】

话说罗汉高集街有个读书人，名叫吴全，喜欢甩句文，生怕人家不知道他有墨水。一日他家小猪跑了，妻子到处找，到黑都没见到踪影，妻子便央求他写个告示，他于是写了如题告示。妻子不解，吴全说："文兮，诗词歌赋，这是赋，楚辞中有。"妻子聂氏啐了他一口："猪都跑到掉了，还赋（富）咧！"

吴全有点恼，说："可恼妇人兮浅见，不懂文体兮狡辩。"

聂氏更恼："什么，我狡辩？"一手抓住纸，撕得个稀巴烂，朝吴全脸上砸去。纸屑飞扬，洒了一地。

吴全："呜呼，可叹文章兮遭践，粉身碎骨兮雪片。"

---

① 储柱岩口述．杨普根，黄德邻，汪传碧，张扬，郑劲松主编．潜山县民间文学集成．潜山县文化局编印，1991：345-347.

② 储柱岩口述．杨普根，黄德邻，汪传碧，张扬，郑劲松主编．潜山县民间文学集成．潜山县文化局编印，1991：345-347.

聂氏气得大骂："什么狗屁文人，连个寻猪的告示都写不出来，像你这样的文章老娘也会做。"

"什么？你也会做？"

聂氏手指吴全的鼻子："你听着，你——

摇头晃脑兮瞎念，装腔作势兮下贱，

狗扯羊肠兮一串，一窍不通兮文骗。"①

**客舍凄凉，恰是今宵七夕；**

**寒斋寂寞，可移下月中秋。**

**绿竹本无心，遇节即时挨不过；**

**黄花如有约，重阳以后待何迟。**

【解说】

还是说清朝时潜山县罗汉有个人家请了个私塾先生，每年七夕，都要家宴请先生。有一年，先生见厨房没有动静，就把学生喊过来，出了上联，如题。学生对不出，只好告诉父亲，父亲知道先生的意思，笑了笑说，自己竟把这事忘了，于是替儿子对了个下联。可是到了中秋，主人家还是没有家宴的意思，先生又出了个上联，交给儿子，儿子又传给父亲，父亲还是笑了笑，又替儿子对了个下联，传给先生。结果到了重阳，还没有动静，先生耐不住，有点气恼，又出了个上联："汉三杰：张良韩信狄仁杰。"

交给学生，学生又交给父亲，父亲笑了笑说，你的先生搞忘记了，狄仁杰是唐人，怎么能算汉杰呢？学生把这话传给先生，先生说："我实在没忘。你父亲前朝后汉都记得这么清楚，为什么一顿饭却左忘右忘呢？"② 这个先生也太贪礼了。

**圆管有节，照侬不得空过；**

**细毛无心，也不过是长拖。**

【解说】

还是说旧时有个人家请了个私塾先生，每逢过节，都要家宴请先生。有一年，先生见没有动静，就把学生喊过来，出了上联，如题。学生不知是机智还是歪打正着，对出了下联。上联说毛笔的笔杆子，有节，双关；下联是说毛笔的笔

---

① 汪静搜集．杨普根，黄德邻，汪传碧，张扬，郑劲松主编．潜山县民间文学集成．安庆：潜山县文化局编印，1991：367-368.

② 汪静搜集．杨普根，黄德邻，汪传碧，张扬，郑劲松主编．潜山县民间文学集成．安庆：潜山县文化局编印，1991：367-368.

头子，无心，双关。大家可以想象，先生听到这个下联是多么的失望和生气。这个传说正好反映了旧时一句俗语："先生要节，木匠怕结。"①

**眼珠子，鼻孔子，珠子居于孔子上；**
**眉先生，胡后生，先生没有后生长。**

【解说】

还是说旧时有个人家请了个私塾先生，为了考考学生，出了上联，也是个双关，"珠子"通"朱子"，朱熹，宋朝的理学家；这里就出现了生理和史实的交错和倒置；学生对了下联，双关是落在最后一句，同样出现了生理和事理的交错和倒置（先生不如后生长），非常巧妙。

**千年枯骨水，二龙洗脚汤；**
**一鸡生九子，九子是双黄；**
**要想娘病全部好，必须喝上凤凰汤。**

【解说】

这里有个故事：一个孝子家贫，偏偏遇到老娘生病、卧床不起，便背着她去寻医。走了一程，天干物燥。娘说："孩儿，我渴了，啥时候到啊？"儿子放下母亲，去寻水，哪里有水，只见一棵树下有一个人的头脑壳（头颅骷髅），里面还盛着一点雨水，取着给娘喝了，然后继续赶路。

又走了一程，娘又在背上叫唤："儿呀，我快不行了，赶紧搞点水给我喝喝。"儿子又去寻水，还是在没水的岭头，小溪都干涸了，只剩下一个小水凼，里面有两条小水蛇在游泳，儿子不管，赶紧将凼里的水取来给娘喝。

然后二人继续赶路，走了一程，娘又说："不行了，赶紧搞点东西给我吃吃。"儿子找到一户人家，主人说："我家里也没得吃，只有煮几个子给你娘，最近家中一只鸡，好长时间不生，最近才生，生的九个子都煮给你们吃吧。"打开一看，竟然都是双黄蛋，儿子感激得不得了，老娘吃了双黄蛋，感觉人好多了。

就这样，二人一路赶到药店，找个郎中，搭脉看相，郎中说："你娘的病，须这样治疗：千年枯骨水，二龙洗脚汤；一鸡生九子，九子是双黄……"正要说完，儿子把自己经历告诉医生，医生说："那你娘已经吃了这三个方子了，病也已经好了一大半，但是要想你娘病全部好，必须喝上凤凰汤。"

儿子心想，这哪里搞到凤凰汤啊？看完病，儿子接着背着娘回家，又在一户

---

① 王章豹．桐城谚语集锦［M］．合肥：合肥工业大学出版社，2015：240．

人家歇会儿，讨点吃的。师娘说："没有什么招待你娘，家里倒还有两只鸡，一只公的，一只母的，煨点汤给你娘喝喝哦。"儿子感激得不得了，娘喝了鸡汤，果然病就痊愈了。

这个故事当然有点神，求医的过程其实就是治病的过程，算是对儿子孝心的反馈吧。

**子酉日干不杀鸡，风吹浪大不开池；**
**油煮蟒①瓜情谊好，长沙大道永不移。**

【解说】

却说旧时潜山有一个老头，生了三个女儿，心想到几个女儿家待几天。先到大女家，大女家养了很多鸡，大女儿对大女婿说："今天搞点鸡给父亲吃吃吧。"大女婿说："今天日子不好，是子酉日干，不能杀鸡喏。"

父亲见大女婿态度，不想留人，便到二女家，二女家养了很多鱼。二女对二女婿说："你去捞条鱼给父亲吃吃。"二女婿说："今天日子不好，今天起大风，不能开池喏。"

父亲见二女婿态度，不想留人，便到三女家，三女家一穷二白，无鸡无鱼，三女婿讲："老父你来着，在这里多待几天，我虽然没什么好的招待，园里还有几条蟒瓜，我们用蟒瓜氽点水给你喝喝啊！"

父亲不禁感慨，老大老二虽富无心，老小虽穷有心，后来县里修路，要经过并占用三女家地，三女舍不得，老父亲与县衙门熟悉，遂替三女说了情，县里允诺长沙大道不改线，维持原状。

长沙大道，应该指"十八里沙河到县边"，即野寨到县城的长沙大道。

时人遂流传起这首顺口溜。

**关关迟，开关早，迎过客过关；**
**出对易，对对难，请先生先对。**

【解说】

传说潜山水吼岭头大关，有个财主，喜欢卖弄文采，出对子给过客对。一年出了个不错的上联，请人对，并许诺将自己女儿许配给对出者。一日一个小伙，虽然衣衫褴褛，但出手不凡，对出下联，财主也只好将女儿许给他。②

---

① 蟒，读 mang 3，众草。方言中称"缠绕"为 mang 3。
② 钱启贤. 天柱山传说［M］. 北京：中国致公出版社，1999：93-95.

抬头鸡，八抬八座娶丑妻；
平头鸡，撑船架渡招美妻；
低头鸡，敲钟打鼓念阿弥。

【解说】

传说有个算命先生，算得很准，一日过河，要坐渡船，同坐的还有一个官人与和尚。众人知道他是个算命的，便在渡上开起玩笑，让算命的掐掐自己的八字。没想到，撑渡的、官人与和尚都是属鸡的，众人便指望算命好好地解释一下，同样属鸡，然而地位却如此不同。

算命的就讲："你这个当官的，是抬头鸡，八抬八座娶丑妻，你家中还有一个老婆长得不算漂亮。"当官的讲："你讲的是，得诶①是的。"

原来，这个当官的一上渡，就开始盯着撑渡的老婆，这个早就被算命的看出来了。

算命的接着讲撑渡的："你呀，是平头鸡，撑船架渡招美妻，你虽是个撑渡的，但是你能娶到这么漂亮的老婆，也算是你的福气了。"撑渡的讲："你讲的算是吧。"他的妻子天天帮他摆渡，吸引了不少乘客，他的日子相对于一般人还算过得去。

至于和尚，算命的讲："你，低头鸡，一天到晚只晓得，敲钟打鼓念阿弥。你这一生念念阿弥，无钱无权又无妻。"和尚点头："你讲的得诶是的，这是我的命运和缘分。"

据清代《白下琐言》，南京定淮门外有座庙，庙里塑着明太祖。左沈万三，右乞丐、道人。三人同时不同命。朱元璋，鸡叫头遍生，最贵的人；沈万三，叫二遍生，最富有的人；乞丐，叫三遍生的，是天下最穷的人。桐城话也有："月头沈万三，月尾告花子。"②

旧时用命理来解释人生的各种不同遭遇，归之于人生八字，年份或时辰，这是没有科学道理的，它只是迎合人们心中隐藏的某种附会信仰罢了。

---

① 得诶：方言 dei 3 发音的分解，意思是确认对方的话，相当于"是的，我同意"。
② 王章豹．桐城谚语集锦［M］．合肥：合肥工业大学出版社，2015：195.

# 第十四篇　谜　语

旧时农业社会，在夜晚或农闲时，人们经常聚在一起，互相聊天，在聊故事的同时，也会才穿插讲些谜语，这些谜语是韵辞形式的，读来非常朗朗上口。在当时，或许人们把能说出几个谜语看作是一种可供炫耀的资本，尽管打这些谜语的人都是些名不见经传的普通百姓。在今天看来，当人们试想那个没有电视、电话、手机、电脑的社会，人们也许会觉得那是一个非常无聊的时代，可是一旦我们进入这些韵辞形式的谜语，答案将远非我们想象——我们的先人生活在一个甚至比今天更有意思的故事、情怀空间中。此部未经特别注明，即为胡昌生搜集和回忆抄出，胡昌生又是根据他的上一辈人的口述记录的。

## 字　谜

一对夜鹅并排飞，一只瘦来一只肥。
一月来三转，一年只来一回。

【解说】

这几句说的是"八"字，摹写字形。

一点周瑜不良，三横刘备关张。
口骂奸臣曹操，一心想要东吴。
四川刘备为王，目下孔明神算，
八卦能断阴阳。

【解说】

这几句说的是"讀"（读）字，取每一句话第一个字。此谜语为割肚林家冲胡良民口述。

一点一横长，一撇往西方。
破田不装水，底下水汪汪。

【解说】

这几句说的是"康"字，摹写字形。

一点一横长，一撇往西方。

并排两棵树，长在石头上。

【解说】

这几句说的是"磨"字，摹写字形。

一字有九口，孔夫子书中没有。

秀才问先生，先生讲三国中有。

【解说】

这几句说的是"曹"字，摹写字形。其实连外面一个口在内，有十个口。

一字十二点，任你书中选。

就是好秀才，也要猜三年。

【解说】

这几句说的是"斗"字，摹写字形。

两眼睁睁一笔钩，五湖四海我通流。

早晨装在盆中里，皇帝见我也低头。

【解说】

这几句说的是"水"字，摹写字形兼说用途。

两人未大冲破天，女子串破一丘田。

天下霸王都是我，千里路上定姻缘。

【解说】

这几句说的是"夫妻义重"字，摹写字形。此谜语为割肚林家冲胡旭东口述。

里字多四点，莫把黑字猜。

若当黑字猜，不是真秀才。

【解说】

这几句说的是"黟"字，摹写字形。安徽有个黟县，位于皖南，境内存有大量的明清民居、祠堂、牌坊、园林，更有世界文化遗产西递、宏村古村落，黟县又被称为"中国画里乡村""桃花源里人家"。

# 人 物 谜

一个送我到孤州，孤山野洼冷幽幽。

三餐茶饭无人送，死后的尸骨无人收。

【解说】

这几句说的是"稻草人"，也称"草把人"，用来吓唬野兽或野鸟的，防止农作物被侵害。

一人百足不能行，二人抬它上高亭。
一条黑路让它走，就是白天都不能乱行。

【解说】

大锯。旧时木工用的手工大锯，需要两个人抬着锯木，木料通常要紧贴门壁，用攉子（一种工具）攉紧。黑路，指在木料上弹的墨斗线，锯要沿着它走，才能保证木板的直平。林福记口述。

一条蛇，扁巴巴，爬上树，飞雪花。

【解说】

锯或锯片。雪花指锯屑。

一物有三口，人人都得有。
谁人如没有，就对不起亲戚朋友。

【解说】

裤子。

一物生在乱石崖，放牛伢子砍下来。
过起秤来无四两，走起路来两人抬。

【解说】

瞎子的拐杖。末句指牵着瞎子走路。

一物生在乱石崖，放牛伢子砍下来。
文武二官都做过，就是没穿过袜子鞋。

【解说】

木偶戏中的木偶。崖，方言读 ngai 2；鞋，方言读 hai 2。

一物生在乱石崖，弯刀斧子砍下来。
要用丢地下，不用捡起来。

【解说】

庙宇里求签用的告子。首两句讲是竹子或木头做的。求签时，求者从签盒子里取出一支签，然后庙宇里大尼姑替求者发告，若一阴一阳，即中。

**小小一物两头尖，朝朝暮暮望团圆。**
**指望团圆千日好，哪知团圆之后不见天。**

【解说】

桶销。销，通常用竹子削成，确实是两头尖的。望团圆指两块板合在一起，团圆之后销就看不到天日了。

**小小一个秀才，作了一篇文章。**
**从头刳到尾，从尾点到头，**
**指望功成名就，谁知落地成灰。**

【解说】

蚊香。刳，刳桶，用木头做圆形的器物。这里既可以指蚊香的造型，也可以比喻秀才做文章很细心，希望完满。杨神应口述。

**小小一物五寸长，一头开染坊，一头做磨坊。**
**染坊不染青蓝布，磨坊不磨五谷粮。**

【解说】

同上。林华荣口述。

**小小一物不多长，爹娘许我游城墙。**
**周围四转都游尽，游到景德镇上回家乡。**

【解说】

摧子。刳桶后，需上铁丝箍或竹篾做的箍，上箍时需用摧子（一种工具）摧紧。景德镇，谐音"紧"。杨神应口述。

**小小渔船不下江，小小月亮不发光。**
**甜酸苦辣都尝尽，就是没有喝过一碗肥肉汤。**

【解说】

捣药罐子。这里用渔船和月亮比喻捣药罐子。

**小小一物本无名，单打四方道不平。**
**哪方一作乱，它去就太平。**

【解说】

垫桌椅腿的垫子。

小小一物不多大，一头在江里，一头在江外。
庄庄户户家家有，也不买来也不卖。

【解说】

瓢。从水缸或者锅里取水的瓢，以江喻水缸里的水。

小小一物不高名，恼恨爹娘取坏了名。
立秋处暑都还在，寒露霜降哪里寻。

【解说】

痱子。

小小一物不知名，整天都在布里行。
眼睛长在屁股上，只认衣服不认人。

【解说】

谜底是"针"。背后有个故事：有几个教书先生一起出谜语猜谜语，旁边干活的裁缝没什么文化，打不来也猜不出，自我感觉很无味，先生们对他也无视。后来，裁缝终于想出了上面这则谜语，意思虽然简单，但是末语却带有强烈的暗讽意味："眼睛长在屁股上，只认衣服不认人。"末句也常用来遣责旧社会贫富分化，人分等级，人看有的，狗咬丑的。

黑狗身上白，白狗身上肿。
竹子朝南拜，瓦沟渐渐笼。

【解说】

下雪。前两句取自张打油的打油诗《咏雪》："江山一笼统，井上黑窟窿，黄狗身上白，白狗身上肿。"

黑狗撵黑羊，撵到余家塘。
拉着回头呼啦子叫，肠子拖着丈把长。

【解说】

木工用的墨斗。墨斗，是旧时木工拉线、弹线、取直的工具。

四四方方一块田，一匹白马走边沿。
一对乌鸦来喝水，两个猴子来拜年。

【解说】

酒席桌子。白马应该指白酒；乌鸦、猴子比喻客、主。

五五二十五，两边两个鼓。

拦头摸一下，连叫二十五——声。

【解说】

斛子。唐朝之前，斛为民间对石的俗称，1 斛 = 1 石，1 石 = 10 斗 = 120 斤。汉代许慎《说文解字》："斛，十斗也。"宋朝开始，改为 1 斛 = 5 斗，而 1 石 = 2 斛。明代张自烈《正字通》："斛，今制五斗曰斛，十斗曰石。"而在民间在苏、浙、皖的很多地方，1 斛 = 2 斗 5 升。声谐音升。

走的来回平路，吃的油盐酱醋。

为了别人干净，自己一塌糊涂。

【解说】

抹布。旧时多为锅台上使用的抹布，而非今日拖地的抹布。

长的少，短的多，脚来踩，手来摸。

【解说】

梯子。

奇怪真奇怪，腰上系皮带。

帽子两半边，走路要人牵。

【解说】

木工扯钻。扯钻，旧时木工用来打眼上销、进行拼接的工具。

红头白脸白书生，守把潼关享位灵。

时时刻刻潼关在，出了潼关就打人。

【解说】

钥匙。这个"书生"就是钥匙，红头指钥匙上系的红绳子，白脸指钥匙被摸磨得铮亮。潼关和"铜关"谐音，一般锁芯是铜制的。钥匙挂在身上，就"打人"，指碰撞人的身体。林福记口述。

做屋不要基，上梁不要梯。

卖者笑哈哈，买者苦兮兮。

【解说】

灵屋。

新做的花屋不上梁，皇帝知府寿不长。

文武百官都是假，再好夫妻不上床。

【解说】

唱戏。

头戴百叶莲花，身穿蟒袍袈裟。

一生不吃阳间的五谷果实，

还要脱他的蟒袍袈裟。

【解说】

棕树。棕树枝条开叉，仿佛莲花开放；身上的蟒袍袈裟就是它的棕树的皮，一般被剥来做绳子或者床垫。

儿子犯法老子拿，包公一见要杀他。

三岁孩儿行千里，鸡子笋里选芝麻。

【解说】

第一句，桌子，谐音捉子；第二句，盏子，谐音斩子；第三句，筷子，谐音快子；第四句，盘子，盘谐音拼，碰、搞、玩弄的意思。

这个谜语妙在将四样东西放在一个谜面里。胡苗生口述。

儿女丢在凤阳府，跑到皮州讨口粮。

摸州得病掐州死，押到指州见阎王。

【解说】

跳蚤或虱子。摹写人掐死虱子的过程。手法上，把相关点说成"什么州"，属于借代的手法。凤阳府，古钟离地，明洪武七年明太祖朱元璋改钟离府为凤阳府，取"丹凤朝阳"意，同年府治由古濠州城前往新建的明中都城。凤阳是朱元璋出生并生长的地方，凤阳府治今凤阳县城。凤阳府下辖五州十三县，亳州、宿州、颍州、泗州和寿州五州，明代隶属于南直隶，清代隶属于江南省和安徽省，1913 年废府留县，置凤阳县于凤阳府城，1914 年置淮泗道于凤阳府城，1938 年凤阳县城由府城迁往蚌埠镇，1947 年蚌埠镇脱离凤阳县，府城重新成为凤阳县城至今。此处，"凤"与"缝"谐音。掐，在方言中称 ka 5 或者 nen 5。nen 5 有"反复来回挤压摩擦，使得小虫致死"的意思。

弟兄四五个，个个肚子里都有货。

就是老大肚子里没有货，

登在上面气不过。

【解说】

蒸笼。老大指的蒸笼的盖子。林宝宏口述。

**弟兄四个共一周，一个害病三个忧。**
**找个郎中来捺脉，弟兄四个不能掣。**

【解说】

桌椅的腿。一只坏了，四个都不能用了。不能掣，就是不能动。

**兄弟百八百，住在穿心设。**
**遇到不讲理，一天打到黑。**

【解说】

算盘。兄弟，指算盘子。百，方言读 be 5。设，设子，穿算盘子的串儿。
《红楼梦》中曹雪芹这样作的：

天运人工理不通，有功无运也难逢。
因何整日纷纷乱，只为阴阳数不同。

**远望一座庙，近看花闹闹。**
**有人烧香，无人上庙。**

【解说】

灵屋。用庙宇比喻灵屋。潜山民俗老人去世后要给扎灵屋，俗称"扎设
子"。一般七七送灵，即把灵屋烧掉。

**远望一头黄牯牛，近看又无头。**
**肩上驮白米，肚里翻跟头。**
**（或肩上驮着稻，嘴里吐糠头）**

【解说】

风车。旧时给碾过的大米去糠头的木制工具。林华荣口述。

**远望一座城，城里许多人。**
**会讲会唱的登家里坐，**
**打发哑巴去答应人。**

【解说】

木偶戏。摹状。

远看一相屋，近看又无瓦。
先生教明馆，学生聋又哑。

【解说】

木偶戏。摹状。

生在青山叶里青，死在凡间做医生。
治了一生嗝食病，自己还落个不干净。

【解说】

扬尘扫把。旧时用细竹枝扎成扬尘扫把，用来扫除壁上或者屋顶的扬尘。这里用嗝食来比喻屋顶上拖下来的、一节一节的一串扬尘。

生在青山，死在路旁。
知者便宜而过，不知者埋怨爹娘。

【解说】

路牌。不知者埋怨爹娘，指没有读书，不识字。

生在青山，死在黑角。
分明晓得，还踢一脚。

【解说】

旧时木制的粪桶或尿桶，晚上常放于屋角或房角，以利于夜尿。踢一脚指主人在光线不明的情况下用脚摸索尿桶。

生在青山一大棵，死到凡间姊妹多。
骨头骨结淌清水，眼泪汪汪唱山歌。

【解说】

水车。旧时车水灌溉的工具。

生在青山叶里青，死后人间肉里登。
吃一生的肉，还未尝过朓是某味。

【解说】

牛鼻栓，方言读作 niu bi zhuan 254，一般为竹制。拴前要将牛鼻子中间连接处用凿子凿开，这或许是牛生下来所受的第一遭苦难，它意味着受人类奴役的开始。朓，猪油，猪身上的脂肪层。

生在青山叶里青，死后人间肉里登。
过起秤来无四两，过起戥子①无半分。挑也挑不起来。

【解说】

肉中刺。

生在青山叶里揸，死到凡间匠人挖。
姑娘姐妹捏一把，鹞子翻身就是花。

【解说】

粑模子或粑印子。

生在青山，死在盐边。
挑一生的盐，还没见过盐是什么样子。

【解说】

瓦头托子，屋檐的木头挑条。盐这里谐音檐。

生在青山叶里揸，死到凡间匠人挖。
白天收在箱子里，夜里逛人家。

【解说】

小偷用的木头帽子。此物现在罕见。

生在青山叶里揸，死到凡间匠人挖。
一挖挖个空心饿肚，一打打个头破眼花。

【解说】

做黄烟用的烟榨。

生在青山叶里翠，死到凡间背靠背。
一个往前走，一个往后退。

---

①　戥子，音 deng zi 30，也称等子，学名戥秤，是一种宋代刘承硅（据传）发明的衡量轻重的器具。属于小型的杆秤，是旧时专门用来称量金、银、贵重药品和香料的精密衡器。因其用料考究，做工精细，技艺独特，也被当作一种品位非常高的收藏品。

【解说】

竹制或木质的小佛，出家人背之以化缘。此物现在罕见。

**生在青山叶里飘，死到凡间把油烧。**
**千刀万剐不能算，剩下一点枯骨还要把火烧。**

【解说】

烟丝。

旧时做黄烟，先下榨，然后用刨子推。

**生在邳州，长在株洲。**
**苏杭二州不走，单单要走徽州。**

【解说】

鸡毛掸子。多处谐音，邳州谐皮；株洲谐竹；徽州谐灰。

**看着有节，摸着无节。**
**两头冰冷的，中间飞滚①的。**

【解说】

历书。节疤的节，双关节日的节，末两句说的季节一年两头冷，中间热。

**虎头猪尾腰是羊，身有一丈二尺长。**
**二十四个节，节节一样长。**

【解说】

历书。千万别当成某种昆虫有 24 个节。

**黄泥巴墩子铁筛罗，蓬头的媳妇扁嘴婆。**

【解说】

锅台。徐九香口述。

**石岩叠石岩，层层叠起来。**
**高头乌云起，底下莲花开。**

【解说】

蒸笼。非常形象的比喻。莲花开指锅里开水沸腾。林宝宏口述。

---

① 飞滚：方言，意思是非常烫人的，温度很高。

稻箩那粗树，棉线那粗桠。

四把大铁锤，两把大铁叉。

【解说】

牛。第二句喻牛的尾巴。那，在方言中读为 en 2。

生在人身，不生仙。

伸手一摸，两头尖。

【解说】

垢积。摹状。

丝茅和芭茅①一蓬，斑狗与家狗一笼。

叫虽叫，声音不同。

【解说】

最后两句双关。谜底是"妻和妾"。斑狗指山上跑的野狗。"妻"和"妾"两字发音相似但还是有些不同，现实生活中的地位不同自然不用多讲。蓬方言读 peng 5，一丛的意思。

远望"刀刀"一样，近看"比此"难分。

"章童"头一样，"斋斋"下不同。

【解说】

这是一个说理的谜语，谜底是"和尚和尼姑"，此二者符合谜面说四个理儿。胡良才口述。

远望高山白雪，近看鸟屎成堆。

指望是个花牛子卵袋，谁知还是个泥料子黏石灰。

【解说】

癞痢头。摹状。桐城话："十个矮子九个怪，十个癞痢九个坏；十个麻子九个怪，十个胡子九个骚（躁）。"②

远望清水莹莹，近看绿叶滔滔。

先开鲜花如绢，后开雪花蟠桃。

---

① 芭茅叶子比丝茅叶子有着更加大的齿，更能割伤人的手。桐城话有"火烧芭茅心不死"的说法，说芭茅不怕火烧，芭茅根还能治疗发热。

② 王章豹. 桐城谚语集锦［M］. 合肥：合肥工业大学出版社，2015：191.

【解说】

棉花。摹状。

远望清水莹莹，近看绿叶娑娑。
结一升果子，扰断江河，
人也不吃，鸟也不啄。

【解说】

枫树。枫树结的果实，称枫树球。摹状。旧时人出麻疹时，常用此物燃烧成烟，以协助祛除病毒。

远望大姐一枝花，外国女子也爱她。
指望她做正宫娘娘，哪知她是败事的冤家。

【解说】

旧时打野鸡时带的家鸡。用家鸡勾引野鸡出来。外国女子比喻野鸡。败事可能指家鸡乱跑，成了"野鸡"。

远望一张纸，近看纸一张。
风吹皮大皱，下雨就生疮。

【解说】

水。摹状。

远望一朵云，近看斑竹林。
一年来三转，再来就不行。

【解说】

麻。开始两句摹状。麻一年可以生产三季，或三批，故称"来三转"。

远望高山滚石，近看水里翻波。
两头茶壶斟酒，中间吱呀唱歌。

【解说】

碓轱。摹状。

远望石碑形，近看字分明。
说来是非者，还是字分明。

【解说】

墨子，墨棒。旧时墨子都是做成长条形或者粉条形。

远望一横桥，一头生根一头摇。
什么东西都从桥上过，就是生漆不过桥。

【解说】

舌头。

头戴青丝发，身穿鱼鳞甲。
大风大雨都不怕，只怕大哥磨刀杀。

【解说】

松树。

大哥河中戏水，二哥大路撵人。
三哥堂轩戏舞，四哥房里绣文。

【解说】

分别是水车、马车、纺车、翰墨。

弟兄四个共一胎，未生出世就分开。
丙寅丁卯炉中火，戊辰己巳上天来。

【解说】

做瓦的模型。每个模型可以做四块瓦。后两句是说，瓦坯子要经过火烧，然后安装在屋顶。胡云波口述。

弟兄四个共一胎，未生出世就分开。
胞弟兄不见面，亲弟兄两相挨。

【解说】

脚踝。

姐妹俩一样长，
白天烘火，晚上乘凉。

【解说】

火钳。

跟姐走，抱姐眠，走路总超姐的前。
双手抱着姐姐的腰，想吻姐姐嘴，总是不够高。

【解说】

女性用的围腰。劳动时用来遮挡脏污。

大姐生在半山排，壁陡又壁崖①。
几多浪子朝朝过，不见亲夫不开怀。

【解说】

锁。这里用亲夫比喻钥匙。

毛小姐独坐厢房，两扇门半掩半开。
两个光棍直进直出，拐子骗子不得进来。

【解说】

风箱。风箱中间的拉杆是上下两根，"骗"通"片"，指细物碎片。

邱小姐出门游戏，遇到马家。
拉拉扯扯，扯扯拉拉，
一身皮都拉掉，还没拉到家。

【解说】

蚂蚁拖蚯蚓。这里邱谐音蚯蚓，马谐音蚂蚁。

家婆园里一蓬蒿，牵起藤来几丈高。
千刀万刀砍不断，一阵狂风吹断了腰。

【解说】

炊烟。

扣子大的城，城里百万兵。
正二三月出外游戏，
十冬腊月赶兵进城。

【解说】

黄烟。一二两句指烟的种子。第三句指烟被种植的过程；末句指烟籽成熟的
过程。

门外三个角，进门四个角。
搁得的地方不搁，不能搁的地方偏要搁。

【解说】

旧时拔脓的小膏药，比手表稍微大一点的体积，外包装是三角形的。

_____

① 崖：方言读 ngai 2。

团不团似鳖，一刀砍断，只有一截。

【解说】

桶箍。末句看似悖理，实则确然，圆形物这段就变成一段弧了。

又团又扁又四方，又白又黑又喷香。
你一不肯信，还是铁包的。

【解说】

大的四方膏药。摹状。铁，谐音贴。

一尺长的软兵梆①，一寸长的硬兵梆。
十八岁的大姐斗②一下，
七八十岁的老奶奶，斗一夜大天光。

【解说】

针线。末二句很生动。

一对小伙子，住在半山排。
上有密竹林，壁陡又壁崖。

【解说】

眼睛。壁陡壁崖，为当地方言，意思是非常陡峭的悬崖，崖，读 ngai 2。

一对小伙子，住在半山排，壁陡又壁崖。
又爱人家的金银财宝，
又爱人家的貌美裙钗。

【解说】

同上，眼睛。

一对小女子，困倒等郎来。
拦腰一把捉，两头齐分开。

【解说】

筷子。

---

① 兵梆：东西。
② 斗：使二者相符或相合。

一对黄猫，十个耳朵①。
放着不走，系着飞跑。

【解说】

草鞋。十个耳朵指很多鞋襻。

一双金布谷，飞到雪花洲。
不吃雪花草，单吃活人肉。

【解说】

虱子。

一条白龙撒过江，嘴含珍珠笑洋洋。
珍珠想吃白龙肉，白龙想吃珍珠汤。

【解说】

木梓油灯。白龙指灯芯，珍珠指木梓果实，白色，似珍珠。

一只老母猪，十八个奶，
泥里拖，水里摆。

【解说】

打钉的鞋。旧时布鞋，常打掌子，故打钉。奶，乳头，这里比喻钉子。

一只脚管天阴，两只脚管五更。
三只脚堂轩坐，四只脚守大门。

【解说】

分别是伞、公鸡、香炉、活狗。旧时人家堂屋内放有祖宗牌位，过节时在香炉内燃香，纪念之。

一家兄弟三十多，先生弟弟后生哥。
平时弟弟管门户，逢到急事找哥哥。

【解说】

人的牙齿。胡仿生口述。

两人推车把头摇，绳捆索绑把油浇。
碎剐凌迟不定罪，还要铜锅把火烧。

---

① 耳朵，方言读 er dao 31，因此与下文是押韵的。

【解说】

做烟丝。非常形象地表达了做烟丝的过程。前两句指下榨，后一句指推烟丝。

**三层瓦屋三层楼，三个观音在里头。**
**大风大雨都不怕，只怕太阳晒破头。**

【解说】

木梓的果实，也称为"木籽"。它一个果实里面有三个籽，太阳晒爆裂后蹦落在地面。

**十人抬个梁，抬到吃水塘。**
**一阵狂风起，十人都找忙。**

【解说】

笛子。十人借指笛子的十个孔。梁到塘底沉，谓之吃水。这里借指吹笛时口水进入笛子。林寿周口述。

**千条水浪，万条水沟。**
**牵牛不得上，种子不得收。**

【解说】

屋头。旧式盖瓦屋顶。后两句意思是不能耕种。

**黄泥巴罐，装绿豆，**
**哪个猜到要增寿。**

【解说】

糖楂，方言读 tang nga 25。一种山间植物结的果实，带刺，两头黄得快，中间带点肉，所以黄得慢，呈现绿色，所以说"装绿豆"。在饥荒岁月，山民靠它度日，补充糖分，但是太粗糙，有很多渣，一般吃了不容易消化，裹在腹中，会被胀死。它也可以用来熬成糖汁，治疗咳嗽。桐城话："黄泥巴作缸罐，摆着给爹爹奶奶看。"[1] 缸罐煨肉，没有老人的份，指对父母不孝道。

**小来一穗[2]粟，长大药葫芦。**
**霜打几多次，一身好白肉。**

---

① 王章豹. 桐城谚语集锦［M］. 合肥：合肥工业大学出版社，2015：176.

② 穗，方言读 diao 1。

【解说】

同上。谜语里多次提到这个东西，可见它在旧时人民生活中的地位很重要。

小来一粟米，长大莫奈何。
漫山遍野都吃尽，就是不能过冷水河。

【解说】

火柴。

小小一物不多大，出门就在身上挂。
上也不沾天，下也不沾地，
又在脚板底下。

【解说】

马镫子。

小来一根草，长大是个宝。
石头上剥剥壳，水里洗个澡。

【解说】

稻子。石头上剥壳，指旧时用石碓或石碾子破除稻壳；水里洗澡指淘米。

像钟又不响，像锅又不仰。
摇也摇不动，扳也扳不仰。

【解说】

下雨时水面上溅起的水泡。

公的是脓①的，母的是硬的。
进去是滚的，出来是冷的。

【解说】

火镰子。火镰就是燧石取火的主要工具。它用纯铁打造而成，因其形状很像农民收庄稼用的爪镰镰，人们便将其归入"镰"之一族，但它的功用却与收割相差甚远。火镰的厚度也远远超过了爪镰镰，以让它有一定的重量，轻了撞击不力，难以产生火花。一开始人们使用的火镰，其实也就是一块厚铁片子。后来，出于人类天然的爱美之心，人们便对其进行了装饰，使它越来越精美，成了有闲

---

① 脓，这里是柔软的意思。

者掌上把玩的玩物，成了一件件精美的工艺品。

**进去一升，出来一斗。**
**财余佬家没得，越穷越有。**

【解说】

钻草垛的乞丐。有，指的是钻出来一身的稻草屑子。反映旧时农村乞丐生活状况。

**木匠一个老婆，铁匠一包着。**
**篾匠在中间不服气，用扁担一挑着。**

【解说】

梭子。篾，在此比喻丝线。

**长无一寸，阔没五分。**
**谜子虽小，麻子一身。**

【解说】

缝衣服用的顶子。布料厚的情况下，针穿不过去，用顶子顶住针鼻子，让针穿透布料。麻子指上面小凹陷，用来对准针鼻子。

**骑马不用鞭，一来一去几多天。**
**把马放到盆花县，莲花丛丛朵朵鲜。**

【解说】

女性月经。盆花县，借指用盆沐浴。

**我俩好，我俩好，我俩一夜都不冇。**
**说声到天亮，各往各头跑。**

【解说】

门闩的栓子和栓挡。冇，音 mao 3，错过、缺少的意思。

**你说我一声不响，我也有响堂高声。**
**你说我赤脚裸踝①，我也有布草沾身。**
**你讲我是无妻的寡汉，我也有女子伴身。**

———

① 赤脚裸踝，方言读 chi jio la kua 4422。

【解说】

洗衣的蛮槌。

娘穿蓑衣，儿穿红袍。
娘一笑，儿子吓得往地上一掉。

【解说】

毛栗果实。它分三层，外面一层带刺的外皮——毛栗蓬；中间的果实一般裹着红色的坚硬外壳；里面的仁还裹着一层皮衣。

头像毛栗蓬，尾子卷山垄。
杀着又无血，死后一身红。

【解说】

虾子。摹状。山垄，指的在山洼里开辟的梯田，从上到下称为一个垄。

上也是姓祝的，下也是姓祝的，
中间是姓叶的，叶的老子也是姓祝的。

【解说】

斗笠。这个有可能想到是蒸笼，但是蒸笼里必须放上蒸粑的箬叶才符合描述。

朝也骂我不好，暮也骂我不好，
没得我还没得管家姥。

【解说】

桶箍。桐城话，新箍的马桶三日香，[①] 比喻兴趣不长久。

金提桶，银提桶，打得开，收不拢。

【解说】

鸡蛋。鸡蛋生出来颜色有深有浅，故有金银之说。

秤杆子树，柳叶尖。
开花朝地，果朝天。

---

① 王章豹. 桐城谚语集锦［M］. 合肥：合肥工业大学出版社，2015：222. 箍，方言读 ku1。

【解说】

芝麻。芝麻开花朝地，结果朝天。

锤子大一块肉，又红又绿。
剥里面皮，吃外面肉。

【解说】

鸡肫。鸡的胃。

高头一块柴，底下一块柴，
饮酒宴宾接进来，天上掉下古董来。
不哀哉，不哀哉，晓得哀哉不该来。

【解说】

木猫。旧时捕鼠器。

高头犁弯梢，底下猪尿泡。
底下点着火，高头牛闻骚。

【解说】

水烟袋。这个现在很罕见。

楼上一枝花，楼下百万家。
花开人出世，花谢人归家。

【解说】

太阳。以花喻太阳。

上边毛，下边毛，中间夹个黑葡萄。
日里毛打架，夜里毛挨毛。

【解说】

眼睛。说道末二句，把谜底抖出一大半了。

白石头，砌田塝，红鲫鱼，伸头望。

【解说】

还是人的牙齿。红鲫鱼比喻人的舌头。

祝家帮，祝家兵，祝家兵马乱纷纷。
九十九个城里站，一个兵马跳出城。

**【解说】**

庙宇里求签用的竹签。祝谐音竹。非常形象的一个谜面。

**一撮红枣，留到明朝①。**
**不要傥②，上着长，不要动，上着氇③。**

**【解说】**

燃烧的火食，即火炭。不动它，它会冒出小小的火苗，所谓上着长。过了一会，火炭上会留下一层白色的灰烬，故曰上着氇。林华荣口述。

**苏卿④说我是无用之处，祝英（台）说我有用之才。**
**石板见我一问一答，泥泞见我哑口无言。**

**【解说】**

打掌子的板鞋。

**司马师扎守大城，铁将军霸占城门。**
**陈友谅当中挂帅，赵子龙昼夜嘶行。**

**【解说】**

灯笼。司马师谐音丝，铁将军指灯笼的头上的铁丝架子或者座上用来扎蜡烛的铁头子，陈友谅谐音亮光。

**外国来个猴，二十一个头。**
**三个肚子五个背，共一个心肺。**

**【解说】**

人。二十一个头，包括人的手指头和脚趾头；三个肚子包括两个脚肚子，即人的小腿胫；五个背包括人的手背和脚背。
同：

一物生来怪，八心七在外；
二十一个头，二十三个盖。

---

① 明朝：明天，方言读 men zhe 20。
② 傥：不平。这里指挪动。方言读 kuang 3。
③ 氇：食物发霉后长的霉毛。
④ 苏卿，指苏武，武，字子卿。

**有风我不动，我动就生风。**
**人家不用我，要等起秋风。**

【解说】

扇子。谜面非常生动。

**天知我有，地知我无。**
**人知我有，自知我无。**

【解说】

有破洞的袜子。人知我有，人家知道我穿了袜子，但是不知道我的袜子破着有洞。旧时物资困难，穿破衣破袜者有之。

**天上滴滴鸟，底下滴滴窝。**
**伸手摸鸟子，又怕老鸟啄。**

【解说】

用碓舂米。滴滴，方言，读 di di 22，意思是非常小。第一句指舂米用的小碓；第二句说的是碓臼；第三四句说的是淘米的人不停地翻滚稻谷，以使稻谷均匀地被舂、挤压，达到均匀去皮的目的。

**天晴又天阴，下雨又出星。**
**水冷锅盖热，饭熟米汤生。**

【解说】

莲藕。前三句说的是莲叶的情况，后一句说的是莲藕成熟了，可是塘水或者湖水却依然生的。这个熟是双关，表面上是熟透、煮熟的意思，又可理解为成熟的意思。林华荣口述。

**脚踏南京大桥头，手扒安庆更鼓楼。**
**开开云南格朗子，望见徽州粉白楼。**

【解说】

罗筛或者筛罗。关键是后两句，第二句取鼓字，第三句取格字，第四句，徽州谐音灰，取粉白二字。用筛罗时，一般坐倒，双腿岔开，弯曲。

**为你好吃做的，做后你又想不到吃。**

【解说】

牛兜嘴。戴上避免牛在耕田时偷吃花草。一般竹制。

不到一寸长，有姓又有名。
不论做某事，都要他证明。

【解说】

私章。旧时百姓用的证明自己身份的小私章。

不洗还干净些，洗了还脏些。
不洗还吃得，洗了还吃不得。

【解说】

水缸底渣滓。

里半截，外半截，
干半截，湿半截，
黑半截，亮半截。

【解说】

瓦。非常形象。

小时候吃得用不得，长大用得吃不得。

【解说】

竹子。

春来生长在山田，采得新苗拌米鲜。
肉腊菜咸存肚内，高头腾雾灶台边。

【解说】

水麴粑。

年边风味惜时寒，白嫩凝脂不似丸。
稻草铺床睡楼上，毛深盐撒落红残。

【解说】

豆腐乳。

# 情 状 谜

我是天生地长，你是过来过往。
你踢我一脚，我都不作声，你还咭牙齿叫嚷。

【解说】

脚碰石头。讲旧时农民少有穿鞋的，往往赤脚走路或者穿着草鞋，脚趾很容易碰到路上凸起的石头尖，由于没有准备，非常疼痛，故有此谜。

要长两头刻，要阔两头撇。

【解说】

木工用凿子挖眼。

在家一抹黑，出门就天光。
进盆洗个澡，永不回家乡。

【解说】

婴儿分娩出世。谜面描摹婴儿的状态和感受。

门外狗吠三声，来了个诊病的先生。
诊的什么病，诊的是漏里伤寒。
吃的什么药，吃的是里补外托。
贴一张膏药，
请姑娘嫂嫂不要七七戳戳，
若要七七戳戳，
毛病又要发作。

【解说】

补锅。这则谜语简直就是一首词，押的还是仄韵。七七戳戳，本来的意思指不怀好意地骚扰或者干坏事，这里指家庭主妇炒菜时用力击打锅。

出门猪头戳，遇到一双好小脚。
不知年龄有多大，不知面相又如何。

【解说】

雪地见女人小脚脚印。猪头戳，意思是碰到好运气。

远望观音坐莲，近看猴子打拳。
身无半根纱，手捏四两棉。

【解说】

洗澡。林月娥口述。

青石板，石板青，青石板上钉银钉。
银钉头上打大鼓，大鼓头上抽银筋。

【解说】

下暴雨。银钉，指雨点在青石板上被溅起；打大鼓指屋檐水流下声音很大。

木将军到邳州府造反，伍子胥拉五万兵马。
真刀真枪，打进邳州府，救木将军出来。

【解说】

针挑刺。木将军就是刺；邳州府谐音皮，伍子胥谐音五指，真谐音针。

宗师大人开了口，丢掉金记换新衣。
哪怕你才能满天下，只有你心合我意。

【解说】

配钥匙。这个"宗师大人"就是一把锁。林福记口述。

伍子胥手段刚强，陈友谅大战鄱阳。
薛仁贵漂江过海，楚霸王撞落乌江。

【解说】

油灯、收稻、花虱。借历史故事来说事情。伍子胥句说五个手指头拎着油灯；陈友谅句说的是到田畈夜战。薛仁贵，薛谐音雪，虱子像雪花一样飞奔油灯，末句，指稻花虱纷纷落到灯下水里被淹死。另据王章豹，谜底为"打水漂"①。可能这个谜语有两个谜底。

铁将军，石相连，我们弦碰弦②。
红婆跳到媒上，全靠媒婆做主张。

【解说】

火镰子取火。红婆指火星，媒婆谐音枚子，即上文提到的引火的纸折子。

---

① 王章豹. 桐城谚语集锦［M］. 合肥：合肥工业大学出版社，2015：78.
② 弦，这里指边沿。

山伯访友郭外郊，子龙长枪系得高。

大哥不仁不义，二哥不尊不孝。

只有三哥主意好，关公手上命难逃。

如此依公下了水，无奈脱衣换白袍。

【解说】

杀猪的捉猪和泡猪环节。郭谐音锅，锅烧开水以泡猪，又可指杀猪前让猪出来散步；子龙长枪，比喻屠夫的杀猪通气铁杆，吹胀气以使毛孔张开，如此除毛干净；下水、脱衣指猪被浸泡在杀猪桶里，去毛。白袍指猪的白皮。

字在疙瘩里，疙瘩在字外。

越紧越自在，省得扯皮赖。

【解说】

这几句说的是"染布坊在布里给客户留姓名"。染布坊，这是一个令笔者这一代都比较陌生的老手艺行当。用什么染，怎么染，本身也都是个谜。

未生一殿（靛）先筑角（注脚），怕乱先安名。

等到清（青）明世界，再出外扬名。

【解说】

同上。胡良才口述。

百花开来我不开，梧桐落叶我再开。

十字街头无人卖，农夫带上街。

【解说】

脚皲裂。旧时农民常穿草鞋，又无护肤品，一到秋冬，裂手裂脚的，有的口子很深，确实像开花一样。林保宏口述。

上岭三分疼，下岭疼三分。

桃树开花好一半，犁弯下地好全经。

【解说】

同上。后两句讲天气渐暖，皲裂还是好转。犁弯下地，指使用耕牛。

高高山，低低山，鲫鱼游过白沙滩。

【解说】

织布。旧时手工织布。

半个头，张个嘴，三个耳朵四条腿。

【解说】

杀猪时一人拽半边猪。旧时杀猪开膛时，将猪扣在梯子上，然后一分为二。解肉时屠夫常一人拽着半边猪到砧板上。

一根青竹鞭，过河不见天。
去是团团转，归来月半边。

【解说】

捞豆皮。青竹鞭指捞豆皮的竹竿子，类似于加粗、加长一点的筷子。月半边比喻捞起来的豆皮。

一根银苗抽上天，手提长枪月半边。
打得妻离子散，打得子散又团圆。

【解说】

做笤把。农家旧时做竹子笤把时，先要搭一个半圆形的类似于灶的烧火的平台，然后把削好的竹枝放在这个"灶"上烘烧，烧除竹叶，且使竹枝软化和更加柔韧。烧了过后，要将燃烧中的竹枝上的火扑灭，怎么扑呢？就通过猛烈地扑打地面，未被烧尽的竹叶四处散落，然后它们又纷纷回到地面。谜面中的银苗指火苗；长枪指长竹枝。

两头尖尖细，中间扁央央。
不在文化地，也在文化邦。

【解说】

旧时穿钉书页用的纸捻子。

二人合面弄，弄着灰蓬蓬。
一个叫莫要扯，一个叫莫要弄。

【解说】

对镜化妆。合面，指面对面。

三头五耳共一身，一半畜生一半人。
四个耳朵听说话，还有一耳不知音。

【解说】

犁田。犁算一个耳朵，一人一牛就是五个耳朵。林华荣口述。

三头六耳共一身，一半神仙一半人。

四个耳朵听说话，还有两耳不知音。

【解说】

舞狮子。两个人舞，一人居首，一人居尾，扎起来的狮子的两个耳朵是不能听话的。林华荣口述。

四个叮当子挂，八个挂郎子叮。

两头甩啊甩，中间四盏大明灯。

世上没有许多冤枉事，四把扇子扇不乌灯。

【解说】

牛打角。第一、二两句指牛的四只牛蹄使劲地挣，中间大明灯指牛眼睛。乌灯，指灯灭。

# 参 考 文 献

[1] 三字经 [M]．北京：北京燕山出版社，2009.

[2] 增广贤文 [M]．北京：北京燕山出版社，2010.

[3] 古文观止 [M]．钟基，李先银，王身钢，译注．北京：中华书局，2009.

[4] 曹雪芹．红楼梦 [M]．北京：人民文学出版社，1979.

[5]（明）袁了凡．慈云大师讲解．了凡四训 [M]．北京：新世界出版社，2004.

[6] 许仲琳．封神演义 [M]．北京：人民文学出版社，1973.

[7] 圣经 [M]．中国基督教三自爱国会和中国基督教协会出版发行.

[8] 王忠祥，贺秋芙．圣经故事新编 [M]．武汉：长江文艺出版社，2011.

[9]［德］韦伯．新教伦理与资本主义精神 [M]．于晓，陈维纲，等译．西安：陕西师大出版社，2005.

[10]［德］马克思．黑格尔法哲学批判导言．全集（第3卷）[M]．北京：人民出版社，2002.

[11] 俞吾金，陈学明．国外马克思主义哲学流派新编（上卷）[M]．复旦大学出版社，2002.

[12] 王德峰．哲学导论 [M]．上海：上海人民出版社，2000.

[13] 司马云杰．文化社会学 [M]．北京：华夏出版社，2011.

[14] 王章豹．桐城谚语集锦 [M]．合肥：合肥工业大学出版社，2015.

[15] 殷寄明．《说文解字》精读 [M]．上海：复旦大学出版社，2006.

[16] 周溯源．毛泽东评点古今人物 [M]．北京：红旗出版社，2013.

[17] 赵敦华．西方哲学简史 [M]．北京：北京大学出版社，2001.

[18] 梁石，梁栋．中国古今巧对妙联大观 [M]．北京：中国文联出版社，1990.

[19] 钱启贤．天柱山传说 [M]．北京：中国致公出版社，1999.

[20] 杨普根，黄德邻，汪传碧，张扬，郑劲松主编．潜山县民间文学集成．潜山县文化局编印，1991.

[21] 黄旭初．桂遇秋搜集校勘．黄梅戏传统剧目汇编．安庆黄梅戏剧院印

刷，1995.

[22] 黄绮. 安庆方言古词例证 [J]. 河北大学学报（哲学社会科学版）. 1961 (06).

[23] 张道升. 合肥方言词汇训释 [J]. 合肥学院学报（社科版）. 2007 (4).

[24] 郝玲玲. 潜山木偶戏现状调查及保护对策研究 [J]. 安徽农业大学学报（社会科学版）. 2016, 25 (4).

[25] 卜会玲. 从西王母到王母娘娘的演变 [J]. 文学界. 2010 (3).

[26] 吴子慧. 绍兴方言语序共时差异与语法演变：基于方言类型学的考察 [J]. 绍兴文理学院学报. 2009 (5).

[27] 王秋贵. 黄梅戏与安庆民歌 [J]. 黄梅戏艺术. 2009 (2).

[28] 张锦文. 南京方言中"X得一Y"句式解析 [J]. 文教资料. 2007 (3).

[29] 吴绍斌，孙海英. 试谈中国八仙与日本七福神的文化信仰异同 [J]. 剑南文学，2013 (10).

[30] 袁泽斌. 全球化背景下的粤语新闻传播 [J]. 现代传播. 2009 (5).

[31] 张笑. 明熹宗：天生只想做木匠 [N]. 检察日报. 2013-03-12 (8).

[32] 浮蜜. 乾隆帝酷爱"晚间一盆汤" [N]. 新周报. 2014 (37).

[33] 青丝. 帝师经济学 [N]. 新周报. 2016 (7).

[34] 席慕蓉. 胡马依北风 [N]. 新周报. 2016 (16).

[35] 刘东华. 仁义乡绅 [N]. 新周报. 2016 (15).

[36] 姜振宇. 微反应是"装"不出来的 [N]. 新周报. 2015, 21 (13).

[37] 走进潜山 [EB/OL]. 潜山县人民政府网. http://www.qsx.gov.cn/zoujinqianshan.

[38] 十二月花神 [EB/OL]. 潜山县文化馆. http://www.qswhg.cn/display.aspx? id=1911.

[39] 潜山县志（1986）[EB/OL]. http://60.166.6.242：8080/was40/index_ sz.jsp? rootid=34187&channelid=35864.

[40] 商通的博客. "雪梅教子" [EB/OL]. http://blog.sina.com.cn/s/blog_ 4ee2e2f70100bhox.html.

[41] 杨清舜. 大懒使小懒 [EB/OL]. 都市时报. 2014.4.16. http://times.clzg.cn/html/2014-04/16/content_ 421103.htm.

[42] 蒋子龙. 陕北札记：周恩来的曲臂毛泽东在斯诺面前捉虱子 [EB/OL]. 人民网. http://book.people.com.cn/GB/108221/12011919.html.

[43] 桐城民歌民谚大全：儿歌篇 [EB/OL]. 方言分子的博客. http://blog.sina.com.cn/s/blog_ 4ace396f0100akvd.html.

［44］粗茶居主人的博客．岳西方言歇后语［EB/OL］．http：//blog. sina. com. cn/s/blog_ 4be3eca301009qlk. html.

［45］竹本叟的博客．安庆方言俚语［EB/OL］．http：//blog. sina. com. cn/s/blo g_ 723285020100r727. html.

［46］黄骏骑．潜山乡间俗话［EB/OL］安庆晚报多媒体平台 http：//aqdzb. aqnews. com. cn/aqwb/html/2011－11/04/content_ 206365. htm.

［47］栾晓娜．上海公交车10月起全市推广沪语报站［EB/OL］．东方早报. 2013－09－13. http：//news. sina. com. cn/c/2013–09–13/101928207791. shtml.

［48］小吏港民间俗语、谚语［EB/OL］．http：//hnxsxx. csepa. cn/show_ more. php？ tkey＝&bkey＝&doc_ id＝13473.

［49］王盈颖．杨振宁：我对翁帆说"我准备活到一百岁"［EB/OL］．澎湃新闻网. 2017－05－11. http：//news. ifeng. com/a/20170511/5107944 6_ 0. shtml.

［50］劝世文［EB/OL］．潜山无名氏二胡说书. http：//v. ku6. com/show/jvPlnxR_ –eqwqRjvQEuehA. html.

［51］唐际平．二胡说书［EB/OL］．公众号：新艺影像.

百花娶亲：http：//mp. weixin. qq. com/s/fkFo6TDQeYtHtZCr5TJ02Q.

老牛：http：//mp. weixin. qq. com/s/4kJR6G632X658RTKjlyefA.

［52］熊集林．二胡说书［EB/OL］．公众号：新艺影像.

百岁春、秀才与桶匠：http：//mp. weixin. qq. com/s/V2O7s4rLDF6_ ZkrZZOk-tag.

三个女婿拜年：http：//mp. weixin. qq. com/s/ZMIQLavkz4Y25m0XflW–Lw.

劝世文：http：//mp. weixin. qq. com/s/DjKdkJ–VdaGtI_ xu–dQ8tA.

张三李四认干亲：http：//mp. weixin. qq. com/s/RRhGsjLbvdhVX1zJ3UWOUQ.

恶媳妇：http：//mp. weixin. qq. com/s/DJXTU985n–xoheiBaSGT2w.

（劝千金）母劝：http：//mp. weixin. qq. com/s/Tbbsm_ kZiJ81K_ H2DCL8yA.

［53］熊李贵．打鼓说书［EB/OL］．公众号：新艺影像.

十二月古人：https：//mp. weixin. qq. com/s/wcggAZ2o7TpexnB1GQg.

# 后 记

约莫十年前，笔者初到重庆，恰逢学校举行篮球对抗赛，我屡次听到学生们的呐喊声："雄起、雄起、雄起……"心里很纳闷，这喊的是什么话呢？听起来有点像"前进"。后来有一次从书店里买了一本重庆的张老侃（1939—）作的《重庆言子儿》（重庆出版社2001年第2版），一读方知"雄起"这个词，它相当于我们中原一带喊的"加油"的意思，不过窃以为这暗含性意识的"雄起"一词更有激励劲儿。从那时起，笔者逐渐改变对方言的鄙视态度、开始对方言感起兴趣来。

必须指出，在方言方面，笔者后来还受到了三个人的重要影响。

第一位是父亲胡春生（1939—）。虽然他私塾门没进过半天，但是凭着耳濡目染，他居然凭着自己的记忆能够传说大量在家乡（皖潜山县割肚乡）流传的"增广贤文"，以及很多笑话和故事，这些笑话和故事都包含着一首押韵的诗，足见传统民间文化浸润之深矣。

第二位是母亲徐九香（1946—）。纯粹文盲，大字不识一个，但是她记忆力和口才却惊人地好，我指的是她对方言俚语的运用，信手拈来，炉火纯青。

第三位是小叔胡昰生（1954—）。他虽然只接受了小学教育，却有一个"整理文故"的癖好，什么家乡流行的谜语，记得住的，都记录在册；这些谜语非同寻常，都是用押韵的诗句表达出来的；他还有一个嗜好——填写古诗词，知晓韵律和平仄。与他交往，耳濡目染，我的方言兴趣更浓，更是催生了这部解读皖潜山方言韵辞和俚语的著作。

另外也要感谢潜山县文物局的汪军同志无偿地把其父编纂的《潜山县民间文学集成》与我分享，可谓雪中送炭；感谢林斗奎、林梅香、林竹超、王启松等这些活跃在乡下民间的"行家"，他们通过他们的口头记忆或手抄本保存着民间文化；感谢安徽潜山水吼横冲的新艺影像这几年对弘扬传统口头文化所做的努力，我从中获益颇多。

感谢中国科学技术大学研究生院引导专项资金项目"跨学科融合式创新人才研究能力提升机制研究"（YD6020002001）的资助。

最后感谢本书责编郭娟娟女士为本书出版付出的艰苦努力，她的热情与细心给我留下深刻印象。

**胡云峰**

于科大南区

2017 年 11 月 01 日